江西经济发展研究丛书

江西高校哲学社会科学重大课题攻关项目(ZDGG1404)资助

RESEARCH ON THE TRANSFORMATION AND UPGRADING OF INDUSTRY ZONES UNDER
THE NEW ECONOMIC BACKGROUND: CASE STUDY ON JIANGXI PROVINCE

新经济下工业园区转型升级探索：基于江西的研究

赵波 ◎ 等著

经济管理出版社
ECONOMY & MANAGEMENT PUBLISHING HOUSE

图书在版编目（CIP）数据

新经济下工业园区转型升级探索：基于江西的研究/赵波等著. —北京：经济管理出版社，2016.12
ISBN 978-7-5096-4861-2

Ⅰ.①新… Ⅱ.①赵… Ⅲ.①工业园区—产业结构升级—研究—江西 Ⅳ.①F427.56

中国版本图书馆 CIP 数据核字 (2016) 第 315033 号

组稿编辑：杜　菲
责任编辑：杜　菲
责任印制：司东翔
责任校对：超　凡　熊兰华

出版发行：经济管理出版社
（北京市海淀区北蜂窝 8 号中雅大厦 A 座 11 层　100038）
网　　址：www.E-mp.com.cn
电　　话：(010) 51915602
印　　刷：北京玺诚印务有限公司
经　　销：新华书店
开　　本：720mm×1000mm/16
印　　张：14.25
字　　数：279 千字
版　　次：2016 年 12 月第 1 版　2016 年 12 月第 1 次印刷
书　　号：ISBN 978-7-5096-4861-2
定　　价：68.00 元

·版权所有　翻印必究·
凡购本社图书，如有印装错误，由本社读者服务部负责调换。
联系地址：北京阜外月坛北小街 2 号
电话：(010) 68022974　邮编：100836

序

我国经济发展迈入新阶段，呈现出以中高速、优结构、新动力、多挑战为主要特征的新常态。从国际看，全球经济结构调整深度推进，以互联网技术、智能技术和大数据技术为代表的第三次工业革命已经来临，发达国家再工业化和智能化不断取得新进展，产业转移的区域竞争更加激烈。从国内看，应对"三期叠加"带来的困难和压力，特别是随着人口结构变化、要素成本上升，倒逼经济结构优化升级，发展转向创新驱动。从江西省看，工业化进程正处在快速追赶阶段和第三次工业革命的窗口机遇期同时交会。因此，工业园区转型发展升级是大势所趋，是江西省经济发展进入新常态、抓住机遇，发挥后发优势的必然要求。

为了深入把握江西工业园区的实际情况，课题组成员分别赴南昌、九江、吉安、上饶、鹰潭、景德镇、宜春等地的30多个工业园区进行调研，总结江西工业园区转型升级面临的困境、成功的经验。此外，我们还调研了江苏、重庆、四川、广东等地的工业园区，并向当地工业园区与相关部门的工作人员了解工业园区转型升级的经验，对江西省的工业园区转型升级具有重要的启示。

本书以工业园区为主体，以转型升级为主线，回顾江西工业园区发展历程，透析发展现状，找出发展问题，明确转型发展目标，对园区进行分类指导，探索升级发展路径，并提出相应的发展政策建议。全书一共包括五部分。第一部分：江西工业园区转型升级的背景与文献梳理。分析江西工业园区转型升级的背景和意义，对工业园区概念界定、内涵分析和发展模式的相关文献进行综述，分析江西工业园区的发展现状，以及总结江西工业园区的不同发展阶段的特征。第二部分：江西工业园区转型升级综合评价与影响因素分析。在前文文献综述基础上，构建工业园区转型升级综合评价指标体系，基于江西省工业园区层面数据运用主成分方法分析江西工业园区转型升级综合水平的动态变化；建立计量模型，实证研究影响工业园区转型升级的影响因素。第三部分：江西工业园区转型升级的路径。主要紧紧围绕园区产业集群、产城融合、服务平台、科技创新和绿色发展五个重点，细分目标、细化任务、逐个击破，提出具体升级路径。第四部分：江西工业园区转型升级的政策建议。以五大重点突破发展为任务，努力形成集园区的加快发展、转型发展、集群发展、科学发展为一体的良性格局。第五部分：景德镇国家高新区转型升级战略研究（附录）。以景德镇高新区作为研究的具体细化。具体内容包括景德镇高新区发展的现状与问题、发展思路与目标，产业体系、产城融合、平台建设和管理体制创新等具体抓手与园区跨越提升发展的研究。

　　本书的研究工作得到 2014 年江西高校哲学社会科学重大课题攻关项目（ZDGG1404）的资助，特此表示衷心的感谢。课题组所有成员为：赵波（江西师范大学经济发展研究中心教授，负责统筹全文，搭建总体框架，第十章及部分附录的撰写）；罗小娟（江西师范大学经济发展研究中心讲师，负责第二章、第三章及部分附录的撰写）；黄信灶（江西师范大学经济发展研究中心讲师，负责第四章、第五章的撰写与全文统稿）；卢星星（江西财经大学产业经济研究院博士生，负责第三章部分内容的撰写）；张明林（江西师范大学商学院教授，负责第八章及部分附录的撰写）；钟昕［昌宏投资（深圳）有限公司总经理，负责第九章部分内容的撰写］；张新芝（江西师范大学财政金融学院副教授，负责第七章及部分附录的撰写）；任艳胜（江西师范大学城市建设学院讲师，负责第六章及部分附录的撰写）；刘盛华（江西省信息中心经济师，负责第九章部分内容的撰写）、万欣（江西师范大学财金学院硕士生，负责第一章的撰写），感谢课题组所有成员为本书的撰写付出大量精力。感谢吴治云、王小永、舒永忠、陈文华等团队成员为本书编辑和出版付出的辛勤劳动，同时要感谢黄新建、黄世贤、彭道宾、周国兰、高平、杨联愚、邓强、吴志军、刘满风等专家对本书提出宝贵的修改意见。还要感谢在实地调研中，各地方相关部门工作人员的大力配合，为本书提供了大量丰富且翔实的资料。第五部分的完成非常感谢景德镇市委宣传部、景德镇国家高新区管委会、景德镇市社会科学界联合会的支持。

　　囿于学识水平与研究资源，书中存在诸多不足，许多问题有待作进一步探讨，这些将成为课题团队下一步研究的方向和重点。本书存在的不当之处，敬请广大读者指正。

赵　波
2016 年 10 月于南昌

目 录

第一章 工业园区转型升级的理论研究 ·· 1
    一、江西工业园区转型升级的背景和意义 ································ 1
    二、工业园区概念、内涵和发展模式 ···································· 2
    三、工业园区转型升级相关研究 ·· 3
    四、相关研究评述 ·· 7

第二章 江西工业园区转型升级的现状与趋势 ·································· 9
    一、江西工业园区发展回顾 ·· 9
    二、江西工业园区的发展现状 ··· 14
    三、江西工业园区发展呈现的新特征 ··································· 26
    四、江西工业园区转型升级发展存在的问题 ····························· 31

第三章 江西工业园区转型升级的综合评价 ··································· 34
    一、问题的提出 ··· 34
    二、指标体系的设计 ··· 35
    三、数据来源和描述性统计分析 ······································· 38
    四、研究方法简介 ··· 39
    五、主成分结果分析 ··· 39
    六、结论与讨论 ··· 45
    附表 ··· 48

第四章 江西工业园区转型升级影响因素分析 ································· 64
    一、问题的提出 ··· 64
    二、设区市工业园区转型升级主成分分析及其结果 ······················· 65

三、工业园区转型升级影响因素的文献综述 …………………… 69
　　四、理论假设与计量模型 ………………………………………… 73
　　五、小结 …………………………………………………………… 80

第五章　产业集群与工业园区转型升级 ……………………………… 83
　　一、前言 …………………………………………………………… 83
　　二、江西工业园区产业集群的绩效评价 ………………………… 84
　　三、江西产业集群机制的经验总结 ……………………………… 90
　　四、江西制造业产业集群的困境与原因分析 …………………… 94
　　五、促进工业园区产业集群发展的对策建议 …………………… 98

第六章　产城融合与工业园区转型升级 ……………………………… 102
　　一、工业园区产城融合的意义 …………………………………… 102
　　二、工业园区产城融合的内涵、内容与模式 …………………… 103
　　三、工业园区产城融合的现状和存在问题 ……………………… 105
　　四、南昌高新区产城融合发展的经验和启示 …………………… 107
　　五、推动江西工业园区产城融合的模式和路径 ………………… 109
　　六、推动工业园区产城融合的对策建议 ………………………… 112

第七章　服务平台与工业园区转型升级 ……………………………… 116
　　一、完善工业园区服务平台的意义 ……………………………… 116
　　二、园区服务平台的功能 ………………………………………… 118
　　三、园区服务平台建设的现状和存在的问题 …………………… 119
　　四、健全园区服务平台典型案例的经验和启示 ………………… 121
　　五、健全园区服务平台的模式和路径 …………………………… 125
　　六、健全工业园区服务平台的对策建议 ………………………… 128

第八章　科技创新与工业园区转型升级 ……………………………… 133
　　一、工业园区科技创新的意义 …………………………………… 133
　　二、江西工业园科技创新存在问题分析 ………………………… 136
　　三、工业园区科技创新典型案例的经验和启示 ………………… 137
　　四、提升工业园区科技创新的对策建议 ………………………… 143

第九章　绿色发展与工业园区转型升级 ……………………………… 147
　　一、工业园区绿色发展的意义 …………………………………… 147

二、工业园区绿色发展的内容 ································· 148
三、促进工业园区绿色发展案例经验及启示 ············· 154
四、促进工业园区绿色发展的路径选择 ····················· 160
五、促进工业园区绿色发展升级的对策建议 ············· 165

第十章 江西工业园区转型升级政策建议 ················· 172
一、政府层面 ··· 172
二、工业园区层面 ··· 174
三、企业层面 ··· 175

附录 景德镇国家高新区转型升级战略研究 ············· 178
一、景德镇高新区的发展现状与问题 ························· 178
二、园区发展存在的困难 ··· 185
三、高新区跨越提升的发展思路和目标 ····················· 186
四、产业体系与高新区跨越提升发展 ························· 190
五、产城融合与高新区跨越提升发展 ························· 194
六、平台建设与高新区跨越提升发展 ························· 197
七、管理体制创新与高新区跨越提升发展 ················· 203
八、景德镇高新区跨越提升发展的政策建议 ············· 207
九、航空小镇——引领高新区实现跨越提升的新引擎 ··· 210

参考文献 ··· 214

第一章 工业园区转型升级的理论研究

一、江西工业园区转型升级的背景和意义

改革开放以来，中国经济实现了腾飞式的增长，作为经济增长极的工业园区功不可没。从全国第一个工业区成立至今，我国工业园区的数量不断增加，经济总量不断扩大，主要的经济指标增速高于全国的整体平均水平，对国民经济的贡献率不断提升。随着中国经济步入新常态，经济发展由高速发展转变为中高速发展，经济发展方式由规模速度型粗放增长转变为质量效率型集约增长，经济结构由增量扩能为主转变为调整存量、做优增量并存的深度调整，经济发展动力由传统增长点转向新的增长点[1]，工业园区的发展环境也发生了深刻的变化，这些变化成为了工业园区转型升级的外部推动力量。由于我国工业园区发展起步较晚，园区建设与发展、机制体制等各方面本身就存在不尽合理之处，优惠的税收政策、低廉的土地成本等形成的优势难以为继，产业素质和产业效率仍显不足。工业园区作为产业结构调整的依托对象，转型升级也是其内在的自我要求。2014年11月，国务院办公厅下发《关于促进国家级经济技术开发区转型升级创新发展的若干意见》，该意见表明，要使开发区成为"带动地区经济发展和实施区域发展战略的重要载体、构建开放型经济新体制和培育吸引外资新优势的排头兵、科技创新驱动和绿色集约发展的示范区"。

对于江西省的经济与社会发展，工业园区都扮演着重要的角色。至今来看，江西省工业园区在产值、税收、解决就业、利用外资等方面都画下了浓墨重彩的一笔。工业园区为企业提供了优质的公共服务平台，营造了良好的发展环境，带

---

[1] 面对新常态下的风险挑战 要摆脱"速度情结"和"换挡焦虑"[EB/OL]. http://news.ifeng.com/a/20150504/43682139_0.shtml.

动企业不断转型升级。可是，工业园区在创造成绩的同时，也存在种种弊端，如园区盲目圈地而土地资源利用率低下、环境污染严重且园区经济与环境不兼容、同质化严重导致产能落后过剩等。

作为全国首批生态文明先行示范区，江西省在新型城镇化、产城融合、创新驱动发展和全球化分工的新背景、新机遇下，深刻地认识到工业园区旧有的发展模式已不适用。工业园区不能仅仅是单纯的企业聚集地，而是要成为一个以市场、创新为内在动力，经济、社会、城市、产业、企业与人和谐发展的有机体。在宏观经济形势变化和生产要素价格上升造成高成本的压力下，工业园区的转型升级，有助于提升产业核心竞争力，优化江西产业结构，推动江西经济更优质、更持续、更和谐地发展。

二、工业园区概念、内涵和发展模式

工业园区（Industrial Park）一词于"二战"后兴起，工业园区在韩国和日本被称为"工业团地"，在我国香港被称为"工业村"，在英国被称为"企业区"，其最初的功能就是发达国家通过企业地理上的聚集建设促进经济发展和城市结构合理布局。根据联合国环境规划署（UNEP）的定义，工业园区是在一大片土地上聚集若干企业的区域，其内涵特征概括起来有以下几点：首先，土地开发面积较大，聚集了多种建筑物，包括了企业及相关配套的公共娱乐设施；其次，对建筑物的类型、土地利用率等指标存在一定的限制，吸引与园区定位相一致的企业入园；最后，政策与区域规划较翔实，园区内统一提供必要的管理和服务。① 朱跃军、姜盼（2014）研究认为，工业园区在新的发展背景下有着新的内涵：在产业结构方面，园区发展要依据自身资源禀赋打造鲜明的特色，确立特色产业集群以及围绕主导产业构造全产业链发展模式；在资金技术方面，工业园区应是市场化、竞争化、创新化的代表，多种融资模式并行且以市场资金为主、企业创新能力层出不穷、竞争能力不断拔高应是工业园区的发展常态；在社会事业方面，抓住产城融合发展的背景，园区在解决就业问题的同时，应配套建设商业中心、绿地公园、职工公寓、生活超市、医院、学校等颇具人文关怀的生活设施；在绿色环保方面，污染不是工业园区的固有现象，通过生态经济、循环经济、低碳经济等发展模式，使其成为资源高效利用、污染集中治理的宜产宜居区。

---

① 朱跃军，姜盼. 中国产业园区：使命与实务 [M]. 中国经济出版社，2014.

自 1979 年 4 月 1 日，我国首个工业园区——蛇口工业区正式成立以来，我国已经形成了为数众多而又风格迥异的园区，其发展模式也不尽相同。为大众所熟悉的分类方式是把园区分为政府主导型、市场主导型和混合发展型。

政府主导型的发展模式，充分地体现了政府的发展意愿，在园区设立之初就由政府相关部门进行规划和管理，在资金、技术、人员、政策等方面较其他园区都有一定的先行优势，使园区在初期能够超常规地发展。但是随着园区不断的发展，政府主导型园区的弊端也会慢慢显现，主要表现在政府行为和市场规律之间的不兼容以及某种程度上的行政机构效率低下，导致园区发展的内在动力不足。

市场主导型的园区，是由活跃在市场上的企业或者民间组织自发组织形成的，市场是园区的主导力量，园内企业自主管理、自主创新、自由发展。这种发展模式最大的优点就是没有政府的行政干预，市场经济规律的作用在园区内得以充分发挥，产业关联度较高，企业竞争力强。但是也存在不足之处：首先，自主发展的中小企业在没有政府部门支持的情况下，很容易因为资金链断裂，研发投入不足等种种原因在市场中销声匿迹，大型企业对中小企业的吞并容易使园区失去市场活力，无法实现有效竞争；其次，市场主导型的工业园区需要满足较多形成条件，如需要有利于企业发展的文化传统和文化氛围，需要产学研结合比较紧密、有利于科技转化成生产力的科研背景，更需要有利于企业发展的资金和配套服务的支持。

混合发展型的园区，顾名思义，就是将上述两种发展模式结合起来，各取所长，补其所短，在园区发展的不同阶段、不同方面，采用不同的主导模式，在园区需要政策扶持的初期，由政府部门扶持园区快速成长，在园区发展的后期，由市场来引领园区的创新发展和转型发展，形成政府和市场的良性互动和配合，是一种具有可持续发展潜力的发展模式。

三、工业园区转型升级相关研究

回望改革开放 30 多年的发展之路，由于经济结构不够优化、经济增长质量不高、可持续发展能力欠缺等原因，经济发展转型升级的需求更为迫切。作为实现经济增长的优质载体，工业园区转型升级也成了众多学者关注的焦点。工业园区的转型升级有别于产业的转型升级，其范畴远远广于产业的转型升级，是工业园区在体制机制、发展方向、发展策略、发展方式等全方位的转变。① 数年来，

---

① Colin Chant, David Goodman. The European Cities and Technology Reader: Industrial to Post – industrial City [M]. Routledge Press, 1999.

学术界从不同的角度出发对其进行了不少的探索研究，成果颇丰。

（一）工业园区转型升级的动力研究

王雄昌（2010）分析了新形势下我国开发区转型的动力因素，包括了经济全球化的压迫、宏观政策的策动力等外部动力，以及产业集聚、生产力梯度转移、产业升级、功能升级等内部推动力。① 郑国、张延吉（2014）利用43个国家级开发区的面板数据，对21世纪最初10年我国开发区发展的动力要素及其变化进行分析。其研究结果表明：外向型经济即外资和外贸仍然是推动开发区发展的强劲动力；固定资产投资虽然重要，但其重要性程度在下降；劳动力数量和土地面积对于开发区的影响已经趋于微弱；区位和行政层级对开发区的影响十分显著；政府及政策的重要性仍然显著。②

曹贤忠（2013）运用主成分与多元回归分析方法对芜湖经济技术开发区转型升级的影响因素进行分析，发现技术创新的影响居首位。③ 技术创新指的是企业采用新的知识、新的技术、新的工艺、新的生产管理模式，开发新产品，提供新服务的一系列行为。王剑芳（2014）通过对工业园区集成创新系统的演化发展研究，论述了创新要素在集成系统中的协同作用能够有效地推动创新型园区建设，实现工业园区的转型升级，填补了工业园区创新管理系统性研究的空缺。④ 科技创新与产业集群相辅相成，推动着工业园区的转型升级。李耀尧（2011）基于供给型产业升级模式，从创新产业集聚的视角研究中国开发区产业升级的内在规律，指出园区产业升级的关键之处在于创新产业的培育和集聚，其对产业升级有着良好的驱动作用，且其驱动力表现是从外源集聚到内源集聚，再到混合集聚的一个动态过程。⑤ 吴建立（2005）认为，企业在地理位置上的集中并不代表产业集群的形成，工业园区的发展要依托园区企业的产业关联性或者业务关联性形成的区域协同效应，强调政府要加强旨在促进产业联系的公共要素的投入。⑥ 许宁（2007）在对开发区产业集群发展的条件和国内外开发区发展总结的基础上，归纳了各类产业集群模式，包括轴轮式产业集群、多核式产业集群、网状式产业集群以及混合式产业集群等，并结合这些发展模式，提出了工业园区产业集群发展

---

① 王雄昌. 我国开发区转型的机制与动力探析 [J]. 现代经济探讨，2010（10）.
② 郑国，张延吉. 基于要素演替的国家级开发区转型研究 [J]. 经济地理，2014（12）.
③ 曹贤忠. 芜湖经济技术开发区转型升级的影响因素及模式选择研究 [D]. 安徽师范大学论文，2013.
④ 王剑芳. 工业园区集成创新系统演化发展研究 [D]. 昆明理工大学论文，2014.
⑤ 李耀尧. 创新产业集聚与中国开发区产业升级研究 [D]. 暨南大学论文，2011.
⑥ 吴建立. 产业集群的工业园区发展模式及思路管窥 [J]. 福建金融，2005（6）.

要选择合理的产业集群发展模式。① 薛魏（2012）认为，为了实现工业园区产业集群化发展，要做到四点：一是遵循比较优势，明确园区的产业定位；二是依据产业发展规划，严格按产业链条招商；三是按照不同要求，提供专业性的公共服务；四是发挥各自所长，引导集群内企业加强分工协作，为集群发展提供具体措施。②

（二）工业园区转型升级的模式研究

1. 产城融合模式

产城融合实际上是在我国转型升级背景下，针对产城分离的现状而提出的一种新型发展思路，学界对此概念的研究较多，但没有统一的界定。凌伟宪（2005）认为开发区转型的方向为外向型工业为主的新型工业新城，其具备一定的综合功能。③ 林华（2011）认为，产城融合其实是居住和就业的融合，即利用就业结构和产业结构的交互关系，通过就业结构的调整带动城市的发展。④ 许健、刘璇（2012）认为，产城融合的终极表现就在于城市核心功能的提升、空间结构的优化、城乡一体化发展以及社会人文生态协调发展目标的实现等方面。⑤ 由此可知，其内涵特征是产业与城市功能融合、空间整合，即产业、服务、居住、商业、娱乐、生态等功能和空间的混合，要求以产促城，以城兴产，产城融合。⑥ 杜宁（2013）认为，产城分离会衍生出产业用地僵化、居住和配套服务设施缺乏、潮汐式交通和夜间空城、环境和景观被忽视等诸多问题，随着产业园区的发展，其基本都会经历从纯工业片区到具有一定配套设施的工业区最后形成产城一体，产城一体的发展模式强调了集产业功能、城市功能和生态功能融为一体。曾振等（2013）在产城融合背景下研究了以中低端制造加工产业为主的传统工业园区的转型升级，提出了三个方面的园区转型：一是功能复合、配套完善；二是工业共生、产业集聚；三是循环经济、生态安全。⑦ 朱宏锋、孙磊（2013）认为开发区由"工业孤岛"走向产城融合，需要同城镇化的建设紧密地结合，城镇化与工业化同步推动，使得产业发展支持城市的建设，而城市的基础设施配

---

① 许宁. 中国经济开发区发展研究 [D]. 西南财经大学论文, 2007.
② 薛魏. 集聚经济与产业园区集群化发展路径研究 [J]. 商业时代, 2012 (7).
③ 凌伟宪. 开发区未来发展思路与策略的若干思考 [J]. 港口经济, 2005 (1).
④ 林华. 关于上海新城"产城融合"的研究——以青浦新城为例 [J]. 上海城市规划, 2011 (5).
⑤ 许健, 刘璇. 推动产城融合, 促进城市转型发展——以浦东新区总体规划修编为例 [J]. 上海城市规划, 2012 (2).
⑥ 张道刚. "产城融合"的新理念 [J]. 决策, 2011 (1).
⑦ 曾振, 周剑峰, 肖时禹. 产城融合背景下传统工业园区的转型与重构 [J]. 规划设计, 2013 (12).

套反过来促进产业升级。①

2. 产业内涵提升模式

朱新捷（2011）认为，在产城融合模式之外的另外一种转型升级模式就是产业的内涵提升模式，即更进一步地开发挖掘制造业等工业的潜能，引入高新技术产业，并且积极发展第三产业，如金融、物流、文化创意、信息咨询等现代服务产业。相比于产城融合模式适用于远离城区，功能相对缺失的工业园区，产业内涵提升模式更适用于本身处于城市发展核心地区的园区。除此之外，他提及了工业园区转型升级中易被忽视的两个问题：一是要保证工业的稳步发展，避免过分强调第三产业发展而造成产业空心化；二是要避免工业园区居住区化，产业发展是工业园区的核心功能，强调居住设施的配套固然没错，但是为了建设居住区而挤压产业生产发展的空间，是一种本末倒置的行为。② 车旭（2013）通过对若干开发区的发展历程进行总结归纳，提出开发区的发展过程可以分为三个阶段，相应地经历两次转型：一是产业导向下产业片区自身提升转型；二是产城融合导向的产业片区向城市功能片区转型。开发区的第一次转型路径主要包括：相关产业聚集，产业用地的空间扩张，工业邻里的构建；开发区的第二次转型路径主要包括：行政区划的调整，工业用地向非工业用地转型，构建开放的空间联系以及空间品质的改善。开发区的两次转型存在一个先后关系，但是并不是一个接替的过程。第二次转型开始之后，第一次转型仍然在持续并且含义更加广泛，当两次转型同时进行的时候，二者相互促进，厘清了两种转型模式的关系。③

（三）工业园区转型升级的系统研究

与对工业转型园区转型升级的动力与模式研究不同的是，另一些学者从系统思维研究工业园区的转型升级。认为工业园区作为一个经济系统，其转型升级不应局限于某一个点或面。周泉（2005）在安徽工业园区的研究基础上，针对不同层次的工业园区提出了不同的升级发展模式，即国家级工业园区着力于产业集群和主导产业的发展，在区域范围用产业集群政策去代替产业政策引导集群化发展；省级开发区应向国家级开发区升档升级，市县级工业园区积极开设创建卫星城。④ 许宁（2007）系统地论述了区域发展与城市化、投融资制度体系、产业集群、管理体系四个开发区支撑体系，并提出了开发区转型发展模式，为系统研究

---

① 朱宏锋，孙磊. 新形势下加快国家级经济技术开发区转型发展的思考［J］. 山东经济战略研究，2013（10）.

② 朱新捷. 对经济技术开发区发展转型的一些思考［C］. 南京：转型与重构——2011中国城市规划年会论文集，2011.

③ 车旭. 开发区转型的路径选择［D］. 中国城市规划设计研究院论文，2013.

④ 周泉. 安徽工业园区发展模式研究［D］. 合肥工业大学论文，2005.

开发区提供了一个新的思路。① 傅晓（2009）利用诺斯悖论分析了现阶段经济技术开发区存在的悖论，主要表现是规模扩张而功能不完善，生产功能与生活功能、制造业功能与服务业功能、经济功能与社会文化功能没有同步平衡发展；产业集聚与企业扎堆的悖论，现阶段主要依靠政策优惠而吸引企业只能造成企业扎堆，而非是内在优势推动的产业集聚，除此之外还有制度创新和回归的悖论、市场分割和融合的悖论、开放与封闭的悖论，由此论证了开发区转型升级的内在必然性，并在分析的基础上，提出了其转型升级的方向，包括定位转型、制度转型、功能转型、发展方式转型、发展模式转型。② 张欣（2009）以长春经济技术开发区为例，分析了国家级经济技术开发区面临的挑战以及转型发展的必要性和可能性，详细阐述了开发区在四个方面的转型，即在发展理念上，由注重经济发展向更加注重经济、社会、生态三者协调发展转变；在管理模式上，由依靠政策优势向创造综合竞争优势转变；在产业战略上，由生产制造基地向科技创新基地转变；在功能定位上，由单一工业区向多功能综合性产业区转变。③ 宋田桂（2010）在分析苏南地区开发区转型的背景和面临的挑战，指出开发区的产业应该由重向轻、由低向高、由分散向集聚转型，发展模式由外延向内涵转型，招商方式由传统向现代战略转型，从依靠要素优势向增创综合环境优势转型。④ 易倚冰（2014）将共生思想引入工业园区的发展中去，从产业、空间、功能以及生态环境四个层面提出了工业园区发展的共生关系，为工业园区的转型发展提供了新的思路和新的视角，也就是指导思想方面的视角。⑤ 冷静（2015）分析了开发区的发展形势，提出了转型的六大路径：一是向集约型发展模式转型；二是向生态化发展模式转型；三是向区域化发展模式转型；四是向市场化发展模式转型；五是向创新型发展模式转型；六是向开放型新体制转型。⑥

四、相关研究评述

国内文献对于工业园区有着比较深入且广泛的研究，也有较多工业园区转型

---

① 许宁. 中国经济开发区发展研究［D］. 西南财经大学论文，2007.
② 傅晓. 中心城区国家经济技术开发区转型和提升研究［D］. 上海科学研究院论文，2009.
③ 张欣. 国家级经济技术开发区转型发展的对策思考——以长春经济技术开发区为例［D］. 吉林大学，2009.
④ 宋田桂. 苏南开发区面临的挑战和转型［J］. 改革与战略，2010（4）.
⑤ 易倚冰. 基于共生思想的长沙经济技术开发区发展策略研究［D］. 中南大学论文，2014.
⑥ 冷静. 开发区再转型的突破口［J］. 决策，2015（1）.

成功的经验借鉴，但是由于学者较多研究的是沿海地区、东部地区等发达地区的开发区，部分研究中西部地区工业园区的发展，地区发展基础环境不同，其适用性也因地而异。现阶段而言，国内学者对于工业园区转型升级的整体发展策略研究和全面研究还不是很多，大多是针对工业园区的产业转型进行研究，或者对工业园区转型升级的某一领域进行研究，使得工业园区转型升级研究的指导作用有一定的局限性。江西省工业园区相对于其他发达省市而言，发展较缓慢，学者对江西省工业园区的研究较少，资料比较陈旧，较新的部分主要涉及构建指标对工业园区进行评价，包括对工业园区的生态评价、对工业园区与城市经济协同发展的评价、对工业园区的要素集聚程度进行评价，研究深度、研究角度以及系统性都亟待进一步的完善。

第二章　江西工业园区转型升级的现状与趋势

一、江西工业园区发展回顾

(一) 起步发展阶段 (1991~2000年)

江西省工业园区起步于20世纪90年代,晚于沿海发达地区。南昌高新技术产业开发区是江西省首个工业园区,创建于1991年,拉开了江西省工业园区发展的序幕。1992年邓小平南方谈话过后,江西省政府审时度势在南昌、抚州、景德镇等几个地区共设立了7个经济技术开发区,成为江西省第一批省级开发区。随后,其他地区建立了一些不同层次的开发区,主要是市、县级开发区。在1991年到1999年这段时间内,全省总共创建了21个开发区,其中包括2个国家级开发区和19个省级开发区。

此阶段全省工业园区发展比较缓慢,主要原因有两方面:一是由于工业园区开办属于起步阶段,缺乏经验,市场与投资环境恶劣等外部条件不佳;二是江西省整体工业经济发展状况不乐观。根据江西省统计年鉴的数据,2000年,江西省人均地区生产总值4851元,地区生产总值为2003.07亿元,其中第一产业增加值为485.17亿元,第二产业增加值为700.76亿元,第三产业增加值为817.17亿元,三次产业比例为24.2∶35.0∶40.8,同年全国国内生产总值产业结构比为15.9∶50.9∶33.2。对比可知,当时江西省第二产业占比太小,第一产业占比太大,工业经济基础薄弱,导致江西在全国经济发展处于落后的地位。工业园区的建设不仅需要克服资本、技术、管理等原始积累不够的缺陷,还要极力跟上东部沿海地区现代产业、高科技产业建设的步伐,任务是十分艰巨的。

（二）全面发展阶段（2001～2003年）

进入21世纪，江西省委、省政府为切实加快江西经济发展，组织了一场解放思想学习教育活动，提出了七个方面问题，分别是：①如何进一步扩大对外开放，加大招商引资力度，以建设工业园区为重点，推进江西省的工业上一个新的台阶；②如何进一步更新观念，转变政府职能，增强服务意识，改善和优化江西的投资环境、贸易环境和法制环境；③如何建立完善社会主义市场经济机制，进一步提高市场化程度，在全省创造一个公开、公平、公正的市场环境；④如何学习兄弟省市深化国有企业改革的做法，用现代企业制度加快对国有企业的改革，在全省形成一个有利于优秀企业家脱颖而出、有利于企业发展的良好机制；⑤如何进一步搞好农业、旅游、矿产等资源的深度开发，扬优成势，促进发展；⑥如何运用多种融资手段，加快建设以高速公路为骨干的快速、便捷的大交通网络；⑦如何在推进工业化的进程中，吸取沿海某些地区在前进发展中的教训，避免走弯路。这七个方面的问题，实际上为加快江西的经济发展指明了方向。

在此基础上，"井冈山会议"提出了"以工业化为核心、以大开发为主战略"的部署，确定了"三个基地、一个后花园"的战略定位，即把江西建设成为沿海发达地区产业梯度转移的承接基地、优质农产品供应基地、劳务输出基地和沿海地区群众旅游休闲的后花园，强调"把工业园区建设成为经济发展的带动区、体制和科技创新的试验区、城市发展的新区"，并推出了一系列促使"实现江西在中部地区崛起"这一战略目标实现的政策举措。政策要求"各设区市原则上要集中力量办好一个工业园区或者开发区，县（市、区）要依托县城办好工业小区"。

在政策的鼓舞下，在吸取全国各地办园经验的基础上，江西省各地开启了依托园区办工业的发展模式。2003年，江西省工业园区数量发展至顶峰时期高达137个。根据江西省统计年鉴，2003年，江西省工业园区实际投产企业达3579个，比年初新增843个；完成工业增加值192.89亿元，增长82.9%；实现销售收入587.7亿元，增长90%；利润总额33.99亿元，增长51.1%；实交税金28.9亿元，增长74.3%；安置就业人员52.85万人，增长61.3%。全省工业加大了扭亏力度，亏损面、亏损企业、亏损额均有所下降。

工业园区的全面发展，提高了江西经济的运行质量：2003年全省实现生产总值2830亿元，较2000年提高了29.2%，其中第一产业增加值为560亿元，提高了15.4%；第二产业增加值为1227亿元，提高了75.3%；第三产业增加值为1043亿元，提高了27%。人均生产总值6677元，提高了37.6%。全省生产总值中的三次产业比例为19.8∶43.4∶36.8，与2000年相比，第二产业的比重提高了

8.4个百分点,超过第三产业成为国民经济的主导产业;第一产业比重下降了4.4个百分点;第三产业比重下降了4个百分点,经济结构的调整取得了明显的成效。

(三) 规范整顿阶段(2004~2005年)

在全国工业园区兴办的过程中,也引起了某些地区存在大量圈地、违规建设和扩增工业园区的现象。随着《进一步治理整顿土地市场秩序工作方案》《关于暂停审批各类开发区的紧急通知》《关于清理整顿开发区加强建设用地管理的通知》《关于清理整顿现有各类开发区的具体标准和政策界限的通知》等文件的下发,全国开始对工业园区进行整顿治理。

江西省也于2004年对工业园区进行规范整顿。2004年底,江西省工业园区的数量由137个减少到98个,对一些交通不便利、缺乏发展条件的工业园区进行撤销,对同一城市中多工业园区进行合并,撤并率高达28.5%,总规划面积由1155平方千米核减至512平方千米,减幅高达55.7%。整顿期间,各地工业园区在选址上都尽可能利用荒山、荒坡,不占或少占耕地,节约用地,根据进园企业的数量和发展的实际需要征用建设用地,确定工业园区规模。各地严格按照省委、省政府"规划先行、分期开发、滚动发展"的要求,在开发建设过程中基本上是采取"先落实一批项目,后开发一片土地"的操作办法,基本没有造成土地浪费。全省工业园区建设占用的土地中,利用"三荒"和丘陵地带的面积占70%以上,而占用城乡之间结合地带和农用地的面积不足30%。2005年末,98个工业园区占用土地面积约43.5万亩。①

尽管工业园区的数量和占地面积都有较大幅度的减少,但是此阶段工业园区在龙头企业的带动下,聚集了相关配套企业,形成了较完整的产业链,已成为全省发展产业集聚和产业集群的重要平台。南昌经济技术开发区紧紧围绕提高家电产业配套能力,编织完整的产业链,形成了家电产业集群;星火工业园依托全国最大的有机硅生产企业蓝星星火化工厂,吸引广东、浙江、江苏众多企业入驻,形成有机硅产业链。袁州、樟树医药工业园,成了医药企业的聚集地,汇集了几十家医药企业,同时在工业园区集聚效应影响下,通过招商引资资产重组,带动了全省130多家大小制药企业完成了GMP(生产质量管理规范)改造,增强了全省医药企业的竞争力。贵溪市工业园引进浙江10多家铜加工企业,形成铜线、铜杆、铜带、铜箔等10多个铜系列产品,以铜加工为主要特色的产业集群开始形成。②

---

①② 摘自《江西省工业园区"十一五"专项规划》。

2004年，全省98个工业园区完成工业增加值为285亿元，占全省全部工业增加值的比重为25.7%；实现销售收入968亿元，相当于全省规模以上工业产值的44.2%；实际引进外资11.52亿美元，占全省实际利用外资总量的56.2%；工业园区内投产的工业企业有4747个，工业企业从业人员有87.5万人，相当于全省规模以上工业企业从业人员的87.7%；2004年新增从业人员34.1万人，占全省城镇新增就业人数的80.5%。2005年，经国家有关部门的审核批准，全省共有94个省级以上工业园区，其中国家级开发区4个，包括1个高新区、1个经济技术开发区和2个出口加工区。至2005年底，全省工业园区已有入园企业9205家，竣工投产企业5814户，完成工业增加值429.9亿元，占全省全部工业增加值的29.5%；实现销售收入1466.7亿元，相当于全省规模以上工业企业销售收入的50.4%；利润总额73.7亿元，实交税金84.7亿元，招商引资实际到位资金818.5亿元，实现出口交货值142.8亿元；年末工业园区工业企业从业人员90.5万人，新增就业人数23.1万人，占全省当年新增就业人数的53.4%。至此，工业园区已经成为21世纪江西新的经济增长极。

（四）提升发展阶段（2006年至今）

经过清理整顿阶段以后，江西省总结工业园区建设经验，引导各工业园区进入了高质发展的新阶段。在提升发展阶段，又以2006年、2011年、2016年江西省三次党代会为节点，分步推进江西工业园区进入全面转型升级阶段。

1. 2006年江西省第十二次党代会：工业园区加快增长方式的转变

2006年江西省第十二次党代会提出从农业大省向工业强省转变，要求工业园区加快增长方式的转变，在扩大总量的同时着力提升发展质量和效益。充分发挥比较优势和后发优势，把工业化与信息化、生态化结合起来，逐步形成以汽车航空及精密制造产业、特色冶金和金属制品产业、中成药和生物医药产业、电子信息和现代家电产业、食品工业、精细化工及新型建材产业六大支柱产业为主体，先进制造业、基础产业、农产品加工业、高新技术产业和现代服务业联动发展的产业格局。

"十一五"期间，全省工业园区发展的指导思想中还首次提出了"绿色生态江西"的口号，要建设"绿色生态江西"，必须切实保护生态环境，坚持"既要金山银山，更要绿水青山"，加快建设资源节约型、环境友好型社会，做到节约发展、清洁发展、安全发展，实现可持续发展。要求全省各地工业园区建设项目在批准前，都需执行环境影响评价制度，事前控制工业园区污染。要在各工业园区集中建设一批污染防治基础设施，尤其是污水处理设施。通过产业链的延伸和耦合，加强对工业园区各类废物的循环利用，优先发展循环经济项目，相对集中或优先安排能将上游企业的"废料"作为下游企业原材料的项目或企业进入工业园区。

2010年,全省工业园区实现工业增加值2310亿元、主营业务收入9833亿元、利税总额973亿元,分别占全省规模以上工业的74.5%、69.3%、67.3%;主营业务收入超百亿元工业园区达到34个,是2005年的17倍,其中超200亿元的13个,南昌昌东工业园区、南昌小蓝经济开发区、萍乡经济技术开发区分别突破300亿元,新余高新技术产业开发区、南昌经济技术开发区分别突破400亿元,南昌高新技术产业开发区突破600亿元;国家级高新区、经开区(出口加工区)达到13个,比2005年增加10个;省级生态工业园区试点达到42个,南昌高新技术产业开发区、南昌经济技术开发区获环保部批准进行国家级生态工业示范工业园区试点建设。

2. 2011年江西省第十三次党代会:产业向园区聚集,促成产业集群

2011年江西省第十三次党代会提出要形成集中度高、关联性强、技术先进的产业集群。加速产业向园区聚集,促进骨干企业裂变扩张,大力引进、培育一批拥有自主知识产权和知名品牌、核心竞争力强、主业突出、行业领先的大企业大集团,形成一批集中度高、关联性强、技术先进的产业集群,实现以项目兴园区,以园区聚企业的良性互动,加速提升全省产业整体水平。

"十二五"期间,积极推进"两化融合",根据《江西省信息化和工业化深度融合示范区认定办法》,选择一批"两化融合"示范区,重点推进两化融合,在加快平台建设、加速融合程度、两化支撑工业节能减排等方面取得了明显成效,实现了传统产业的升级换代,促进了工业园区经济提升发展。

2015年全省工业园区实现主营业务收入25508.3亿元,同比增长4.60%,占全省规模以上工业主营业务收入32459.4亿元的78.60%;工业增加值首次突破6000亿元大关,实现6007.0亿元,增长9.30%,占全省规模以上工业完成增加值7268.9亿元的82.60%。12个过千亿行业实现主营业务收入24169.68亿元,占全省工业园区的94.8%,增长35.8%;22户过百亿企业实现主营业务收入8080.70亿元,占全省工业园区的31.7%;招商实际到位资金3902.6亿元,同比增长4.14%;招商签约资金4848.9亿元,其中亿元以上的工业项目990个,10亿元以上项目83个,50亿元以上项目3个;招商资金实际到位率为80.50%,比上年提高8.3个百分点;工业园区出口交货值2008.7亿元,同比增长2.55%;销售产值24795.7亿元,增长4.98%;实现利润1801.8亿元,同比增长5.83%,占规模以上工业实现利润2128.0亿元的84.70%;利税2973.2亿元,同比增长6.56%;上缴税金1175.4亿元,增长7.70%。

这20多年的发展实践雄辩地证明了,工业园区已经成为带动江西经济高速

增长、促进产业结构转型升级的巨大引擎。

3. 2016年江西省第十四次党代会：转型升级，建设活力产业园区

2016年江西省第十四次党代会提出江西要打好产业转型升级"主动仗"，建设长江中游地区先进制造业和新兴产业聚集地、中部地区新型城镇化发展示范区、内陆双向开放合作新高地，增强对接融入"一带一路"、长珠闽经济板块的实力，成为长江经济带的重要战略支撑。工业园区方面，紧紧围绕推进供给侧结构性改革和降成本、优环境、去产能重点任务，以深入实施工业强省战略为核心，以加快信息化与工业化深度融合为主线，以推进智能制造为主攻方向，改造提升传统产业，培育壮大战略性新兴产业，实施一批重大项目，打造一批龙头骨干企业，突破一批关键共性技术，努力构建低碳循环发展的绿色工业体系，实现工业做大做强及制造业转型升级。此外，要创新发展模式和体制机制，提高投资强度和精准度，推进产业集聚集群集约发展，形成产业层次高、协同效应好、公共服务优、特色优势强的产业集聚区。提升自主创新能力，增强产业核心竞争力，推动产业向价值链中高端迈进。

二、江西工业园区的发展现状

工业园区是一个地区经济加速发展的助推器，也是扩大招商引资的窗口。要促使江西工业园区转型升级，摸清江西省工业园区的发展现状尤为重要。本部分内容首先是基于2008~2015年全省工业园区①的统计数据，从省级层面了解江西工业园区的工业增加值、利润总额、税金总额及相应增速，投产工业企业、吸纳就业人员等总体发展情况；其次是从市级层面分析比较江西省11个设区市工业园区发展的地区差异，包括工业园区拥有数量、园区开发投产情况，以及园区经济运行情况；最后以独立的工业园区个体作为研究样本，从园区层面深入比较研究江西省工业园区的发展现状。

（一）江西工业园区发展的省级总体现状

1. 全省园区经济运行情况

截至2016年初，江西省共设立由国家发改委等有关部门审核审批的工业园区100个，基本上达到了每个县（市、区）都有一个工业园区。其中，包括15

---

① 2008~2013年全省共有94个工业园区，2014年全省工业园区增至101个，2015年全省工业园区为100个。

个国家级工业园区,42个省级重点工业园区,分别占工业园区总数的15%和42%。根据2008~2015年的全省所有工业园区的总体经济运行情况,从规模总量上看,工业增加值、利润总额和税金总额均呈现上升趋势,其中工业增加值从2008年的1631亿元增加至2015年的6007亿元,利润总额从259.58亿元上涨至1802亿元,税金总额从258.58亿元增至1175.38亿元,增幅分别达到了268%、594%和355%(见图2-1)。从增长速度上看,利润总额的增长速度最快,2008~2015年的8年间平均可比价增长率为33.6%;其次是税金总额,平均可比价增长率为25.68%。由于工业增加值的总量规模较大,所以相比之下其增长速度较慢而且比较平缓,平均增速为16.84%[①]。

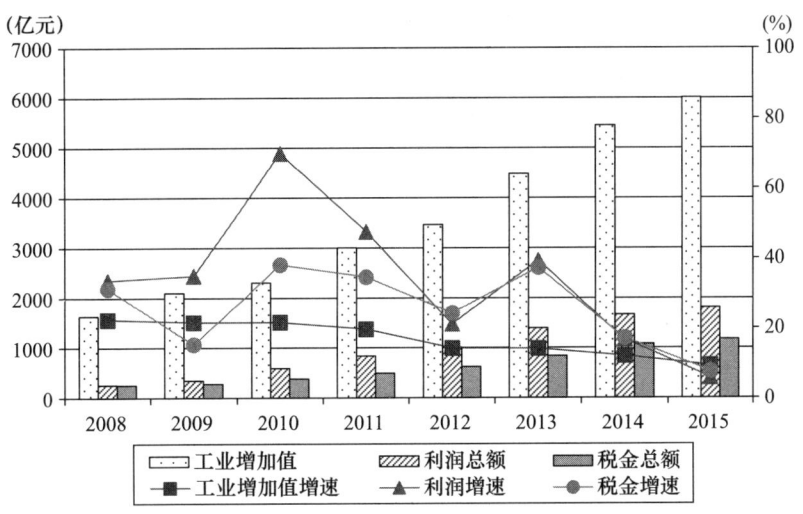

图2-1 2008~2015年江西省工业园区工业增加值、
利润总额、税金总额及相应增速

2. 全省园区投产情况

从全省园区的投产工业企业数量看,总体趋势是上升的,2008年有7569个企业,8年间共增加了2076个,2015年全省工业园区的投产工业企业达到9645个(见图2-2)。但仔细观察发现,2011年投产工业企业数量较2010年有所回落,减少了157个企业。究其原因主要是2011年江西省加快了工业行业淘汰落后产能工作,当年淘汰落后产能涉及11个行业共112家企业,其中炼铁108万吨、炼钢87.8万吨、焦炭30万吨、铜冶炼19.69万吨、水泥701.5万吨、平板

---

① 本章数据除特别标注外,均为江西省工信委提供的全省工业园区的运营情况数据。

玻璃 104 万重量箱、造纸 33.36 万吨、酒精 4.3 万吨、制革 9.57 万标张、印染 5000 万米、化纤 0.7 万吨，获得淘汰落后产能中央财政奖励资金 22594 万元。园区从业人员数量是一直稳步上升的，2015 年全省工业园区的从业人员数量达到 217 万人，相比 2008 年的 133 万人，增加吸纳了 84 万社会就业人员。

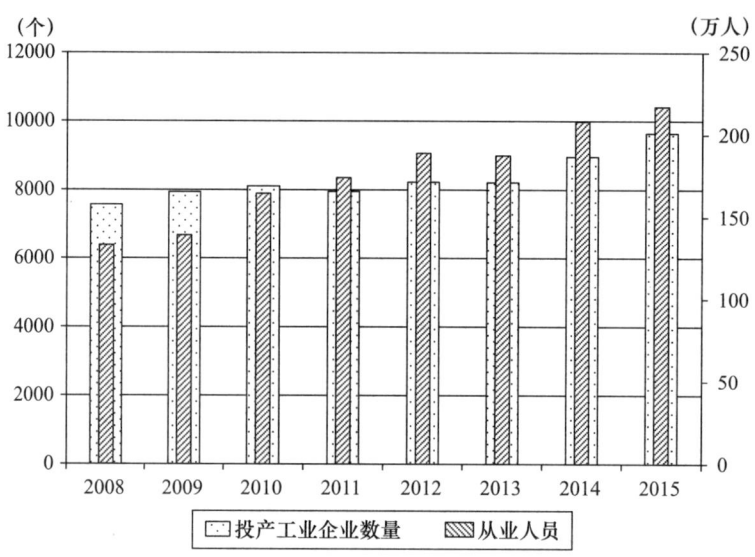

图 2-2　2008~2015 年江西省工业园区总投产工业企业数量与从业人员

3. 全省国家级园区发展情况

江西省国家级园区的投产工业企业数量在全省投产工业企业数量中的占比基本不变，2008 年的占比为 29%，2015 年为 30.4%。相较而言，2015 年国家级工业园区所能吸纳的社会就业人员占比较 2008 年增长了 4 个百分点，可以看出，国家级工业园区的社会就业吸纳能力更强，这与国家级工业园区的规模普遍大于其他省级园区也有一定的关联性（见图 2-3）。国家级工业园区的工业增加值总量占比近几年有所回落，但工业增加值总量占全省工业园区的工业增加值总量仍高于 35%，而国家级工业园区数量只占全省园区总数的 15%；2015 年国家级工业园区利税总额占全省工业园区利税总额的 35.2%，与工业增加值总量占比大致相持；国家级工业园区招商引资的能力也强于其他园区，除了 2010 年和 2011 年，招商实际到位资金总额占比基本保持在 34% 不变（见表 2-1）。

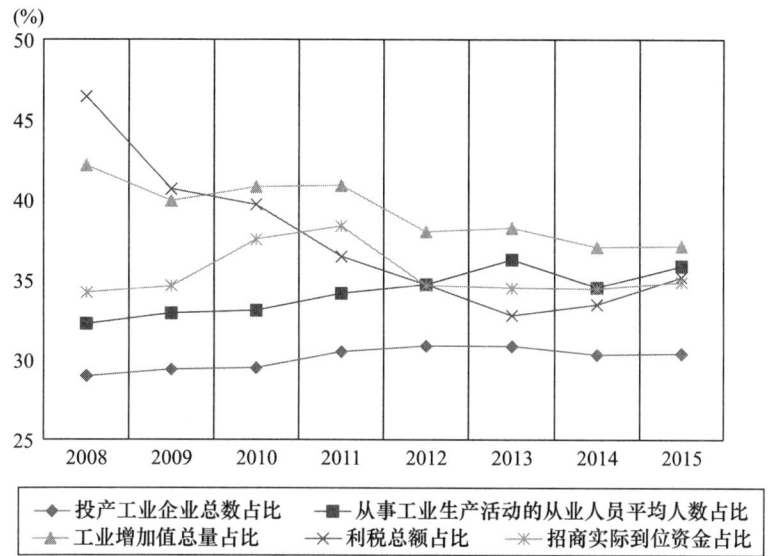

图 2-3 2008~2015 年全省国家级园区部分指标在全省的占比情况

表 2-1 2008~2015 年全省国家级园区的部分指标　　　　单位：%

指标 \ 年份	2008	2009	2010	2011	2012	2013	2014	2015
投产工业企业总数占比	29.0	29.4	29.5	30.5	30.9	30.9	30.3	30.4
从事工业生产活动的从业人员平均人数占比	32.2	32.9	33.1	34.1	34.7	36.3	34.5	35.9
工业增加值总量占比	42.1	39.9	40.8	40.9	38.0	38.2	37.1	37.1
利税总额占比	46.4	40.7	39.7	36.5	34.7	32.8	33.4	35.2
招商实际到位资金总额占比	34.2	34.6	37.5	38.4	34.6	34.5	34.4	34.8

（二）江西工业园区发展的市级差异分析

1. 园区数量差异

全省一共有 100 个工业园区，根据地区分布情况，赣州拥有工业园区数量最多，共有 19 个，占全省工业园区总数的 19%；其次是吉安市和九江市，分别拥有 14 个和 12 个工业园区，比例为 14% 和 12%（见图 2-4）。上饶市、宜春市、抚州市和南昌市拥有工业园区数量比较均衡，每个市约有 10 个工业园区。然而，在 11 个设区市中拥有工业园区数量最少的是新余市、鹰潭市、景德镇市和萍乡市,每个市仅有3个左右的工业园区。15个国家级工业园区中,南昌市和赣州各占3个(南昌小蓝经济技术开发区、南昌经济技术开发区、南昌高新技术产业开发区、赣州经济技术开发区、龙南经济技术开发区、瑞金经济技术开发区);其余9个设区市每个市均拥有1个国家级工业园区。

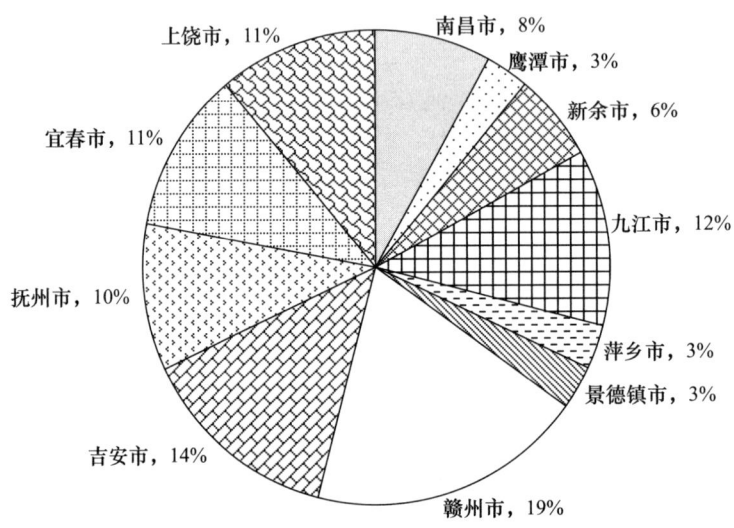

图2-4　2015年江西省11个地级市工业园区拥有数量情况

2. 园区开发投产差异

横向比较11个地级市工业园区的开发投产情况,从实际开发面积上看,九江市的实际开发总面积是最大的(146.68平方千米),其次是上饶市(95.42平方千米)、赣州市(87.20平方千米)、吉安市(67.30平方千米)、宜春市(64.75平方千米)、南昌市(53.38平方千米),其余地级市工业园区的开发面积均低于50平方千米;然而从平均每个园区开发面积看,九江市的平均开发面积是最多的(12.22平方千米/个),其次是上饶市(8.67平方千米/个)和鹰潭市(6.77平方千米/个)(见表2-2)。从投产工业企业数量看,南昌市工业园区的投产工业企业数量最多,无论是总数量还是平均数量,但是南昌市工业园区的总开发面积只有53.38平方千米,这充分说明南昌市的工业园区企业聚集度最高。从基础设施投入情况看,九江市工业园区的基础设施总投入水平是最高的,达到158.98亿元,相比排名最后的新余市的8.87亿元,前者是后者的近18倍;然而单位土地面积基础设施投入水平最高的却是萍乡市(283.97元/平方米)和抚州市(256.29元/平方米),主要原因是这两个市工业园区的实际开发面积相对较小,但是基础设施完成总投入却不少。

第二章 江西工业园区转型升级的现状与趋势

表2-2 2015年江西省11个地级市工业园区开发投产情况比较

指标 地区	实际开发面积		投产工业企业数量		基础设施投入	
	总数 （平方千米）	平均每个园区 开发面积 （平方千米/个）	总数量 （个）	平均每个园区 拥有量（个）	完成总投入 （亿元）	单位土地 面积投入 （元/平方米）
南昌市	53.38	6.67	1533	191.63	88.9	166.54
景德镇市	17.31	5.77	231	77.00	36.89	213.11
萍乡市	12.60	2.10	264	44.00	35.78	283.97
九江市	146.68	12.22	1138	94.83	158.98	108.39
新余市	8.40	2.80	222	74.00	8.87	105.60
鹰潭市	20.30	6.77	303	101.00	33.28	163.94
赣州市	87.20	4.59	1360	71.58	64.12	73.53
吉安市	67.30	4.81	1262	90.14	73.61	109.38
宜春市	64.75	6.48	1290	129.00	25.07	38.72
抚州市	45.50	4.14	1000	90.91	116.61	256.29
上饶市	95.42	8.67	1042	94.73	43.7	45.80

3. 园区经济运行差异

工业园区的经济运行情况能够反映园区经营状况的好坏和发展前景，其中主营业务收入、工业增加值和税金总额是工业园区经营情况的重要指标。从总量规模上看，南昌市的主营业务收入（4585.05亿元）、工业增加值（1137.63亿元）和税金总额（223.01亿元）均是最高的（见表2-3）。主要原因是南昌工业园区的战略性新兴产业增幅提升较快，如仅2016年上半年南昌高新技术开发区的光电产业累计完成工业产值141.46亿元，同比增长27.7%；生物医药产业快速发展，2015年园区生物医药产业实现主营业务收入431.93亿元。

表2-3 2015年江西省11个地级市工业园区经济运行情况比较

指标 地区	园区经济总量（亿元）			单位土地面积经济量（元/平方米）		
	主营业务收入	工业增加值	税金	主营业务收入	工业增加值	税金
南昌市	4585.05	1137.63	223.01	8589.46	2131.19	417.78
景德镇市	991.38	247.25	36.43	5727.23	1428.34	210.47
萍乡市	712.72	183.02	30.19	5656.54	1452.57	239.57
九江市	4229.03	922.69	195.24	2883.16	629.05	133.11
新余市	803.00	170.59	13.44	9559.58	2030.83	160.05

续表

指标 地区	园区经济总量（亿元）			单位土地面积经济量（元/平方米）		
	主营业务收入	工业增加值	税金	主营业务收入	工业增加值	税金
鹰潭市	1338.98	211.83	52.56	6595.97	1043.48	258.92
赣州市	2593.12	642.66	112.53	2973.76	736.99	129.05
吉安市	2745.52	647.57	136.01	4079.53	962.22	202.09
宜春市	3261.34	827.17	151.71	5036.82	1277.48	234.30
抚州市	1498.46	369.00	76.94	3293.31	810.98	169.11
上饶市	2749.65	647.60	147.31	2881.63	678.68	154.38

紧随南昌之后，九江、宜春、吉安、上饶和赣州等市工业园区的主营业务收入总额超过 2000 亿元。从单位土地面积经济量看，新余市工业园区的单位土地面积上主营业务收入是最多的，高达 9559.58 元/平方米，其次是南昌市工业园区，达 8589.46 元/平方米；然而单位土地面积的主营业务收入情况却与工业增加值和税金呈现的规律不一致，新余市和南昌市单位土地面积的工业增加值相差并不大，分别为 2030.83 元/平方米和 2131.19 元/平方米；南昌市工业园区单位土地面积税金是 417.78 元/平方米，而新余市工业园区仅有 160.05 元/平方米，前者是后者的 2.6 倍。可能的原因是南昌市工业园区的投产工业企业数量多，缴纳的税金总额比较大，而园区实际开发面积却不算大，所以单位土地面积上的税金总额就自然增加。

（三）江西省工业园区发展的园区比较分析

本节内容：主要从经济维度的指标，如主营业务收入、工业增加值增长率、人均工业增加值；社会维度的指标，如税金总额、从业人员；环境维度的指标，如万元工业增加值电耗、单位土地面积工业增加值对江西 89 个工业园区进行比较分析。

1. 经济维度

（1）主营业务收入。指园区内企业从事某种主要生产、经营活动所取得的营业收入。根据统计数据，2015 年江西省 100 个工业园区中主营业务收入超过百亿元的有 76 个，占总数比例 76%（见表 2-4）。虽然，过百亿元的园区从数量上看较多，但是大部分园区是在 100 亿~300 亿元低位徘徊；其中，处于 100 亿~200 亿元的园区有 29 家（主营业务收入平均值为 150.24 亿元），处于 200 亿~300 亿元的园区有 17 家（主营业务收入平均值为 236.24 亿元），两者总和占到百亿元以上园区数量的 60.5%。反观处于主营业务收入高位档次的园区较少。其中,过千亿元的仅有南昌高新技术开发区(1530.75亿元)、九江经济技术开发区(1037.18亿元)、南昌经济技术开发区(1012.83亿元)和南昌小蓝经济技术开发区(1001.2亿元)4家;处于500亿~1000亿元的有上饶经济技术开发区、新余高新技术产业开发区、赣州经济技术开发区、鹰潭高新技术产业开发区、江西丰城高新技术产业园区、江西广丰经济开发区、江西贵溪工业园区、井冈山经济技术开发区、萍乡经济技术开发区、江西新建长埠工业园区、江西上高工业园区、江西樟树工业园区12家(主营业务收入平均值为558.93亿元)。

表2-4 2015年江西省不同主营业务收入级别工业园区的情况比较

园区级别(亿元)	数量(个)	比例(%)	均值(亿元)	标准差(亿元)	最大值(亿元)	最小值(亿元)
≥1000	4	4	1145.49	222.81	1530.75	1001.20
1000＞M≥500	12	12	558.93	62.78	710.92	558.93
500＞M≥400	3	3	464.69	22.34	486.85	434.10
400＞M≥300	11	11	347.69	27.41	386.70	301.56
300＞M≥200	17	17	236.24	27.40	285.41	202.89
200＞M≥100	29	29	150.24	30.32	199.21	100.00
＜100	24	24	56.26	25.93	95.98	16.71

(2)工业增加值增长率。即园区工业企业全部生产活动的总成果扣除了在生产过程中消耗或转移的物质产品和劳务价值后的余额,反映工业企业生产过程中新增加的价值。工业增加值增长率是分析园区增长潜力的一项基础指标。从图2-5看,江西大部分的工业园区工业增加值增长率主要集中在0~10%和10%~15%两个等级,分别拥有48个和31个工业园区,两个增长率等级工业园区数量之和占总园区数量的79%。增长率最高的工业园区为江西玉山经济开发区(28.09%),有7家工业园区出现工业增加值的负增长现象,其中江西分宜工业园区最严重,工业增加值为-28.79%。

结合图2-5和表2-5分析发现,工业增加值增长率速度高的园区往往其工业增加值总量并不是最高的,而是以中等偏上的规模为主。在工业园区工业增加值增速前10名中(平均增长速度为22.2%),前5位为江西玉山经济开发区、江西湖口金砂湾工业园区、江西新余袁河经济开发区、江西奉新工业园区、江西余干工业园区,工业增加值总量排名分别为第29位、第32位、第52位、第15位、第59位;接下来的5位为江西铅山工业园区、江西靖安工业园区、江西德兴经济开发区、江西泰和工业园区和江西余江工业园区,工业增加值总量排名分

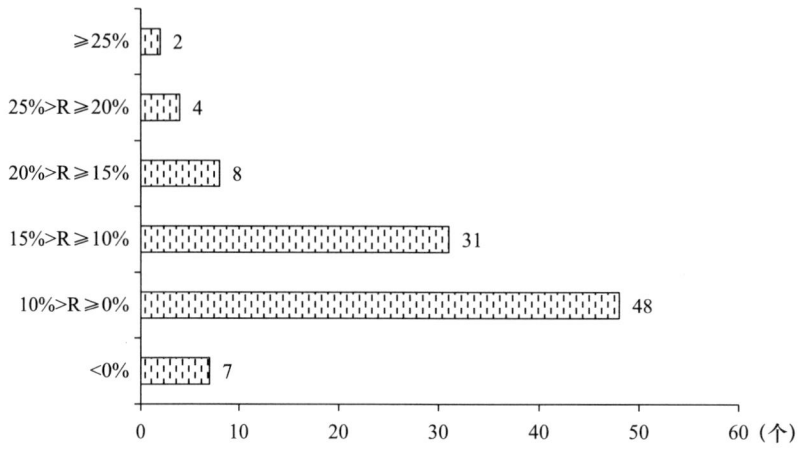

图 2-5 根据江西工业园区的工业增加值增长速度等级分类

表 2-5 2015 年江西省工业园区工业增加值增速前 10 名与后 10 名的情况比较

	工业园区工业增加值	
	增长速度最快的前 10 名	增长速度最慢的后 10 名
平均增长速度（%）	22.2	-6.12
具体园区名称	江西玉山经济开发区（29）、江西湖口金砂湾工业园区（32）、江西新余袁河经济开发区（52）、江西奉新工业园区（15）、江西余干工业园区（59）、江西铅山工业园区（62）、江西靖安工业园区（87）、江西德兴经济开发区（71）、江西泰和工业园区（36）、江西余江工业园区（45）	江西分宜工业园区（73）、江西星子工业园区（70）、江西都昌工业园区（63）、江西婺源工业园区（92）、江西横峰经济开发区（57）、江西芦溪工业园区（72）、江西萍乡湘东工业园区（85）、江西兴国经济开发区（56）、江西宁都工业园区（79）、新余高新技术产业开发区（8）

别为第 62 位、第 87 位、第 71 位、第 36 位、第 45 位。而工业园区工业增加值增速最后的 10 名中（平均增长速度为 -6.12%），也有工业增加值总量规模排名比较靠前的园区，如新余高新技术产业开发区，其工业增加值总量规模排名第 8 位。

（3）全员劳动生产率。指根据产品的价值量指标计算的平均每一个从业人员在单位时间内的产品生产量，是考核企业经济活动的重要指标，是企业生产技术水平、经营管理水平、职工技术熟练程度和劳动积极性的综合表现。本书中工业园区的全员劳动生产率是将某一园区工业企业的工业增加值除以同一时期该园区全部从业人员的平均人数来计算的。通过统计分析，江西工业园区全员生产率的总体平均水平为 27.67 万元/人，大部分工业园区（36 个）的全员生产率集中在 20 万~30 万元/人的第三等级（平均值为 24.58 万元/人）；其次是全员生产率处于 10 万~20 万元/人和 30 万~40 万元/人的等级，分别有 27 个园区（平均值为 16.87 万元/人）、26 个园区（34.08 万元/人）；全员生产率达到 40 万元/人以上的工业园区有新余袁河经济开发区、余干工业园区、铅山工业园区、江西乐平工业园区等 10 家，平均值为 49.79 万元/人。其中，新余袁河经济开发区的全员生产率达到 61.79 万元/人；而乐安工业园区的全员生产率仅为 9.61 万元/人（见图 2-6 和表 2-6）。相对而言，同期江西省全省人均工业增加值为 9.993 万元/人，充分说明工业园区确实是工业产值高度聚集的载体。

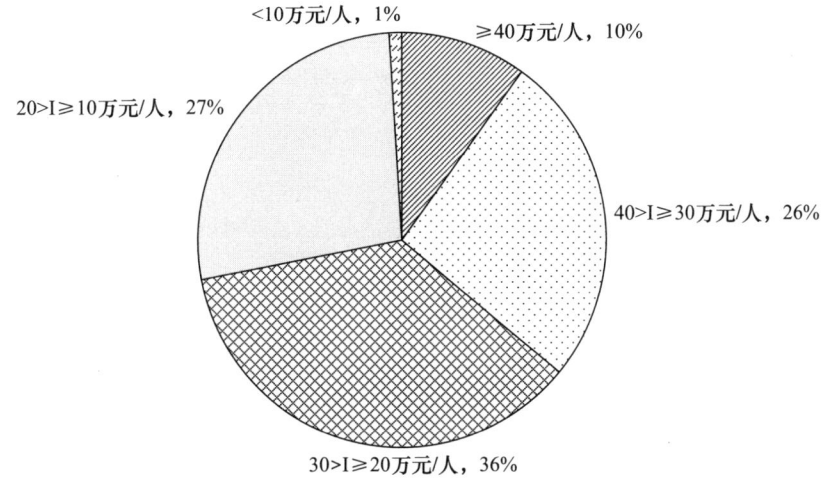

图 2-6　根据江西工业园区的全员劳动生产率级别分类比例

表 2-6　2015 年江西省不同全员劳动生产率级别工业园区的情况比较

园区级别（万元/人）	数量（个）	均值（万元/人）	标准差（万元/人）	最大值（万元/人）	最小值（万元/人）
≥40	10	49.79	5.38	61.79	41.91
40 > I ≥ 30	26	34.08	2.67	39.19	30.44
30 > I ≥ 20	36	24.58	2.84	29.21	20.04
20 > I ≥ 10	27	16.87	2.57	19.76	10.32
<10	1	9.61	0	9.61	9.61

2. 社会维度

（1）税金总额。是指园区企业发生的除企业所得税和允许抵扣的增值税以外的企业缴纳的各项税金及其附加的总和。工业园区的税金总额可以反映该工业园区对当地社会的贡献。总体而言，江西超过一半的工业园区的税金总额普遍在10亿元以下（见表2-7）。具体来说，税金总额小于5亿元的工业园区有31家（比例为31%），税金总额小计为75.54亿元（平均值为2.44亿元），仅占到所有税金总额的6.26%。税金总额处于5亿~10亿元的工业园区有27家（比例为27%），税金总额小计为202.05亿元（平均值为7.48亿元），占到所有税金总额的16.75%。而处于税金总额最高等级（大于10亿元）的工业园区有42家，税金总额却高达928.7亿元（平均值为22.11亿元）。换言之，数量比例不到45%的工业园区却贡献了75%以上的税金。从税金增速看，虽然大于10亿元等级工业园区的税金总额规模大，但是其增长速度也是最高的，高达7.27%，其次是税金总额处于5亿~10亿元等级的工业园区，增速为3.54%，而税金总额小于5亿元等级的园区出现税金负增长，平均增速为-0.31%。

表2-7　2015年江西省不同税金总额等级工业园区的情况比较

园区等级（亿元）	园区数量（个）	比例（%）	税金总额（亿元）	比例（%）	税金平均值（亿元）	税金增速（%）
大于10	42	42	928.70	76.99	22.11	7.27
5~10	27	27	202.05	16.75	7.48	3.54
小于5	31	31	75.54	6.26	2.44	-0.31

（2）从业人员。反映工业园区对社会劳动力的吸纳能力，为社会劳动力提供就业机会，故可视为工业园区对社会作出贡献的指标。本书按照从业人员数量将江西工业园区分成四个等级：低于1万人、1万~3万人、3万~5万人、5万人以上的工业园区。从图2-7可以看出，江西工业园区从业人员数量以3万人以下居多，占到总数的77%。其中，园区从业人员数量处于1万~3万人等级的最多，共有50个工业园区，比例占到五成，该等级每个园区的平均从业人员数量为1.91万人；处于1万人以下的工业园区有27家，平均从业人员数量为0.64万人。而3万人以上的工业园区非常少，总共仅有23家，其中处于3万~5万人等级的有14家，平均从业人员数量为3.67万人；高于5万人的工业园区有9家，平均从业人员数量为6.78万人。

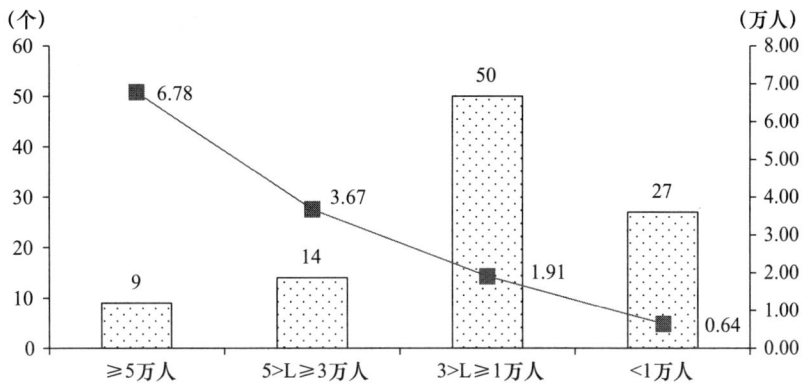

图2-7 根据江西工业园区的从业人员等级分类

3. 环境维度

（1）万元工业增加值电耗①。该指标表征工业园区对能源消耗水平。本书按照每递增500度/万元为一个能耗级别，一共分成五个等级。根据统计结果分析，2015年江西工业园区的万元工业增加值电耗以500~1000度/万元为主，共有40家工业园区（万元工业增加值电耗平均值为766.80度/万元），占到总园区数量的45%（见表2-8）。其余四个能耗级别工业园区分布相对均匀，其中能耗最低的小于500度/万元等级的园区数量有10家（万元工业增加值电耗平均值为395.15度/万元）；能耗最高的大于2000度/万元等级的园区数量有12家（万元工业增加值电耗平均值为3186.51度/万元）。后者的万元工业增加值电耗平均值是前者的8倍多。万元工业增加值电耗处于1000~1500度/万元和1500~2000度/万元等级的园区数量分别有20家和7家，万元工业增加值电耗平均值分别为1240.62度/万元和1688.73度/万元。

表2-8 2015年江西省不同万元工业增加值电耗级别工业园区的情况比较

园区级别	数量（个）	比例（%）	均值（度/万元）	标准差（度/万元）	最大值（度/万元）	最小值（度/万元）
≥2000度/万元	12	13.48	3186.51	1069.00	5898.19	2263.77
2000>E≥1500度/万元	7	7.87	1688.73	112.95	1914.30	1578.42
1500>E≥1000度/万元	20	22.47	1240.62	106.46	1436.94	1008.63
1000>E≥500度/万元	40	44.94	766.80	124.58	971.56	535.62
<500度/万元	10	11.24	395.15	59.47	489.56	304.08

---

① 由于2014年、2015年均没有工业企业用电量的数据缺失，所有2014年与2015年用电量是根据每个园区2010~2013年的工业企业用电量平均增长率推算的。

（2）单位土地面积工业增加值。该指标反映工业园区对土地资源的集约利用水平。根据分析结果可得，大部分江西工业园区的单位土地面积工业增加值低于1000元/平方米，其中处于500~1000元/平方米的园区有39家（单位土地面积工业增加值均值为717.73元/平方米），单位土地面积工业增加值低于500元/平方米的园区有26家（单位土地面积工业增加值均值为304.97元/平方米），两个等级的园区数量之和为65家，占到江西工业园区总数的65%（见图2-8）。单位土地面积工业增加值处于1000~2000元/平方米的园区有26家，均值为1249.57元/平方米。而象征江西单位土地面积工业增加最高等级的园区（高于2000元/平方米）仅有南昌小蓝经济技术开发区、新建长堎工业园区、南昌高新技术产业开发区、新余高新技术产业开发区、江西奉新工业园区、萍乡经济技术开发区、井冈山经济技术开发区、景德镇高新技术产业开发区和樟树工业园区9家，单位土地面积工业增加值均值为2837.75元/平方米。

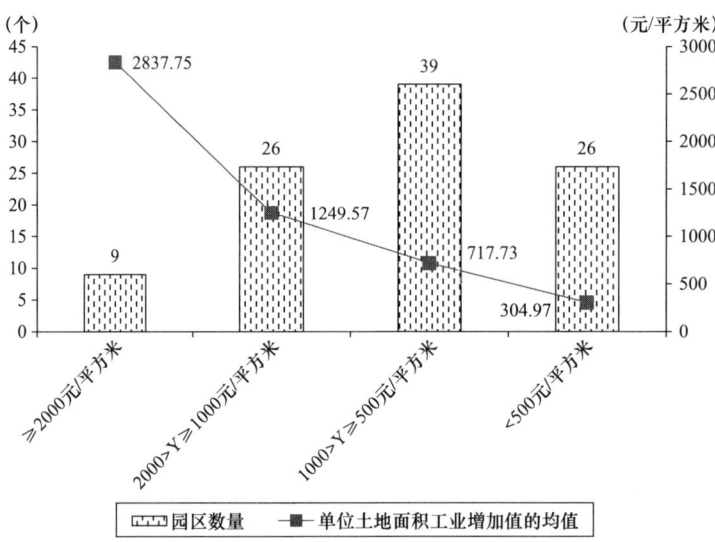

图2-8 根据江西工业园区的单位土地面积工业增加值等级分类

三、江西工业园区发展呈现的新特征

（一）由追求速度向追求质量转变

在中国经济30多年高速增长的背景下，原本就处于落后地位的江西省把发展速度和规模作为前期工业园区发展的主要诉求，常常是"逮到什么项目就引进什么项目"，缺乏合理且长期的发展规划，导致园内企业混乱杂陈。

随着中国经济步入新常态，在资源、环境等一系列约束条件下，在工业园区发展速度和规模达到一定程度的情况下，过去粗放的发展模式难以为继。江西省委、省政府要求工业园区向高质量、高效益的发展模式进行转变，探求工业园区发展的新出路，形成有效益、有质量、可持续的增长。2013年以来，江西工业园区以"扩大总量、提升质量"为主要任务，大力实施工业园区提升工程，积极推进特色工业园区、生态工业园区、新型社区和管理信息化建设，着力提高工业园区集约集群化、经济生态化、服务社会化水平，重视了两个方向的发展质量提高，一个是绿色集约发展，另一个是创新驱动发展。具体表现如下：

在土地集约利用方面，面对有限的土地资源，工业园区努力在提高引进项目质量、单位投资强度和建筑容积率上下功夫，最大限度地向空间要效益，2015年，全省工业园区实现亩均主营业务收入274.80万元、增长9.8%；亩均出口交货值21.64万元、增长3.5%；亩均利税32.03万元、增长8.2%；亩均投资强度51.28万元、增长10.96%。

在绿色发展方面，进一步推进了生态工业园的建设，加强各工业园区的绿化建设，2014年，第三批21个绿化提升试点工业园区按照要求全部完成规划目标，工业园区绿化覆盖率达到30%以上，累计三批次48个工业园区列入试点、占全省工业园区一半以上。积极引导工业园区开展清洁生产，着力构建循环经济产业链，2014年，永修云山经济开发区通过全国循环经济试点示范单位验收，南昌高新区列入国家级循环化改造试点工业园区，成为继鹰潭高新区、赣州经开区之后全省第三个试点工业园区。①

在企业准入方面，按照产业政策要求，禁止引进和上马污染严重、产能严重过剩的项目，限制发展附加值低、生产能力落后、资源能源消耗高的企业和项目，为新型产业集群发展留出空间。

在创新升级方面，工业园区不仅重点引进高新技术产业，打造关联度高、相互协作的新兴产业集群，培育经济发展新动力，而且加强产学研用对接，加快信息技术、先进制造技术、生物技术对传统产业的改造，不断延伸产业链，推动精深加工，提升产品附加值，让传统产业焕发出勃勃的生机和活力。

（二）由政府主导向市场主导转变

政府管得过多，已经是我国经济发展中老生常谈的问题，这个问题在工业园

---

① 参考江西省工信委内部资料。

区的发展过程中也不例外地存在。长期以来，政府充当了工业园区建设的决策规划主体、基础设施建设主体、先期投入主体、招商引资主体、工业园区管理主体等各种角色，职责内容包含了工业园区决策、选址、规划、建设、招商、管理的方方面面。江西省经济贸易委员会、省发展与改革委员会、省中小企业局、省外经贸厅、省合作办，以及省科技厅等诸多部门都拥有对工业园区的管理权限，其弊端在发展过程中逐渐显现。

随着党的十八届三中全会强调使市场在资源配置中起决定性作用以及服务型政府的提出，政府应进一步简政放权，深化行政审批制度改革，确立企业投资主体地位，建设统一开放、竞争有序的市场体系。

省政府办公厅印发了《关于推进工业园区体制机制创新的意见》（赣府厅发〔2014〕21号），成功召开全省工业园区体制机制创新推进座谈会，总结推广"大部制设置、扁平化管理、企业化运作、管理信息化"等方面的改革经验，推动各地建立以服务企业为中心的统一规范、精干高效的工业园区管理体制和运行机制。推进两项改革，加大体制机制创新力度。一方面，推进工业园区体制改革。加快转变工业园区政府职能，优化工业园区机构设置，在条件成熟的工业园区实行大部制改革，引导工业园区以产业发展、社区管理、规划建设等综合性部门为主，形成精干高效的扁平化架构。鼓励工业园区按照产业板块等方式探索设立"园中园"，试行"半官方、半市场"体制，实行公司化、市场化运作。另一方面，因地制宜加快工业园区机制改革。探索实行考核制、聘任制、年薪制"三位一体"，形成能上能下、能进能出的灵活机制。按照"工业园区的事务在工业园区办结"的原则，鼓励在工业园区设立办事大厅或虚拟办事大厅，实行"一窗受理、并联审批、限时办结"，将市（县）行政服务中心延伸到工业园区。[①]

未来，工业园区管委会把主要精力放在建章立制、加强监管、维护公平的竞争环境上，逐步把建设、招商、运营、管理甚至是工业园区的服务都委托给市场主体，降低行政成本，也提高市场活力，真正让市场在工业园区起主导作用。

（三）由同质竞争向差异化发展转变

随着工业园区的迅速发展，产业集聚效果初步显现，但产业同质化现象严重。同质竞争的弊端在于产业雷同和产能过剩。为了避免盲目攀比所造成的恶性竞争，近年，江西省出台了《江西省人民政府关于工业重点产业升级发展的指导意见》，旨在通过加强分类指导，实行差异化政策，加快形成比较合理的特色工业产业体系。

---

① 参考江西省工信委内部资料。

江西省各工业园区立足当地的自然禀赋，遵循产业集群形成、演进和升级的内在规律，设区市本级重点发展2~3个产业集群，县（市、区）重点发展1~2个产业集群。通过科学规划，培育一批集群，促进有特色和扎堆发展趋势的块状经济向产业集群方向发展；引进一批集群，选准主攻方向，加快承接产业转移示范区建设，促进企业组团式、集群式进入江西；提升一批集群，建设创新型产业集群和新兴产业集群，推动现有集群做大总量、提升层次和水平。认定一批主导产业突出、特色鲜明、集群发展水平高的特色工业园区。做到集中力量做强一批、做优一批、做精一批。

江西的医药、电子信息、汽车、航空、光伏、食品6个产业具有较好的发展基础，进一步做强做大产业规模，使之成为引领未来产业发展的主导力量；铜、石化、钢铁、纺织、建材5个产业普遍存在产能过剩现象，通过结构调整、技术优化，进一步提升竞争实力；钨、稀土、锂电3个产业具有独特资源优势，大力发展精深加工，延伸产业链，进一步做精做特。

为做强一批，江西电子信息产业将重点在南昌、吉安、九江、赣州布局，加快由加工装配生产向研发制造转型，建成中部地区电子信息产业高地；光伏产业将打造以上饶、新余、九江为集聚区的产业布局，打造世界级光伏产业基地。为做优一批，江西钢铁产业将进一步加快产品结构调整、技术装备升级和特色优势产品开发，推动企业兼并重组。为做精一批，江西稀土产业将重点发展高性能稀土磁性材料、特种稀土功能材料等，产业链向稀土合金零部件等稀土深加工及应用产品延伸，建成全国重要的稀土新材料产业基地。①

（四）由硬环境见长向软环境取胜转变

在工业园区发展初期，硬环境打造是最基本的发展条件，从三通一平、五通一平到九通一平、十通一平的基础设施建设虽然必不可少，可是更多在工业园区落户的企业和投资者更希望政府提高服务水平，提高行政效能，从法治透明度和营商环境方面使得投资者有更好的投资环境和回报。所以江西省工业园区把更多的精力转移到软环境的塑造上来，包括营造公平公正的法治环境、开放透明的市场规则、高效优质的政府服务，做出了不少有益的探索。

1. 物流平台

工业园区物流港试点顺利启动，总投资30亿元的工业园区物流港集团顺利注册运营，抚州高新区、井冈山经开区、共青城经开区、丰城高新区4个工业园区列入首批试点，吉安万吉全国物流信息平台加快推广，全省工业园区物流资源

---

① 江西"差异化"政策促工业升级［EB/OL］. http：//finance.china.com.cn/roll/20140710/2528047.shtml.

有效整合。2016年6月江西省级物流公共住处平台正式上线，向政府、园区、企业和个人提供一站式集成物流信息服务，实现动力与货源的有效对接，有效降低全社会物流成本。①

2. 融资平台

融资服务不断完善，《江西省工业园区中小企业信用等级评定办法（试行）》提出，推进小蓝经开区等13个中小企业信用示范区建设试点，推动全省工业园区中小企业信用评价体系加快建立；"财园信贷通"在工业园区实现全覆盖，此外，在市、县分别组建注册资金5亿元和3000万元的政策性担保公司，进一步加强政策性融资担保体系；奉新工业园区互助信贷通、赣州小微信贷通、九江助保贷等融资模式正在逐步推广，有效缓解企业融资难题。截至2016年5月底，江西"财园信贷通"贷款规模累计达748亿元，已惠及中小微企业2万户次②。

3. 电子商务平台

利用各级中小企业公共（网络）服务平台，加强同工业园区的合作对接，建立产品展示中心和电子商务平台，帮助企业开辟市场。例如，高安市为解决陶瓷品销售渠道不畅的问题，于2016年10月成立陶瓷专业称电子商务平台——1号陶城。平台依托本地陶瓷物流产业，通过搭建网络销售渠道，整合线上线下资源，直接打通企业、经销商与终端消费者链接，推动高安千亿陶瓷产业实现转型发展。再如，总投资10亿元的九江跨境电子商务产业园项目，落户九江经济技术开发区，成为江西省首个以保税备货及跨境供应链服务为主营业务的综合性跨境电子商务产业园项目。③

4. 产业公共服务平台

依托龙头企业建设研发设计、试验验证、检验检测、公共性技术转化、两化整合、质量控制、技术认证、设备共享等公共技术服务平台，加快工业园区产业公共服务平台建设有利于工业园区逐步形成社会化、市场化、专业化的公共服务体系和长效机制，对于促进资源优化配置和专业化分工协作、推动战略新兴产业发展、促进工业园区自主创新和转型升级具有重要意义。

5. 社区服务平台

鼓励工业园区按照未来新城区的要求统一建设新型社区，完善生产生活服务配套，变企业办社会为工业园区办社会，全面提升工业园区服务功能，进一步增

---

① 江西省级物流公共信息平台上线［EB/OL］. http：//www. gov. cn/xinwen/2016－06/12/content_5081123. htm.

② 全省"财源信贷通"工作视频会议召开［EB/OL］. http：//jiangxi. jxnews. com. cn/system/2016/06/24/014989485. shtml.

③ 首个综合跨境电商产业园落户九江［EB/OL］. http：//www. jxnews. com. cn/jxrb/system/2017/02/16/015770005. shtml.

强创新要素和技术人才的集聚能力。①

（五）由产城分离向产城融合转变

产业总是与城市发展紧密相连，工业园区要持续存在，不可能永远是空间地域的扩张，产城融合是工业园区发展的必由之路。为此，江西省坚持产城互动发展，推进省级工业园区扩区调区，完善基础设施和生产生活配套，提升工业园区对产业集群发展的承载能力。适应城镇化发展需要和用工形势变化，推动企业办社会向工业园区办社会转变，由工业园区统一建设新型社区，配套建设服务设施，构建完善的社会化服务体系。工业园区新市民公寓、人才公寓建设按规定纳入城镇住房保障体系建设范围，享受相关优惠政策。

南昌高新区、南昌昌东工业区、南昌国家经济技术开发区、新余高新区等重点工业园区都在实施产城融合发展战略，其他工业园区也紧抓这一发展态势积极跟进。其中，南昌高新区从2008年就开始进入产城融合期，坚持"产业基地与科技新城"同建的发展理念，积极推进科技、产业、生态、城市相融合发展，建设瑶湖生态科技新城，并取得了显著成效，为江西省各工业园区产城融合发展起到了良好的示范作用。

南昌高新区由单纯的发展工业到先进制造业与现代服务业双轮驱动，不断完善商务配套和城市功能配套，城市面貌大大改善，推动由单纯的产业工业园区向科技新城区转变。建设了绿地城市综合体、新城吾悦商业广场、奥特莱斯等大型商务综合体，洲际华邑、悦榕庄等五星级以上酒店陆续落户，引进了万科、绿地、恒大、保利等为区内企业高知人才配套的高档社区，同时精心打造极具创意特色的新型国际人才社区。引进了南昌三中、南师附小及幼儿园、南昌实验中学、南大第一附属医院、国际学校等一批全省一流的优质教育医疗资源，为科技新城建设奠定了基础。②

四、江西工业园区转型升级发展存在的问题

（一）百区一面导致工业园区缺乏特色

一是产业定位不清晰，产业布局不尽合理。全省94个工业园中，只有少数

---

① 参考江西省工信委内部资料。
② 参考南昌高新区内部资料。

工业园区产业定位较清晰,其他很多工业园区基本属于"大杂烩",部分工业园区涵盖六七个产业且都不成规模。部分工业园区虽然有较大规模的同类企业群,但大多数的产业布局不尽合理,产业发展和项目选择存在很大程度的随意性和被动性。

二是主导产业不突出,产业结构趋同,区域产业分工不明确。在选择主导产业时,很多工业园区不能从区域协调发展的高度,立足本地市场、资源优势来确定产业发展方向,往往在引进一个项目后缺乏系统地研究,而且一有热门项目,却不看产业条件抢着上,这种产业跟着项目走的做法,不但不利于产业集聚,而且造成工业园区产业结构趋同,工业园区优势和特色难以显现。调查表明,截至2015年年底,全省大部分工业园区都有3个以上的主导产业,最多的有6个主导产业。全省94个工业园区中,有3个以上主导产业的工业园区有73个,占总数的77.7%。

(二)产业附加值低致使工业园区缺乏市场竞争力

除少数高新区外,大多数工业园区主要是以劳动密集型和中低层次技术的粗加工工业以及低端制造产业为主,大部分企业创新能力不强,研发投入不足,尽管工业园区内科技创新型企业有了一定程度和一定数量的发展,但是自主知识产权技术仍然偏低,技术进口仍然占核心地位。大多数企业主要集中于产业链微笑曲线的制造端环节进行低水平重复建设。而且这类低端产业企业占了六成以上,规模小、产品附加值低且高耗能、高污染、高投入、低产出、低效益的状况较为突出。

实际上,无论是新能源、新材料等高新技术产业,还是服装、家电等传统行业,抑或是现代服务业和新兴服务业,涉及创意设计等高附加值生产领域的不多,发展主要靠低成本竞争和自然资源的消耗,这些因素致使工业园区的产业缺乏市场竞争力,发展后劲疲乏。

(三)空间布局分散使工业园区发展缺乏集群优势

国内外众多工业园区的经验表明,发展工业园区的重点在于产业集群的强化程度。现阶段,全省各工业园区都非常重视发展产业集群,但在一些地方存在着较严重的盲目性和随意性。

在具体实践中,有不少地方往往错误地把产业集群等同于企业集群,导致陷入产业集群发展的误区。如果一个产业工业园区内入驻的企业很多,但没有按照产业链布局形成密切的上下游分工协作关系,这种产业工业园区只能称作企业集群,而不是产业集群。

基于产业集群的完整产业链，可分为三个方面，即生产链、供应链和服务链。生产链是指产品生产过程中各个环节的集合。供应链是指围绕产品生产所提供的相关配套供应活动的集合。服务链是指企业生产经营所需外围服务活动的集合。当一个产业工业园区同时具备了较完整的"三链"，这个产业工业园区才有可能成为真正的产业集群，才能发挥产业集聚效应。以此审视工业园区的发展，可知江西省工业园区上中下游产业相互脱节，相关配套产业不完善，聚而不集、产业"孤岛"现象严重，企业之间缺乏分工协作关系，难以发挥产业集聚效应。

（四）工业园区服务平台建设滞后影响工业园区吸引力

在经济发展过程中，工业园区服务平台的建设能够直接影响工业园区对资本要素的吸附能力。除少部分发展在前列的工业园区外，金融、技术研发、物流、市场营销、员工生活保障等生产性、生活性服务业有待完善。多数工业园区尚未建立完整的一站式服务大厅，企业项目落户仍需要跑多个部门，过多个环节。

与产业发展密切相关的公共服务平台发展滞后，如产权交易、信息服务、技术评估、电子商务、投融资担保、产品质量检测等，不能满足工业园区的发展需要。

此外，在人才支撑方面，招工用工问题已经成为制约工业园区和开放型经济快速发展的一大"瓶颈"，缓解工业园区招工难题迫在眉睫。在环境保护和污染监控方面，有些工业园区对废气、废物分散排放没有集中治理，导致环境污染严重，有些落后生产能力在产业转移中没有依法淘汰。

（五）社会功能缺乏影响工业园区和谐发展

工业园区的发展涉及经济、文化、环境、社会、管理等多个方面，从某种意义上而言，工业园区就是一个小社会。故工业园区能否和谐发展，与服务社会化程度的高低有很大的关系。

与工业园区经济发展不对称的是，当前大多数工业园区只重视经济相关设施的建设，而工业园区的相关社会事业建设却相对滞后。例如，一个聚集四五千人的工业园区，我们看到的全部都是厂房等工业设施，而商场、医院、幼儿园、小学等公共服务设施鲜有出现，而城镇中一个相当规模的社区，往往教育、医疗、文化等社会事业设施俱全。生活在工业园区的产业工人，几乎成为只能工作的机器，难以像其他城镇居民一样在工业园区享受到工作之余的正常生活。

江西省大多数工业园区的配套生活社区尚未建立，功能配套型项目如文化、教育、医疗、体育、商业、休闲娱乐等社会事业项目建设不足，社会化服务体系不健全的发展现状与城市总体发展战略、人本发展思想背离，亟待改善。

第三章 江西工业园区转型升级的综合评价

上一章从省级层面、市级层面和园区层面对江西工业园区的发展现状进行了详细的梳理。但是工业园区转型升级如何衡量？江西工业园区转型升级情况如何？本章构建了工业园区转型升级综合评价指标体系，基于2011~2015年江西省89个工业园区共445个样本统计数据，利用主成分分析法对江西工业园区转型升级的成效进行了纵向和横向的动态综合评价。

一、问题的提出

我国工业经济进入了结构优化调整、新旧动能接续转换的关键时期，出现了中高端需求无法满足与低端供给过剩并存、产业调整升级与企业活力不足并存、生产成本增加与企业竞争力减弱并存等新常态问题。不管是为了解决近期的矛盾和问题，还是为远期发展打下坚实基础，加快工业转型升级步伐，从而升级产业结构和发展动能都是关键之举、必由之路。工业园区是撬动工业转型升级的主战场，是实体企业发展的重要载体，应该充分利用好这个平台，通过促进工业园区转型升级进而达到提速工业经济跨越提升步伐的目的。林毅夫（2015）[1]曾表示，经济新常态下产业的转型升级将是欠发达地区的后发优势。欠发达地区工业园区发展速度较慢，园区建设与发展、机制体制等各方面比较不完善，先前的优惠税收政策，低廉的土地和劳动力成本等优势在逐渐消失，亟须抢抓转型升级战略机遇，激活园区发展新引擎，进而带动园区跨越提升。转型升级是一个循序渐进的持续过程，为此有必要对工业园区现阶段的转型升级进行科学评价，以此作

---

[1] 林毅夫. 访谈：新常态下欠发达地区有后发优势 [N]. 海南日报，2015-03-31.

为明确进一步转型升级方向的现实依据。

本书综合前人研究及专家意见,构建了一套新经济视角下工业园区转型升级的评价指标体系:基于2011~2015年江西省89个工业园区的数据,利用主成分分析法对江西省工业园区转型升级状况进行综合评价;通过比较全省各园区六年间转型升级水平的纵向和横向的动态变化,判断影响江西省工业园区转型升级的核心因子。一方面,新经济视角下为江西相关部门找准着力点,推进工业园区转型升级工作提供决策参考;另一方面,也为其他地区实现工业园区转型升级提供启示。此外,现有文献中,从工业园区视角研究转型升级的文献并不多见,而利用园区层面的面板数据对转型升级进行定量研究的资料更少,所以本书为丰富该领域成果做出了一定的贡献。

二、指标体系的设计

综观国内外文献,关注工业园区转型升级评价的文献并不多,但是对产业转型升级、区域转型升级评价的文献相对丰富,下面主要从区域(省域、市域或县域)、产业(旅游业、制造业等)、园区、企业四个层面的转型升级来展开。在区域转型升级层面,程惠芳等(2011)[①]设计的区域经济转型升级能力评价体系主要考核了经济发展与民生改善、技术创新、产业提升、国际化水平和节能减排五方面的能力和潜力,并对全国31个省市经济转型升级的能力进行测度和评比。唐辉亮(2013)[②]则在这套评价指标体系基础上进行细化,运用到江西省各地市的经济转型升级能力评价中,用主成分分析法进行了定量评价。在产业转型升级层面,卢强等(2013)[③]将脱钩理论运用到工业绿色转型升级评价中,该文用新鲜用水情况、燃料使用情况和化学需氧量排放情况作为资源环境利用情况的表征指标,核心是通过计算资源环境情况的相对弹性脱钩值作为最终的绿色转型升级的指示值。杨立勋和高瑜(2016)[④]构建的工业转型升级水平评价体系除了从工业发展视角考察了工业发展、集中度、产能过剩抑制能力,还从创新开发和资源环境保护视角分别设计了科技创新、对外开放以及资源节约利用和环境保护指

---

① 程惠芳,唐辉亮,陈超.开放条件下区域经济转型升级综合能力评价研究——中国31个省市转型升级评价指标体系分析[J].管理世界,2011(8).
② 唐辉亮.江西省各地市经济转型升级综合能力评价[J].宜春学院学报,2013,8(35).
③ 卢强,吴清华,周永章,周慧杰.广东省工业绿色转型升级评价的研究[J].中国人口·资源与环境,2013,7(23).
④ 杨立勋,高瑜.西北五省区工业转型升级测度及评价[J].统计与决策,2016(22).

标,并通过熵权 TOPSIS 权重确定法研究了西北五省区 2004~2014 年 10 年间工业转型升级的动态变化。黄昶生和张旭宇（2015）[①]采用因子分析法从经济、技术、管理、发展等方面对山东省制造业 30 个制造业大类（除金属制品、机械和设备修理业由于数据缺失没有被纳入评价范围）进行全方位的评价。在园区转型升级层面,徐磊（2005）[②]、王雄昌（2010）[③]从制度经济学和产业经济学视角分析,结果表明规模经济、产业集聚、生产力梯度转移等是园区转型升级的核心要素。曹贤忠（2015）[④]研究发现,制约产业园区转型升级的核心因素是技术创新,其次是经济发展,再依次是社会体制、人力资源、生态环境。在企业转型升级层面,王玉燕等（2014）[⑤]认为要客观综合评价中国企业转型升级战略状态,不仅要考虑经济效益、结构优化、技术创新,还要重视质量品牌、智能制造、绿色发展的情况。吴鹏跃（2015）[⑥]从转型和升级两个方面构建了涵括企业规模、产品、创新、市场、内部管理及产业六大要素的小微企业转型升级的评价指标,通过德尔菲法及 AHP 法给指标赋予了权重。

综合前人的研究结果,综合考虑专家的意见和数据可获得性,本书认为江西省工业园区转型升级发展有五个着力点:产业集群、开放创新、服务能力、绿色发展、平台建设。所以我们根据全面性和针对性、可比性、可操作性、动态性原则,从这 5 个维度中选取江西省工业园区转型升级发展的综合评价指标,但是鉴于数据的可获得性,我们最终选取了 11 个指标:①产业集群维度指标包括投产工业企业数量（X1）、人均工业增加值（X2）、人均资产（X3）;②开放创新维度指标有出口交货值（X4）、经济产投比（X5）;③服务能力维度指标涵括从业人员数量（X6）、利税总额（X7）;④绿色发展维度指标有单位土地面积的工业增加值（X8）、万元工业增加值电耗（X9）;⑤平台建设维度指标有非工企业数量占比（X10）、单位土地面积完成基础设施投入（X11）。表 3-1 汇总了江西省工业园区转型升级综合评价指标体系中目标层、准则层和指标层的具体内容。

---

① 黄昶生,张旭宇.山东省制造业评价及转型升级对策 [J].中国石油大学学报（社会科学版）,2015,5 (31).
② 徐磊.开发区转型问题的研究 [J].北京理工大学学报（社会科学版）,2005.7 (6).
③ 王雄昌.我国开发区转型的机制与动力探析 [J].现代经济探讨,2010 (10).
④ 曹贤忠.经济技术开发区转型升级影响因素实证分析——以芜湖为例 [J].石家庄经济学院学报,2015 (1).
⑤ 王玉燕,林汉川,吕臣.中国企业转型升级战略评价指标体系研究 [J].科技进步与对策,2014,15 (31).
⑥ 吴鹏跃.小微企业转型升级的评价指标及影响因素研究——基于 378 家企业的调查证据 [J].统计科学与实践,2015 (12).

表3-1　江西工业园区转型升级发展综合评价指标体系

目标层	准则层	指标层		指标类别
		指标符号	指标名称	
江西省工业园区转型升级发展综合评价指标体系	产业集群	X1	投产工业企业数量（个）	正指标
		X2	人均工业增加值（万元/人）	正指标
		X3	人均资产（万元/人）	正指标
	开放创新	X4	出口交货值（万元）	正指标
		X5	经济产投比	正指标
	服务能力	X6	从业人员数量（人）	正指标
		X7	利税总额（万元）	正指标
	绿色发展	X8	单位土地面积的工业增加值（万元/平方千米）	正指标
		X9	万元工业增加值电耗（度/万元）	负指标
	平台建设	X10	非工企业数量占比（%）	正指标
		X11	单位土地面积完成基础设施投入（万元/平方千米）	正指标

需要说明的是，产业集群指标中的投产工业企业数量反映的是企业集中度，取值越高说明企业越密集；人均工业和人均资产两指标均反映园区的生产效率和工业园区的发展规模，园区的发展规模越大，在一定程度上也可以表征园区的集聚程度越高，所以上述指标均为正指标。在开放创新指标中，出口交货值可以反映工业园区的对外开放度及对外开放水平，为正指标；在经济新常态下，创新驱动是企业乃至产业转型升级的主要方向，只有进行科技创新，才能够充分激发企业的发展潜力，所以我们认为经济产投比指标可以表征园区的科技创新水平，故为正指标。和利税总额、就业人员两指标，一方面可以表示对社会的回馈、为社会劳动力提供的就业机会，反映园区对社会的贡献；另一方面也可以反映园区的生活、生产条件便利程度、产城融合程度更高、具有更高的吸引力，所以服务能力的两个指标也是正指标。随着资源环境的约束越来越强，低碳循环、节能降耗是工业园区转型升级的必选之路，故我们选择了万元工业增加值电耗表征能源消耗和绿色发展，单位土地面积工业增加值反映园区对土地资源利用的集约程度，其中万元工业增加值电耗为负指标，而单位土地面积工业增加值为正指标。在平台建设的指标中，单位土地面积完成基础设施反映了园区对企业的吸引力，往往是平台做得比较好的园区对企业的吸引力会更高；而非工企业数量占比高的工业园区，其服务平台也会做得更好，园区服务能力也高，所以两者均是正指标。

三、数据来源和描述性统计分析

本书所使用的数据主要来源于江西省工信委园区处的统计数据，为2011~2015年89个省级以上工业园区（其中，国家级工业园区15个，省级重点工业园区42个）共445个工业园区样本的统计资料。表3-2展示了各个指标2011~2015年的描述性统计分析情况。从表中可知，近5年江西省工业园区的投产工业企业数量平均为96.54个，人均工业增加值为24.20万元/人，人均资产为46.27万元/人，出口交货值为196717.80万元，经济产投比为2.38，从业人员数量为21926.20人，利税总额为245226.70万元，单位土地面积的工业增加值为84541.34万元/平方千米，万元工业增加值电耗为1293.03度/万元，非工企业数量占比平均为11.52%，单位土地面积完成基础设施投入为9805.46万元/平方千米。本书中涉及以货币表现的经济指标均以2011年为不变价以消除价格因素的影响，具体包括人均工业增加值、人均资产、出口交货值、利税总额、单位土地面积的工业增加值和单位土地面积完成基础设施投入。

表3-2 江西工业园区转型升级发展综合评价指标的描述性统计

指标符号	指标名称	样本数量（个）	均值	标准差	最小值	最大值
X1	投产工业企业数量（个）	445	96.54	60.12	16.00	358.00
X2	人均工业增加值（万元/人）	445	24.20	10.59	4.45	62.63
X3	人均资产（万元/人）	445	46.27	29.59	6.89	176.35
X4	出口交货值（万元）	445	196717.80	247723.40	0.00	1303333.00
X5	经济产投比	445	2.38	7.62	0.30	148.60
X6	从业人员数量（人）	445	21926.20	16237.74	2346.00	103476.00
X7	利税总额（万元）	445	245226.70	240983.10	-139611.00	1722090.00
X8	单位土地面积的工业增加值（万元/平方千米）	445	84541.34	64672.19	9675.79	457856.50
X9	万元工业增加值电耗（度/万元）	445	1293.03	1417.82	284.16	24842.87
X10	非工企业数量占比（%）	445	11.52	16.69	0.00	82.83
X11	单位土地面积完成基础设施投入（万元/平方千米）	445	9805.46	13625.07	0.00	137853.80

四、研究方法简介

在工业园区转型升级发展综合评价研究中，描述某个工业园区特征的可选择统计指标往往较多，而这些指标又相互联系，所以可以运用主成分分析方法（Principal Component Analysis），利用降维的思想将数据进行归纳，在损失较少信息的前提下将关系错综复杂的具体影响因素归结为几个综合因素，从而将多个影响工业园区转型升级发展的因素转化为少数几个相互独立且包含以上影响因素大部分信息的一种多变量统计分析方法，其出发点是原始的影响经济发展多种因素的相关矩阵。这样既可以避免主观因素的影响，同时又使各主成分之间较独立，使得数据分析较准确。

主成分分析法的基本思想是根据相关性大小将变量进行分组，使得同组内的变量之间相关性较高，而不同组的变量相关性较低。每组变量代表一个基本结构，这个基本结构称为主成分。在研究问题时用最少数量的公共因子来简化数据的处理，同时尽量全面地反映原始数据所代表的信息（黄润龙，2004[①]；Johmson、Wicherm，2008[②]；苏金明，2000[③]）。主成分分析方法的步骤如下：

（1）根据研究问题选取原始变量。
（2）对原始变量进行标准化，并求解相关矩阵。
（3）求解初始主成分及主成分载荷矩阵。
（4）根据主成分得分值进行进一步分析。

五、主成分结果分析

本书使用Stata14.0软件对江西工业园区转型升级发展综合评价进行主成分分析，该软件可以直接通过软件计算得到相关系数矩阵，而且无须预先对指标向量进行标准化处理，软件会自动将各类指标进行无量纲化，这样通过主成分分析

[①] 黄润龙. 数据统计与分析技术——SPSS软件实用教程［M］. 北京：高等教育出版社，2004（7）.
[②] Johnson A R, Wicherm W D. 实用多元统计分析［M］. 陆璇译. 北京：清华大学出版社，2008（11）.
[③] 苏金明. 统计软件SPSS for Windows实用指南［M］. 北京：电子工业出版社，2000（1）.

法的精简和分类，使江西工业园区转型升级发展的最终评价结果更加科学。

（一）适宜性检验

本书实验采用 KMO 统计量和 SMC 指标进行主成分分析适宜性检验。Kaiser – Meyer – Olkin 抽样充分性测度是用于测量变量之间相关关系的强弱的重要指标，KMO 统计量的取值范围在 0～1，如果 KMO 统计量越高则表示变量共性越强。判断标准如下：0.00～0.49 不能接受，0.50～0.59 非常差，0.60～0.69 勉强接受，0.70～0.79 可以接受，0.80～0.89 比较好，0.90～1.00 非常好。本书 KMO 统计量为 0.7580，表明这个主成分模型可以接受。SMC 是复回归方程的可决系数，SMC 比较高表明变量的线性关系越强，共性越强，主成分分析就越合适，KMO 统计量和 SMC 统计量表格如下（见表3－3）。

表3－3　KMO 统计量和 SMC 统计量

Variable	KMO	SMC
X1	0.8257	0.7862
X2	0.4953	0.7192
X3	0.6469	0.6191
X4	0.9136	0.6691
X5	0.2606	0.0170
X6	0.6911	0.9184
X7	0.8135	0.8397
X8	0.9152	0.5557
X9	0.3636	0.2244
X10	0.8456	0.2460
X11	0.7415	0.0878
Overall	0.7580	

（二）分解总方差

该步骤主要是计算相关矩阵的特征值、方差贡献率并提取主成分（公因子）。主成分个数提取原则为主成分对应的特征值大于1的前 m 个主成分。从总方差分解表看，确定主要有 4 个主成分，其方差贡献率分别为 39.65%、15.89%、9.56% 和 9.31%，方差累计贡献率达 74.41%，其所代表的信息量已能比较充分地解释并提供原始数据所能表达的信息（见表3－4）。

表3-4 总方差分解

主成分	特征值	方差贡献率	累计贡献率
Comp1	4.36195	0.3965	0.3965
Comp2	1.74836	0.1589	0.5555
Comp3	1.05156	0.0956	0.6511
Comp4	1.02355	0.0931	0.7441
Comp5	0.908592	0.0826	0.8267
Comp6	0.719319	0.0654	0.8921
Comp7	0.407776	0.0371	0.9292
Comp8	0.318297	0.0289	0.9581
Comp9	0.251089	0.0228	0.9810
Comp10	0.154176	0.0140	0.9950
Comp11	0.0553317	0.0050	1.0000

（三）确定主成分

该步骤是求解因子载荷矩阵，最终确定主成分。初步得出主成分载荷矩阵（Primcipal Components）结构如表3-5所示。通过矩阵发现，主成分Comp1其贡献率最大，达到39.65%，主要解释的是投产工业企业数量（X1）、出口交货值（X4）、从业人员数量（X6）、利税总额（X7）、单位土地面积的工业增加值（X8）5个指标变量，主要反映的是工业园区经济总量的整体规模、产业集聚程度。其次是主成分Comp2，方差贡献率是15.98%，主要解释的是人均资产（X3）、人均工业增加值（X4），主要表征工业园区的生产效率情况。主成分Comp3的方差贡献率是9.56%，主要解释的是经济产投比（X5）、万元工业增加值电耗（X9）、非工企业数量占比（X10），显示园区对能源的消耗情况及园区的服务能力。主成分Comp4与主成分F3相近，方差贡献率为9.31%，主要解释单位土地面积完成基础设施投入（X11），反映工业园区平台建设水平。

表3-5 旋转前主成分载荷矩阵

Variable	Comp1	Comp2	Comp3	Comp4
X1	0.3989	-0.2213	0.1030	0.0467
X2	0.1989	0.5821	-0.2168	-0.0152

续表

Variable	Comp1	Comp2	Comp3	Comp4
X3	0.2192	0.5961	-0.0591	0.0693
X4	0.3920	-0.1958	0.0667	0.0876
X5	-0.0145	0.0343	0.6934	0.4618
X6	0.4303	-0.2386	0.1086	0.0332
X7	0.4424	0.0045	0.0012	-0.0191
X8	0.3786	0.0859	0.0576	-0.1165
X9	-0.0387	0.3907	0.4826	0.0348
X10	0.2458	0.0003	-0.3467	0.3054
X11	0.1154	0.0203	0.2923	-0.8138

（四）综合评价

为了对江西工业园区转型升级发展进行综合评价，有必要根据工业园区发展综合得分对2011~2015年江西89个省级以上工业园区分别进行排序再作进一步分析。所以，主成分分析之后，我们计算出各园区的综合得分，原理是以每个主成分所对应的特征值占所提取主成分总的特征值之和的比例作为权重进行加权求和，计算主成分综合模型（Becker，1987）[①]，得出江西省各工业园区转型升级发展综合得分。计算公式如下：

$$Comp = a1/(a1+a2+a3+a4) \times Comp1 + a2/(a1+a2+a3+a4) \times Comp2 + a3/(a1+a2+a3+a4) \times Comp3 + a4/(a1+a2+a3+a4) \times Comp4$$

式中，Comp 表示工业园区转型升级发展综合指数；Comp1~Comp4 分别表示主成分1、主成分2、主成分3和主成分4的得分；a1~a4 分别表示4个主成分各自的方差贡献率。所以江西工业园区转型升级发展综合指数的具体表达式如下：

$$Comp = 0.3965/0.7441 \times Comp1 + 0.1589/0.7441 \times Comp2 + 0.0956/0.7441 \times Comp3 + 0.0931/0.7441 \times Comp4$$

根据主成分综合模型即可计算综合主成分，并对其按综合主成分分值进行排序即可对各工业园区进行综合评价比较，表3-6展示了2011~2015年江西工业园区转型升级发展综合得分排名。2011~2015年工业园区转型升级发展综合得分和各主成分得分详见本章附表。

---

① Becker W E. Business and Econmics Statistics with Computer Application [M]. Addison – Wesley Publishing，1987.

表3-6　2011~2015年江西工业园区转型升级发展综合得分排名

年份 园区名称	2015	2014	2013	2012	2011
南昌高新技术产业开发区	1	1	1	1	1
南昌小蓝经济技术开发区	2	2	4	5	4
南昌经济技术开发区	3	3	2	3	3
九江经济技术开发区	4	5	8	7	7
新余高新技术产业开发区	5	4	3	2	2
江西广丰经济开发区	6	8	7	15	13
江西分宜工业园区	7	20	18	17	12
赣州经济技术开发区	8	6	5	6	6
上饶经济技术开发区	9	7	9	9	5
江西萍乡经济开发区	10	9	6	8	8
江西奉新工业园区	11	11	16	22	28
江西樟树工业园区	12	14	20	19	23
江西上高工业园区	13	12	13	11	21
井冈山经济技术开发区	14	10	12	10	9
南昌昌东工业园区	15	17	21	13	11
景德镇高新技术产业开发区	16	18	22	20	16
鹰潭高新技术产业开发区	17	16	10	25	24
江西湖口金砂湾工业园区	18	15	17	21	15
江西丰城高新技术产业园区	19	19	19	12	10
江西新建长堎工业园区	20	13	15	18	22
江西贵溪工业园区	21	24	14	14	14
江西乐平工业园区	22	22	25	28	30
宜春经济技术开发区	23	23	26	29	32
江西瑞昌经济开发区	24	21	11	16	18
抚州高新技术产业开发区	25	25	33	36	35
江西共青城经济开发区	26	29	37	39	53
江西铅山工业园区	27	28	29	37	40
江西景德镇陶瓷工业园区	28	48	53	46	60
江西高安工业园区	29	26	27	24	19
江西余干工业园区	30	27	31	40	25
江西玉山经济开发区	31	33	40	35	31
江西万载工业园区	32	37	39	50	75
江西永修云山经济开发区	33	32	42	38	36

续表

年份 园区名称	2015	2014	2013	2012	2011
江西赣州章贡经济开发区	34	35	23	23	17
江西吉安高新技术产业园区	35	36	38	34	37
江西修水工业园区	36	31	43	43	49
江西德安工业园区	37	43	52	51	52
江西新干工业园区	38	44	46	57	54
江西永丰工业园区	39	40	45	45	44
江西宜丰工业园区	40	46	54	56	65
江西赣州高新技术产业园区	41	34	30	26	27
江西九江沙城工业园区	42	47	36	47	63
江西武宁工业园区	43	49	55	54	55
龙南经济技术开发区	44	39	35	31	26
江西余江工业园区	45	41	47	41	58
江西抚北工业园区	46	30	24	32	50
江西于都工业园区	47	42	32	30	33
江西泰和工业园区	48	52	56	44	43
江西彭泽工业园区	49	59	51	59	62
江西南康经济开发区	50	38	34	33	42
江西遂川工业园区	51	50	50	53	47
江西定南工业园区	52	58	48	52	39
江西万年高新技术产业园区	53	45	41	42	41
江西兴国经济开发区	54	54	28	27	20
江西星子工业园区	55	51	49	70	61
江西东乡经济开发区	56	55	59	55	51
江西金溪工业园区	57	57	60	64	68
江西弋阳工业园区	58	56	58	4	29
江西芦溪工业园区	59	60	68	65	56
江西南城工业园区	60	65	62	69	74
江西崇仁工业园区	61	66	66	61	67
江西永新工业园区	62	62	65	75	77
江西安福工业园区	63	67	70	71	70
江西吉安河东经济开发区	64	72	78	77	71
江西吉州工业园区	65	63	69	66	64
江西吉水工业园区	66	74	76	72	69

续表

年份 园区名称	2015	2014	2013	2012	2011
江西宜黄工业园区	67	68	63	67	72
江西横峰经济开发区	68	53	44	48	34
江西信丰工业园区	69	61	57	49	38
江西鄱阳工业园区	70	76	79	80	87
江西南丰工业园区	71	78	73	79	83
江西全南工业园区	72	69	67	58	46
南昌昌南工业园区	73	64	64	62	48
瑞金经济技术开发区	74	73	75	73	66
江西安义工业园区	75	71	61	63	59
江西峡江工业园区	76	70	72	74	73
江西德兴经济开发区	77	75	71	60	57
江西上犹工业园区	78	77	74	68	45
江西会昌工业园区	79	82	83	78	76
江西万安工业园区	80	83	85	81	78
江西都昌工业园区	81	79	81	82	81
江西广昌工业园区	82	81	80	87	86
江西宁都工业园区	83	80	82	84	82
江西靖安工业园区	84	84	86	86	88
江西黎川工业园区	85	85	84	83	80
江西大余工业园区	86	87	77	76	79
江西莲花工业园区	87	86	87	88	85
江西婺源工业园区	88	88	89	89	89
江西安远工业园区	89	89	88	85	84

注：表中排名以2015年的排名为基准，以便对2011～2014年的排名进行比较。

六、结论与讨论

通过分析2011～2015年江西省89个工业园区转型升级发展综合评价得分排名的差异情况，可以总结出江西工业园区转型升级发展的主要特征如下：

（一）江西工业园区转型升级发展综合水平显著提升

从总量上看，2011～2015年江西省89个工业园区转型升级发展的平均综合

得分分别为 -0.5121、-0.29494、-0.02973、0.254636 和 0.582134，2015 年的平均得分是 2011 年的两倍多。究其原因，5 年间对综合得分贡献率最大（53.28%）的主成分一的得分增长明显，从 2011 年的 -0.788108 增长到 2015 年的 0.8673233，增长了近 210.05%。从增长速度上看，江西省工业园区转型升级发展综合得分的增长幅度明显提高，从 2012 年的 42.41%，到 2013 年的 89.92%，一直涨到 2015 年的 128.61%。充分体现江西省工业园区转型升级发展的综合实力明显增强。

（二）江西工业园区转型升级发展水平总体还是偏弱

按照工业园区转型升级发展综合评价指数，我们把江西省 89 个工业园区分成四个档次：园区类型 I（综合评价指数≥2.0），属于转型升级发展综合实力强劲的工业园区；园区类型 II（2.0 > 综合评价指数≥1.0），属于转型升级发展综合实力较强的工业园区；园区类型 III（1.0 > 综合评价指数≥0.1），属于转型升级发展综合实力一般的工业园区；园区类型 IV（综合评价指数 < 0.1），属于转型升级发展综合实力较弱的工业园区。从 2011~2015 年江西工业园区转型升级发展综合得分分布图可以看出，江西省大部分工业园区的综合得分处于中下水平（见图 3-1）。以 2015 年为例，转型升级发展综合实力强劲的园区类型 I 包含南昌高新技术产业开发区、南昌小蓝经济技术开发区、南昌经济技术开发、九江经济技术开发区、新余高新技术产业开发区等 11 个工业园区，虽然比 2011 年该类型只有 2 个园区好转很多，但是也只占总样本的 12.36%；转型升级发展综合实力较强的工业园区的园区类型 II 共有江西樟树工业园区、江西上高工业园区、井冈山经济技术开发区等 12 个；而转型升级发展综合实力一般的园区类型 III 和转型升级发展综合实力较弱的园区类型 IV 却分别有 26 家和 40 家，两者之和占全省工业园区总数量的 74.16%。

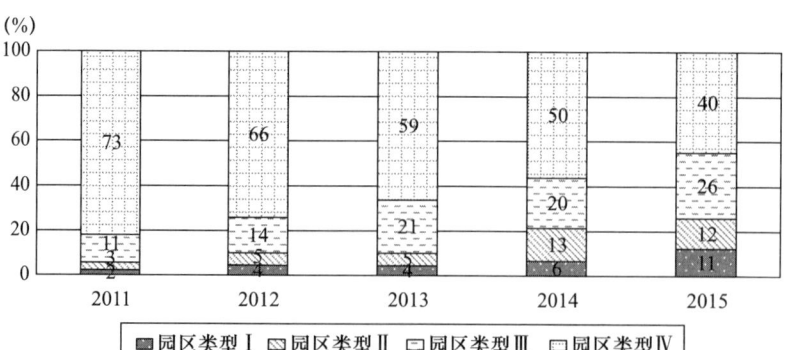

图 3-1　2011~2015 年江西工业园区转型升级发展综合得分分布情况

(三) 科技创新能力对江西工业园区转型升级起着决定性作用

通过比较5年来工业园区转型升级综合得分排名情况，发现南昌高新技术产业开发区连续五年排名首位；排名前十的园区相对固定，分别是南昌高新技术产业开发区、南昌小蓝经济技术开发区、南昌经济技术开发区、九江经济技术开发区和新余高新技术产业开发区、江西广丰经济开发区、赣州经济技术开发区、上饶经济技术开发区、江西萍乡经济开发区等，其中有9个园区是属于以知识密集型和技术密集型工业为主的经济技术开发区；排名在前25的园区当中也有一半以上（16家）是经济技术开发区，此外前25名工业园区中属于国家级园区的有12家，占据全省国家级工业园区总数的80%。园区的知识密集水平和技术密集水平在一定程度上可以反映一个园区科技创新的能力和潜力，所以相比其他工业园区而言，拥有更高科技水平和更高创新潜力的经济技术开发区能够获得更高的转型升级综合评分，这也充分说明，园区科技创新能力对江西工业园区转型升级发展具有非常重要的作用。

(四) 产业集群是推进江西工业园区转型升级的核心引擎

通过对比分析2011年和2015年89个园区的排名变化情况得到，江西万载工业园区、江西景德镇陶瓷工业园区、江西共青城经济开发区、江西宜丰工业园区、江西九江沙城工业园区5个工业园区排名进步异常显著，相比2011年，2015年这5个工业园区转型升级综合得分排名分别提升了43位、32位、27位、25位和21位。运用部门访谈形式和查阅相关资料形式，我们发现了这5个工业园区在近5年发展中有一个共同规律，那就是非常注重选定一个支柱产业之后，紧紧围绕这个产业着实打造产业集群，而且是一做到底，表现出良好的政策和建设的连贯性。其中，江西万载工业园区主动承接沿海照明灯饰产业转移，引入了欧普、飞利浦、双雄极光等几百家照明灯饰品牌企业，同时着力建设灯具配件市场、成品销售市场、研发中心、培训中心和电镀集控区，形成灯饰产业集群，力争打造中国中部地区最大的绿色照明（LED）灯饰产业基地和灯饰产品销售中心。景德镇陶瓷工业园围绕陶瓷产业极力延长产业链，做大陶瓷产业集群，利用高新技术改造传统日用陶瓷产业、通过"引智"做大做强景德镇市高技术陶瓷产业，创新理念盘活陶瓷老国企以发展陶瓷文化创意产业，2012年获得"国家工业新型化陶瓷产业基地"称号，属于我国第三批国家新型工业化产业示范基地。拥有"省级陶瓷特色工业园区和省级服装特色工业园区"称号的共青城经济开发区也形成了以羽绒制品系列为主，纺织、制线、拉链、电子商务、物流等配套的纺织服装产业集群基地。

(五) 绿色发展是资源型工业园区转型发展的必然趋势

对比 2011 年和 2015 年工业园区综合得分排名变化发现，除了上述园区排名进步显著之外，也有部分园区出现断崖式下跌，如江西横峰经济开发区、江西兴国经济开发区、江西上犹工业园区、江西信丰工业园区、江西弋阳工业园区等园区，2015 年的排名比 2011 年分别下降 34 位、34 位、33 位、31 位和 29 位。通过深入分析发现，上述园区主要属于资源型工业园区，主要是矿产资源，其经济发展的重要支点是矿产资源利用和产品加工，从地理上看主要集中在上饶市和赣州市。其中，江西横峰经济开发区和江西弋阳工业园区以有色金属精深加工为主导产业，江西兴国经济开发区以矿产品加工为主，江西上犹工业园区以稀土产品加工为基础。这类工业园区依赖矿产资源的思维定式，自主创新能力比较弱，所以经济持续发展后劲不足。这类工业园区在新常态下必须发展新经济、研发新技术、培育新动能，加快转型升级步伐，探索一条以绿色发展为主题的新型可持续发展道路。此外，不仅是普通的资源型园区在发展中遇到"瓶颈"，即使是拥有更多政策优惠的国家级园区亦是如此，例如赣州高新区和龙南经开区，前者从 2011 年的第 27 名下降到 2015 年的第 41 名，而后者由第 26 名下降到第 44 名。这也从另一方面验证了绿色发展是资源型工业园区乃至全省工业园区转型升级发展的必然趋势。

附表

2015 年江西工业园区转型升级发展总得分排名和各主成分得分表

园区名称	综合排名	综合得分	F1	F2	F3	F4
南昌高新技术产业开发区	1	6.08	11.64	-0.08	1.08	-1.93
南昌小蓝经济技术开发区	2	4.78	8.86	-0.51	0.97	0.33
南昌经济技术开发区	3	3.93	7.41	-0.60	-0.73	1.61
九江经济技术开发区	4	3.42	6.20	0.71	-0.47	0.17
新余高新技术产业开发区	5	3.24	5.36	1.44	0.48	0.07
江西广丰经济开发区	6	2.73	4.35	2.34	-1.10	0.41
江西分宜工业园区	7	2.51	-1.13	9.69	7.28	0.90
赣州经济技术开发区	8	2.49	5.21	-1.75	0.05	0.63
上饶经济技术开发区	9	2.36	4.59	-0.91	0.12	0.77
江西萍乡经济开发区	10	2.32	4.92	-0.97	1.98	-2.79
江西奉新工业园区	11	2.08	3.51	1.69	-0.98	-0.23

续表

园区名称	综合排名	综合得分	F1	F2	F3	F4
江西樟树工业园区	12	1.98	3.08	1.84	-0.66	0.25
江西上高工业园区	13	1.95	4.03	-1.23	0.37	0.17
井冈山经济技术开发区	14	1.84	3.57	0.14	-0.85	0.12
南昌昌东工业园区	15	1.69	2.96	0.49	-0.42	0.50
景德镇高新技术产业开发区	16	1.66	2.45	2.34	-0.70	-0.41
鹰潭高新技术产业开发区	17	1.64	2.44	1.81	-2.00	1.70
江西湖口金砂湾工业园区	18	1.61	0.66	5.50	0.50	0.16
江西丰城高新技术产业园区	19	1.58	2.06	2.49	-0.76	0.36
江西新建长堎工业园区	20	1.51	2.74	0.63	-0.10	-0.60
江西贵溪工业园区	21	1.35	1.66	2.84	-1.59	0.53
江西乐平工业园区	22	1.23	1.45	3.10	0.95	-2.60
宜春经济技术开发区	23	1.16	2.59	-1.34	-0.24	0.76
江西瑞昌经济开发区	24	0.93	1.09	1.21	0.32	0.43
抚州高新技术产业开发区	25	0.90	1.59	0.33	-0.35	0.26
江西共青城经济开发区	26	0.89	1.76	0.44	-0.16	-1.00
江西铅山工业园区	27	0.76	0.16	3.88	-1.70	0.49
江西景德镇陶瓷工业园区	28	0.76	0.18	3.50	-1.04	0.39
江西高安工业园区	29	0.66	1.04	0.00	0.58	0.27
江西余干工业园区	30	0.64	-0.16	3.99	-1.22	0.25
江西玉山经济开发区	31	0.64	0.96	0.72	-0.24	0.00
江西万载工业园区	32	0.60	1.44	-1.26	-0.03	0.79
江西永修云山经济开发区	33	0.59	0.78	1.18	-0.38	-0.26
江西赣州章贡经济开发区	34	0.56	0.78	1.02	-0.27	-0.29
江西吉安高新技术产业园区	35	0.56	1.54	-1.29	-0.04	0.13
江西修水工业园区	36	0.56	0.93	1.39	0.39	-2.28
江西德安工业园区	37	0.54	1.09	-0.11	-0.32	0.19
江西新干工业园区	38	0.52	0.38	1.87	0.14	-0.75
江西永丰工业园区	39	0.42	0.63	0.89	0.12	-0.95
江西宜丰工业园区	40	0.36	0.78	-0.54	0.25	0.25
江西赣州高新技术产业园区	41	0.31	0.65	-0.14	-0.09	0.08
江西九江沙城工业园区	42	0.31	-0.60	2.92	-0.42	0.49
江西武宁工业园区	43	0.26	0.23	-0.04	1.25	-0.12
龙南经济技术开发区	44	0.26	0.89	-1.32	-0.10	0.63
江西余江工业园区	45	0.25	0.71	0.68	0.93	-3.16

续表

园区名称	综合排名	综合得分	F1	F2	F3	F4
江西抚北工业园区	46	0.20	-0.41	2.18	-0.23	-0.14
江西于都工业园区	47	0.17	0.39	-0.39	-0.51	0.93
江西泰和工业园区	48	0.17	0.74	-1.14	0.31	-0.18
江西彭泽工业园区	49	0.10	-0.66	2.26	-0.28	0.06
江西南康经济开发区	50	0.10	0.17	-0.05	0.07	0.08
江西遂川工业园区	51	0.10	0.55	-0.45	-0.65	-0.16
江西定南工业园区	52	0.09	-1.05	2.67	0.23	0.43
江西万年高新技术产业园区	53	0.09	0.04	0.19	-0.11	0.31
江西兴国经济开发区	54	0.07	0.07	0.51	-0.05	-0.55
江西星子工业园区	55	0.07	-0.04	0.91	-0.48	-0.36
江西东乡经济开发区	56	-0.01	-0.08	0.42	-0.08	-0.34
江西金溪工业园区	57	-0.03	-0.64	1.76	-0.26	-0.25
江西弋阳工业园区	58	-0.04	-0.72	1.48	-0.06	0.26
江西芦溪工业园区	59	-0.05	-0.28	0.91	0.27	-1.01
江西南城工业园区	60	-0.11	0.12	-0.21	0.72	-1.75
江西崇仁工业园区	61	-0.12	0.66	0.57	2.79	-7.63
江西永新工业园区	62	-0.18	-0.52	1.00	-0.51	-0.40
江西安福工业园区	63	-0.20	-0.06	-0.66	-0.01	-0.19
江西吉安河东经济开发区	64	-0.20	-0.17	-0.34	-0.45	0.13
江西吉州工业园区	65	-0.22	-0.16	-0.38	-0.07	-0.35
江西吉水工业园区	66	-0.23	-0.11	-0.65	0.10	-0.34
江西宜黄工业园区	67	-0.26	-0.90	0.34	1.33	-0.23
江西横峰经济开发区	68	-0.27	-0.67	0.94	-0.68	-0.22
江西信丰工业园区	69	-0.28	-0.36	-0.32	-0.05	-0.10
江西鄱阳工业园区	70	-0.29	-0.23	-0.85	-0.18	0.25
江西南丰工业园区	71	-0.38	-0.79	0.58	-0.21	-0.42
江西全南工业园区	72	-0.39	-0.78	0.21	-0.05	-0.05
南昌昌南工业园区	73	-0.44	-0.88	0.71	-2.44	1.50
瑞金经济技术开发区	74	-0.46	-0.93	-0.06	0.43	-0.03
江西安义工业园区	75	-0.48	-1.02	0.38	-0.31	0.21
江西峡江工业园区	76	-0.49	-1.20	1.06	-0.50	-0.06
江西德兴经济开发区	77	-0.52	-1.08	0.27	0.16	-0.21
江西上犹工业园区	78	-0.61	-1.48	1.18	-0.25	-0.34
江西会昌工业园区	79	-0.65	-1.48	1.01	-0.51	-0.05

续表

园区名称	综合排名	综合得分	F1	F2	F3	F4
江西万安工业园区	80	-0.68	-1.40	0.58	0.02	-0.47
江西都昌工业园区	81	-0.81	-1.03	-1.07	0.09	-0.35
江西广昌工业园区	82	-0.81	-1.39	-0.01	-0.41	-0.15
江西宁都工业园区	83	-0.85	-1.28	-0.88	0.04	0.11
江西靖安工业园区	84	-0.96	-1.85	0.16	-0.37	0.32
江西黎川工业园区	85	-0.98	-1.24	-1.13	-0.04	-0.62
江西大余工业园区	86	-1.01	-1.90	0.13	-0.33	0.11
江西莲花工业园区	87	-1.06	-1.83	-0.26	-0.30	0.08
江西婺源工业园区	88	-1.32	-2.02	-0.93	-0.36	0.03
江西安远工业园区	89	-1.39	-2.39	-0.69	-0.03	0.27

2014年江西工业园区转型升级发展总得分排名和各主成分得分

园区名称	综合排名	综合得分	F1	F2	F3	F4
南昌高新技术产业开发区	1	5.80	10.77	0.46	0.22	-0.55
南昌小蓝经济技术开发区	2	3.53	6.77	-1.09	0.83	0.43
南昌经济技术开发区	3	3.50	6.92	-1.51	-0.53	1.63
九江经济技术开发区	4	3.19	5.05	1.95	0.36	0.30
新余高新技术产业开发区	5	2.84	5.17	0.59	-0.56	0.26
江西广丰经济开发区	6	2.13	4.63	-1.97	0.04	0.61
江西分宜工业园区	7	2.00	3.97	-0.99	-0.01	0.75
赣州经济技术开发区	8	1.99	3.45	1.02	-0.84	0.35
上饶经济技术开发区	9	1.66	3.52	-1.02	1.82	-1.89
江西萍乡经济开发区	10	1.47	2.90	0.02	-1.04	0.44
江西奉新工业园区	11	1.35	2.52	0.64	-0.87	-0.13
江西樟树工业园区	12	1.35	3.03	-1.51	0.30	0.12
江西上高工业园区	13	1.29	2.37	0.40	-0.26	-0.21
井冈山经济技术开发区	14	1.29	2.10	0.93	-0.62	0.38
南昌昌东工业园区	15	1.20	0.28	4.53	0.58	0.09
景德镇高新技术产业开发区	16	1.17	1.71	1.37	-1.93	1.72
江西分宜工业园区	17	0.39	-0.29	3.12	-1.04	0.10
江西新建长埈工业园区	18	0.36	0.91	-0.39	-0.24	-0.07
江西樟树工业园区	19	0.24	0.33	0.26	-0.62	0.72

续表

园区名称	综合排名	综合得分	F1	F2	F3	F4
景德镇高新技术产业开发区	20	0.24	0.22	0.59	-0.51	0.49
江西湖口金砂湾工业园区	21	0.24	-1.03	3.04	1.45	-0.42
江西奉新工业园区	22	0.21	0.72	-0.55	-0.63	0.22
江西赣州沙河工业园区	23	0.16	-0.19	0.27	0.87	0.71
江西高安工业园区	24	0.09	0.17	-0.59	0.61	0.40
江西鹰潭高新技术产业园区	25	0.08	0.37	-0.29	-1.70	1.31
江西赣县经济开发区	26	-0.03	0.02	-0.28	0.08	0.06
江西兴国经济开发区	27	-0.04	-0.94	-0.39	2.57	1.71
江西乐平工业园区	28	-0.05	-0.39	0.82	-0.31	0.22
江西宜春经济开发区	29	-0.14	0.20	-1.38	-0.31	0.73
江西于都工业园区	30	-0.18	0.05	-1.46	0.21	0.62
江西龙南经济技术开发区	31	-0.27	-0.11	-1.41	0.15	0.61
江西抚北工业园区	32	-0.28	-1.11	1.78	-0.41	-0.09
江西南康工业园区	33	-0.34	-0.49	-0.70	0.38	0.18
江西吉安工业园区	34	-0.35	-0.10	-1.38	-0.17	0.20
江西玉山工业园区	35	-0.35	-0.86	0.21	0.48	-0.01
江西抚州金巢经济开发区	36	-0.37	-0.34	-0.95	0.04	0.10
江西铅山工业园区	37	-0.40	-1.19	1.53	-1.21	0.55
江西永修县云山经济开发区	38	-0.40	-0.69	-0.27	0.43	-0.24
江西共青城经济开发区	39	-0.41	-0.18	-1.27	-0.15	-0.18
江西余干工业园区	40	-0.43	-1.53	1.66	-0.25	0.49
江西余江工业园区	41	-0.44	-0.92	0.29	-0.52	0.48
江西万年工业园区	42	-0.55	-1.00	-0.46	0.33	0.33
江西修水工业园区	43	-0.56	-0.65	-0.42	0.51	-1.49
江西泰和工业园区	44	-0.57	-0.50	-1.57	0.26	0.00
江西永丰工业园区	45	-0.57	-0.68	-0.89	0.30	-0.42
江西景德镇陶瓷工业园区	46	-0.57	-1.24	0.72	-0.61	0.14
江西九江沙城工业园区	47	-0.59	-1.43	0.57	0.23	0.17
江西横峰工业园区	48	-0.59	-1.03	0.17	-0.91	0.31
江西信丰工业园区	49	-0.61	-0.77	-1.35	0.54	0.13
江西万载工业园区	50	-0.62	-0.58	-1.67	-0.23	0.63
江西德安工业园区	51	-0.66	-0.77	-1.19	0.56	-0.52
江西定南工业园区	52	-0.69	-1.72	0.59	0.21	0.57

续表

园区名称	综合排名	综合得分	F1	F2	F3	F4
江西遂川工业园区	53	-0.70	-0.69	-1.47	-0.70	0.56
江西武宁工业园区	54	-0.70	-0.86	-1.39	0.34	0.04
江西东乡经济开发区	55	-0.73	-1.27	-0.04	-0.05	-0.25
江西宜丰工业园区	56	-0.74	-1.11	-1.14	0.43	0.31
江西新干工业园区	57	-0.77	-1.20	-0.67	-0.01	0.08
江西全南工业园区	58	-0.79	-1.43	-0.14	-0.10	0.09
江西彭泽工业园区	59	-0.80	-1.72	0.79	0.23	-0.64
江西德兴大茅山经济开发区	60	-0.82	-1.62	-0.08	0.38	0.11
江西崇仁工业园区	61	-0.82	-1.44	-0.02	-0.15	-0.22
南昌昌南工业园区	62	-0.87	-1.39	-0.24	-2.06	1.51
江西安义工业园区	63	-0.87	-1.58	-0.34	0.06	0.26
江西金溪工业园区	64	-0.91	-1.67	0.16	-0.15	-0.27
江西芦溪工业园区	65	-0.92	-1.52	-0.26	-0.18	-0.21
江西吉州工业园区	66	-0.92	-1.18	-1.26	-0.02	-0.15
江西宜黄工业园区	67	-0.92	-1.36	-0.99	0.72	-0.62
江西上犹工业园区	68	-0.95	-1.99	0.46	0.22	-0.16
江西南城工业园区	69	-0.97	-1.25	-0.72	0.28	-1.51
江西星子工业园区	70	-0.98	-1.24	-1.24	-0.08	-0.34
江西安福工业园区	71	-0.99	-1.22	-1.50	-0.21	0.07
江西吉水工业园区	72	-1.01	-1.33	-1.34	0.09	-0.22
江西瑞金经济开发区	73	-1.01	-1.92	-0.38	0.64	0.05
江西峡江工业园区	74	-1.03	-1.97	0.25	-0.22	-0.03
江西永新工业园区	75	-1.07	-1.67	-0.62	-0.13	-0.25
江西大余工业园区	76	-1.09	-2.09			0.17
江西吉安河东经济开发区	77	-1.16	-1.80	-0.67	-0.28	-0.19
江西会昌工业园区	78	-1.17	-2.14	-0.19	-0.20	0.34
江西南丰工业园区	79	-1.17	-1.82	-0.53	-0.08	-0.63
江西鄱阳工业园区	80	-1.18	-1.66	-1.40	-0.21	0.23
江西万安工业园区	81	-1.21	-2.12	-0.36	0.20	-0.20
江西都昌工业园区	82	-1.28	-1.90	-1.25	0.16	-0.17
江西黎川工业园区	83	-1.28	-1.77	-1.37	-0.03	-0.34

续表

园区名称	综合排名	综合得分	F1	F2	F3	F4
江西宁都工业园区	84	-1.30	-2.13	-1.05	0.37	0.08
江西安远工业园区	85	-1.34	-2.47	-0.59	0.02	0.74
江西靖安工业园区	86	-1.40	-2.42	-0.68	0.02	0.26
江西广昌工业园区	87	-1.40	-2.23	-0.68	-0.28	-0.28
江西莲花工业园区	88	-1.42	-2.19	-1.02	-0.30	0.06
江西婺源工业园区	89	-1.72	-2.52	-1.64	-0.10	-0.10

2013年江西工业园区转型升级发展总得分排名和各主成分得分

园区名称	综合排名	综合得分	F1	F2	F3	F4
南昌高新技术产业开发区	1	5.05	9.56	-0.35	0.31	-0.10
南昌经济技术开发区	2	2.85	5.78	-1.61	-0.46	1.36
新余高新技术产业开发区	3	2.40	3.50	2.24	0.24	0.17
南昌小蓝经济技术开发区	4	2.10	4.07	-0.77	0.32	0.44
赣州经济技术开发区	5	1.74	3.92	-2.02	0.04	0.61
萍乡经济技术开发区	6	1.73	3.64	-0.86	1.74	-2.02
江西广丰工业园区	7	1.70	2.90	0.98	-0.70	0.29
九江经济技术开发区	8	1.59	3.12	0.07	-0.20	-0.50
上饶经济技术开发区	9	1.31	2.77	-1.11	-0.08	0.64
鹰潭高新技术产业开发区	10	0.97	1.42	1.32	-2.13	1.62
江西瑞昌经济开发区	11	0.90	1.55	0.71	1.02	-1.65
井冈山经济技术开发区	12	0.89	1.88	-0.28	-1.10	0.76
江西上高工业园区	13	0.84	2.09	-1.59	0.34	0.17
江西贵溪工业园区	14	0.80	0.83	2.21	-1.54	0.70
江西新建长堎工业园区	15	0.74	1.41	0.32	-0.48	-0.13
江西奉新工业园区	16	0.71	1.45	0.23	-0.94	0.07
江西湖口金砂湾工业园区	17	0.69	-0.31	3.34	0.79	0.34
江西分宜工业园区	18	0.63	-0.40	3.76	0.09	0.27
江西丰城高新技术产业园区	19	0.56	0.70	0.72	-0.27	0.53
江西樟树工业园区	20	0.51	0.70	0.79	-0.86	0.67
南昌昌东工业园区	21	0.48	1.30	-1.21	0.11	0.25
景德镇高新技术产业开发区	22	0.42	0.81	0.71	0.35	-1.69

续表

园区名称	综合排名	综合得分	F1	F2	F3	F4
江西赣州沙河工业园区	23	0.35	-0.04	0.82	0.77	0.77
江西抚北工业园区	24	0.33	-0.15	2.16	-0.41	-0.04
江西乐平工业园区	25	0.32	-0.09	1.31	0.05	0.66
宜春经济技术开发区	26	0.31	1.00	-1.28	-0.33	0.76
江西高安工业园区	27	0.27	0.47	-0.37	0.49	0.28
江西兴国经济开发区	28	0.25	-0.71	0.16	2.64	2.02
江西铅山工业园区	29	0.21	-0.47	2.77	-1.57	0.52
江西赣州高新技术产业园区	30	0.15	0.43	-0.41	0.03	0.05
江西余干工业园区	31	0.10	-0.95	3.05	-0.77	0.39
江西于都工业园区	32	0.02	0.21	-0.82	-0.01	0.70
江西抚州高新技术产业园区	33	0.00	0.23	-0.56	-0.17	0.15
江西南康经济开发区	34	-0.02	-0.10	-0.08	0.19	0.24
龙南经济技术开发区	35	-0.04	0.24	-1.14	-0.02	0.63
江西九江沙城工业园区	36	-0.05	-0.68	1.90	0.06	-0.76
江西共青城经济开发区	37	-0.10	0.13	-0.38	-0.38	-0.33
江西吉安高新技术产业园区	38	-0.11	0.35	-1.32	-0.19	0.08
江西万载工业园区	39	-0.13	0.24	-1.52	-0.24	0.74
江西玉山工业园区	40	-0.14	-0.23	-0.05	0.14	-0.21
江西万年工业园区	41	-0.19	-0.40	-0.10	0.02	0.34
江西永修云山经济开发区	42	-0.21	-0.30	0.12	-0.21	-0.41
江西修水工业园区	43	-0.23	-0.10	0.15	0.50	-2.12
江西横峰工业园区	44	-0.28	-0.70	1.02	-0.77	-0.24
江西永丰工业园区	45	-0.29	-0.38	-0.14	0.17	-0.69
江西新干工业园区	46	-0.31	-0.52	-0.04	0.30	-0.51
江西余江工业园区	47	-0.36	-0.56	-0.02	-0.30	-0.18
江西定南工业园区	48	-0.37	-1.43	1.23	0.40	0.64
江西星子工业园区	49	-0.39	-0.47	-0.29	-0.36	-0.27
江西遂川工业园区	50	-0.40	-0.13	-1.36	-0.55	0.23
江西彭泽工业园区	51	-0.42	-1.05	1.23	-0.20	-0.74
江西德安工业园区	52	-0.42	-0.39	-0.90	0.02	-0.16
江西景德镇陶瓷工业园区	53	-0.44	-1.10	1.07	-0.67	0.06

续表

园区名称	综合排名	综合得分	F1	F2	F3	F4
江西宜丰工业园区	54	-0.45	-0.56	-0.97	0.18	0.26
江西武宁工业园区	55	-0.46	-0.55	-0.53	0.18	-0.62
江西泰和工业园区	56	-0.49	-0.38	-1.43	0.24	-0.10
江西信丰工业园区	57	-0.51	-0.79	-0.50	0.07	0.03
江西弋阳工业园区	58	-0.53	-1.38	0.70	0.20	0.27
江西东乡经济开发区	59	-0.55	-1.01	0.20	-0.18	-0.28
江西金溪工业园区	60	-0.58	-1.24	0.72	-0.29	-0.27
江西安义工业园区	61	-0.62	-1.41	0.60	-0.33	0.33
江西南城工业园区	62	-0.64	-0.65	-0.64	0.42	-1.67
江西宜黄工业园区	63	-0.66	-1.15	-0.47	0.64	-0.22
南昌昌南工业园区	64	-0.66	-1.15	0.23	-2.23	1.51
江西永新工业园区	65	-0.67	-1.21	0.39	-0.51	-0.36
江西崇仁工业园区	66	-0.68	-1.26	0.23	-0.16	-0.26
江西全南工业园区	67	-0.69	-1.24	-0.08	-0.13	0.04
江西芦溪工业园区	68	-0.71	-1.11	-0.12	0.28	-1.07
江西吉州工业园区	69	-0.73	-0.94	-0.87	0.12	-0.25
江西安福工业园区	70	-0.76	-0.81	-1.36	-0.14	-0.15
江西德兴大茅山经济开发区	71	-0.77	-1.64	0.29	0.36	-0.02
江西峡江工业园区	72	-0.77	-1.54	0.62	-0.33	-0.32
江西南丰工业园区	73	-0.84	-1.43	0.08	-0.15	-0.61
江西上犹工业园区	74	-0.85	-1.92	0.85	0.09	-0.14
瑞金经济技术开发区	75	-0.85	-1.64	-0.32	0.61	0.08
江西吉水工业园区	76	-0.86	-1.09	-0.99	0.01	-0.51
江西大余工业园区	77	-0.89	-1.85	0.74	-0.67	0.16
江西吉安河东经济开发区	78	-0.90	-1.47	-0.30	-0.18	-0.25
江西鄱阳工业园区	79	-0.92	-1.24	-1.14	-0.34	0.21
江西广昌工业园区	80	-0.95	-1.65	0.10	-0.53	-0.21
江西都昌工业园区	81	-1.02	-1.49	-0.80	-0.15	-0.30
江西宁都工业园区	82	-1.03	-1.72	-0.83	0.34	0.16
江西会昌工业园区	83	-1.03	-1.98	0.07	-0.31	0.36
江西黎川工业园区	84	-1.10	-1.56	-1.05	0.01	-0.35

续表

园区名称	综合排名	综合得分	F1	F2	F3	F4
江西万安工业园区	85	-1.12	-1.96	-0.24	0.11	-0.30
江西靖安工业园区	86	-1.27	-2.24	-0.41	-0.21	0.30
江西莲花工业园区	87	-1.28	-1.98	-0.80	-0.35	-0.03
江西安远工业园区	88	-1.40	-2.53	-0.67	-0.03	0.73
江西婺源工业园区	89	-1.41	-2.23	-0.80	-0.38	0.03

2012年江西工业园区转型升级发展总得分排名和各主成分得分

园区名称	综合排名	综合得分	F1	F2	F3	F4
南昌高新技术产业开发区	1	4.23	8.30	-1.16	0.55	-0.08
新余高新技术产业开发区	2	2.36	3.35	2.48	0.24	0.13
南昌经济技术开发区	3	2.23	4.66	-1.79	-0.26	1.33
江西弋阳工业园区	4	2.19	-1.84	1.05	13.99	9.18
南昌小蓝经济技术开发区	5	1.61	3.42	-1.59	0.50	0.49
赣州经济技术开发区	6	1.36	3.23	-2.01	-0.02	0.56
九江经济技术开发区	7	1.32	2.87	-0.91	0.27	-0.42
萍乡经济技术开发区	8	1.23	2.74	-1.18	1.97	-1.84
上饶经济技术开发区	9	1.01	2.27	-1.35	0.05	0.68
井冈山经济技术开发区	10	0.70	1.28	0.14	-1.19	1.11
江西上高工业园区	11	0.52	1.55	-1.86	0.38	0.35
江西丰城工业园区	12	0.52	0.60	0.79	-0.03	0.27
南昌昌东工业园区	13	0.52	1.49	-1.62	0.29	0.26
江西贵溪工业园区	14	0.50	0.29	2.09	-1.47	0.75
江西广丰工业园区	15	0.47	1.03	-0.64	0.07	0.41
江西瑞昌工业园区	16	0.40	1.00	-0.58	1.49	-1.59
江西分宜工业园区	17	0.39	-0.29	3.12	-1.04	0.10
江西新建长堎工业园区	18	0.36	0.91	-0.39	-0.24	-0.07
江西樟树工业园区	19	0.24	0.33	0.26	-0.62	0.72
景德镇高新技术产业开发区	20	0.24	0.22	0.59	-0.51	0.49
江西湖口金砂湾工业园区	21	0.24	-1.03	3.04	1.45	-0.42
江西奉新工业园区	22	0.21	0.72	-0.55	-0.63	0.22
江西赣州沙河工业园区	23	0.16	-0.19	0.27	0.87	0.71

续表

园区名称	综合排名	综合得分	F1	F2	F3	F4
江西高安工业园区	24	0.09	0.17	-0.59	0.61	0.40
江西鹰潭高新技术产业园区	25	0.08	0.37	-0.29	-1.70	1.31
江西赣县经济开发区	26	-0.03	0.02	-0.28	0.08	0.06
江西兴国经济开发区	27	-0.04	-0.94	-0.39	2.57	1.71
江西乐平工业园区	28	-0.05	-0.39	0.82	-0.31	0.22
江西宜春经济开发区	29	-0.14	0.20	-1.38	-0.31	0.73
江西于都工业园区	30	-0.18	0.05	-1.46	0.21	0.62
江西龙南经济技术开发区	31	-0.27	-0.11	-1.41	0.15	0.61
江西抚北工业园区	32	-0.28	-1.11	1.78	-0.41	-0.09
江西南康工业园区	33	-0.34	-0.49	-0.70	0.38	0.18
江西吉安工业园区	34	-0.35	-0.10	-1.38	-0.17	0.20
江西玉山工业园区	35	-0.35	-0.86	0.21	0.48	-0.01
江西抚州金巢经济开发区	36	-0.37	-0.34	-0.95	0.04	0.10
江西铅山工业园区	37	-0.40	-1.19	1.53	-1.21	0.55
江西永修县云山经济开发区	38	-0.40	-0.69	-0.27	0.43	-0.24
江西共青城经济开发区	39	-0.41	-0.18	-1.27	-0.15	-0.18
江西余干工业园区	40	-0.43	-1.53	1.66	-0.25	0.49
江西余江工业园区	41	-0.44	-0.92	0.29	-0.52	0.48
江西万年工业园区	42	-0.55	-1.00	-0.46	0.33	0.33
江西修水工业园区	43	-0.56	-0.65	-0.42	0.51	-1.49
江西泰和工业园区	44	-0.57	-0.50	-1.57	0.26	0.00
江西永丰工业园区	45	-0.57	-0.68	-0.89	0.30	-0.42
江西景德镇陶瓷工业园区	46	-0.57	-1.24	0.72	-0.61	0.14
江西九江沙城工业园区	47	-0.59	-1.43	0.57	0.23	0.17
江西横峰工业园区	48	-0.59	-1.03	0.17	-0.91	0.31
江西信丰工业园区	49	-0.61	-0.77	-1.35	0.54	0.13
江西万载工业园区	50	-0.62	-0.58	-1.67	-0.23	0.63
江西德安工业园区	51	-0.66	-0.77	-1.19	0.56	-0.52
江西定南工业园区	52	-0.69	-1.72	0.59	0.21	0.57
江西遂川工业园区	53	-0.70	-0.69	-1.47	-0.70	0.56
江西武宁工业园区	54	-0.70	-0.86	-1.39	0.34	0.04

续表

园区名称	综合排名	综合得分	F1	F2	F3	F4
江西东乡经济开发区	55	-0.73	-1.27	-0.04	-0.05	-0.25
江西宜丰工业园区	56	-0.74	-1.11	-1.14	0.43	0.31
江西新干工业园区	57	-0.77	-1.20	-0.67	-0.01	0.08
江西全南工业园区	58	-0.79	-1.43	-0.14	-0.10	0.09
江西彭泽工业园区	59	-0.80	-1.72	0.79	0.23	-0.64
江西德兴大茅山经济开发区	60	-0.82	-1.62	-0.08	0.38	0.11
江西崇仁工业园区	61	-0.82	-1.44	-0.02	-0.15	-0.22
南昌昌南工业园区	62	-0.87	-1.39	-0.24	-2.06	1.51
江西安义工业园区	63	-0.87	-1.58	-0.34	0.06	0.26
江西金溪工业园区	64	-0.91	-1.67	0.16	-0.15	-0.27
江西芦溪工业园区	65	-0.92	-1.52	-0.26	-0.18	-0.21
江西吉州工业园区	66	-0.92	-1.18	-1.26	-0.02	-0.15
江西宜黄工业园区	67	-0.92	-1.36	-0.99	0.72	-0.62
江西上犹工业园区	68	-0.95	-1.99	0.46	0.22	-0.16
江西南城工业园区	69	-0.97	-1.25	-0.72	0.28	-1.51
江西星子工业园区	70	-0.98	-1.24	-1.24	-0.08	-0.34
江西安福工业园区	71	-0.99	-1.22	-1.50	-0.21	0.07
江西吉水工业园区	72	-1.01	-1.33	-1.34	0.09	-0.22
江西瑞金经济开发区	73	-1.01	-1.92	-0.38	0.64	0.05
江西峡江工业园区	74	-1.03	-1.97	0.25	-0.22	-0.03
江西永新工业园区	75	-1.07	-1.67	-0.62	-0.13	-0.25
江西大余工业园区	76	-1.09	-2.09	0.02	0.02	0.17
江西吉安河东经济开发区	77	-1.16	-1.80	-0.67	-0.28	-0.19
江西会昌工业园区	78	-1.17	-2.14	-0.20	-0.20	0.34
江西南丰工业园区	79	-1.17	-1.82	-0.53	-0.08	-0.63
江西鄱阳工业园区	80	-1.18	-1.66	-1.40	-0.21	0.23
江西万安工业园区	81	-1.21	-2.12	-0.36	0.20	-0.20
江西都昌工业园区	82	-1.28	-1.90	-1.25	0.16	-0.17
江西黎川工业园区	83	-1.28	-1.77	-1.37	-0.03	-0.34
江西宁都工业园区	84	-1.30	-2.13	-1.05	0.37	0.08
江西安远工业园区	85	-1.34	-2.47	-0.59	0.02	0.74

园区名称	综合排名	综合得分	F1	F2	F3	F4
江西靖安工业园区	86	-1.40	-2.42	-0.68	0.02	0.26
江西广昌工业园区	87	-1.40	-2.23	-0.68	-0.28	-0.28
江西莲花工业园区	88	-1.42	-2.19	-1.02	-0.30	0.06
江西婺源工业园区	89	-1.72	-2.52	-1.64	-0.10	-0.10

2011年江西工业园区转型升级发展总得分排名和各主成分得分

园区名称	综合排名	综合得分	F1	F2	F3	F4
南昌高新技术产业开发区	1	4.02	7.81	-1.06	0.36	0.35
江西新余高新技术开发区	2	2.75	4.53	1.63	0.22	-0.33
南昌经济技术开发区	3	1.95	3.93	-1.15	-0.53	1.33
江西南昌小蓝经济开发区	4	1.15	2.59	-1.61	0.40	0.47
江西上饶经济技术开发区	5	1.08	2.42	-1.41	0.11	0.67
江西赣州经济开发区	6	0.83	2.29	-2.10	-0.01	0.47
江西九江经济开发区（含九江出口加工区）	7	0.83	1.93	-0.98	0.04	0.02
江西萍乡经济技术开发区	8	0.77	1.52	-0.36	1.91	-1.67
江西井冈山经济技术开发区	9	0.45	0.84	0.06	-1.19	1.12
江西丰城工业园区	10	0.38	0.26	0.91	0.02	0.35
南昌昌东工业园区	11	0.30	1.24	-2.17	0.47	0.31
江西分宜工业园区	12	0.28	-0.48	3.10	-1.10	0.15
江西广丰工业园区	13	0.22	0.74	-0.99	-0.03	0.30
江西贵溪工业园区	14	0.22	-0.17	1.85	-1.45	0.78
江西湖口金砂湾工业园区	15	0.13	-0.65	2.00	0.87	-0.46
江西景德镇高新技术产业园区	16	0.13	-0.08	0.84	-0.54	0.51
江西赣州沙河工业园区	17	0.08	0.18	-0.15	0.05	0.04
江西瑞昌工业园区	18	0.07	0.20	-0.55	1.19	-0.61
江西高安工业园区	19	-0.04	-0.16	-0.34	0.64	0.23
江西兴国工业园区	20	-0.05	-1.05	-0.83	3.19	2.16
江西上高工业园区	21	-0.09	0.37	-1.76	0.34	0.35
江西新建长堎工业园区	22	-0.11	0.18	-0.81	-0.25	0.01
江西樟树工业园区	23	-0.16	-0.33	-0.06	-0.50	0.76

第三章 江西工业园区转型升级的综合评价

续表

园区名称	综合排名	综合得分	F1	F2	F3	F4
江西鹰潭工业园区	24	-0.17	0.01	-0.61	-1.62	1.29
江西余干工业园区	25	-0.25	-1.40	2.17	-0.34	0.58
江西龙南经济技术开发区	26	-0.27	-0.13	-1.46	0.34	0.56
江西赣县经济开发区	27	-0.29	-0.48	-0.22	0.14	-0.03
江西奉新工业园区	28	-0.29	-0.17	-0.76	-0.32	0.00
江西弋阳工业园区	29	-0.36	-1.81	0.20	2.81	1.59
江西乐平工业园区	30	-0.37	-0.86	0.23	0.06	0.25
江西玉山工业园区	31	-0.46	-1.08	0.38	0.30	-0.02
江西宜春经济开发区（含江西袁州医药工业园）	32	-0.49	-0.45	-1.24	-0.20	0.38
江西于都工业园区	33	-0.49	-0.51	-1.34	0.04	0.52
江西横峰工业园区	34	-0.51	-1.11	0.86	-1.18	0.42
江西抚州金巢经济开发区	35	-0.56	-0.73	-0.87	-0.01	0.12
江西永修云山经济开发区（含江西永修星火工业园）	36	-0.57	-1.00	-0.33	0.36	-0.08
江西吉安工业园区	37	-0.61	-0.56	-1.53	-0.11	0.23
江西信丰工业园区	38	-0.63	-0.74	-1.48	0.65	0.03
江西定南工业园区	39	-0.63	-1.70	0.38	0.63	0.95
江西铅山工业园区	40	-0.64	-1.49	1.07	-1.12	0.58
江西万年工业园区	41	-0.65	-1.18	-0.53	0.44	0.33
江西南康工业园区	42	-0.65	-0.86	-1.12	0.26	0.10
江西泰和工业园区	43	-0.67	-0.70	-1.56	0.28	-0.02
江西永丰工业园区	44	-0.79	-1.02	-1.02	0.53	-0.77
江西上犹工业园区	45	-0.79	-1.91	0.86	0.36	-0.02
江西全南工业园区	46	-0.82	-1.51	-0.06	-0.10	0.11
江西遂川工业园区	47	-0.84	-0.93	-1.43	-0.71	0.45
南昌昌南工业园区	48	-0.84	-1.41	0.00	-2.14	1.50
江西修水工业园区	49	-0.84	-1.32	-0.68	0.25	-0.21
江西抚北工业园区	50	-0.85	-1.88	0.64	0.19	-0.04
江西东乡经济开发区	51	-0.85	-1.38	-0.41	0.11	-0.34
江西德安工业园区	52	-0.86	-1.10	-1.39	0.58	-0.36

续表

园区名称	综合排名	综合得分	F1	F2	F3	F4
江西共青城经济开发区	53	-0.86	-1.06	-1.13	-0.34	-0.08
江西新干工业园区	54	-0.89	-1.31	-1.05	0.17	0.10
江西武宁工业园区	55	-0.90	-1.21	-1.38	0.31	0.04
江西芦溪工业园区	56	-0.90	-1.60	-0.03	-0.23	-0.06
江西德兴大茅山经济开发区	57	-0.90	-1.69	-0.33	0.35	0.21
江西余江工业园区	58	-0.90	-1.53	-0.47	-0.38	0.49
江西安义工业园区	59	-0.90	-1.69	-0.14	-0.14	0.38
江西景德镇陶瓷工业园区	60	-0.92	-1.61	-0.04	-0.49	0.08
江西星子工业园区	61	-0.95	-1.35	-0.78	-0.26	-0.25
江西彭泽工业园区	62	-0.98	-1.95	0.40	0.23	-0.44
江西九江沙城工业园区	63	-1.03	-1.64	-1.02	0.75	-0.25
江西吉州工业园区	64	-1.06	-1.41	-1.17	0.09	-0.53
江西宜丰工业园区	65	-1.07	-1.70	-1.09	0.18	0.36
江西瑞金工业园区	66	-1.08	-2.05	-0.37	0.59	0.12
江西崇仁工业园区	67	-1.12	-1.74	-0.72	-0.07	-0.22
江西金溪工业园区	68	-1.14	-1.82	-0.63	-0.03	-0.30
江西吉水工业园区	69	-1.15	-1.49	-1.52	-0.07	-0.21
江西安福工业园区	70	-1.17	-1.65	-1.25	-0.24	0.04
江西吉安河东经济开发区	71	-1.19	-1.85	-0.71	-0.24	-0.19
江西宜黄工业园区	72	-1.20	-1.69	-1.31	0.28	-0.47
江西峡江工业园区	73	-1.21	-2.23	-0.01	0.04	-0.23
江西南城工业园区	74	-1.22	-1.52	-1.31	0.35	-1.44
江西万载工业园区	75	-1.22	-1.76	-1.57	0.19	0.21
江西会昌工业园区	76	-1.26	-2.24	-0.40	-0.28	0.42
江西永新工业园区	77	-1.26	-1.91	-1.00	0.02	-0.28
江西万安工业园区	78	-1.29	-2.21	-0.45	0.06	-0.16
江西大余工业园区	79	-1.32	-2.20	-0.55	-0.27	0.04
江西黎川工业园区	80	-1.35	-1.86	-1.43	-0.01	-0.36
江西都昌工业园区	81	-1.36	-1.98	-1.43	0.29	-0.27
江西宁都工业园区	82	-1.38	-2.21	-1.16	0.38	0.00
江西南丰工业园区	83	-1.38	-2.07	-0.97	0.00	-0.51

续表

园区名称	综合排名	综合得分	F1	F2	F3	F4
江西安远工业园区	84	-1.40	-2.41	-0.45	-0.59	0.44
江西莲花工业园区	85	-1.46	-2.28	-0.95	-0.39	0.05
江西广昌工业园区	86	-1.48	-2.38	-0.75	-0.14	-0.24
江西鄱阳工业园区	87	-1.53	-2.28	-1.39	-0.29	0.20
江西靖安工业园区	88	-1.55	-2.61	-0.82	-0.04	0.14
江西婺源工业园区	89	-1.76	-2.62	-1.63	-0.16	0.04

第四章 江西工业园区转型升级影响因素分析

上一章构建了江西工业园区转型升级评价指标体系，基于全省2011~2015年89个工业园区的数据利用主成分分析方法进行了实证研究，得到89个工业园区5年来的转型升级综合指数与排名。考虑到工业园区的转型升级离不开外在的宏观环境，包括经济环境、社会环境和政策环境等，所以课题组试图通过设区市层面数据研究影响江西省工业园区转型升级的主要因素，分析其作用机理，这就是本章设想的初衷。

一、问题的提出

工业园区作为设区市产业和生产要素最密集和最具活力的地区，发展优势明显。在全球经济的疲软、国内经济增速的放缓、德国工业4.0与美国制造业回归计划背景下，工业园区发展面临更加严峻的挑战，而创新驱动、转型升级、深化改革将成为工业园区增长的新引擎。就江西而言，国内外经济形势依然严峻，市场回暖基础不牢固，不稳定、不确定因素较多，江西省经济下行压力仍然较大。工业园区仍要继续坚持创新引领，加快转换发展动能，为工业经济平稳发展、转型升级创造更有利的空间。据统计，2016年，江西的三大产业结构为10.4∶49.2∶40.4，第二产业对GDP增长的贡献率高达47.7%；规模以上工业增加值增长9.0%，排全国第五、中部第一，高速增长的背后主要是高新技术产业加快上升，高耗能行业比例持续下降，正是这"一升一降"凸显了江西工业转型升级步伐的加快。这充分说明江西经济要实现稳中求进关键在于工业的发展，而工业的发展主要依靠园区的发展，也就是说江西工业转型升级的主战场就在工业园区，那么江西省工业园区转型升级步伐加快的深层原因是什么呢？城市化与工业园区转型升级之间存在什么联系？国有企业改革对工业园区转型升级有什么影响？市场化水平究竟如何影响工业园区的转型升级？为了回答上述问题，本章试图延续上一章的思路并以此为基础进行延伸，首先利用主成分分析方法对2011～2015年全省11个设区市进行工业园区转型升级的综合评分以及排名；其次构建计量模型从设区市层面实证研究江西工业园区转型升级的影响因素以及分析其影响机理；最后基于实证分析结果提出若干对策建议，为相关部门制定推进江西省工业园区转型升级相关政策文件提供决策参考。本章的框架设计如下：第二节主要是设区市工业园区转型升级的主成分分析及结果简要说明；第三节主要是回顾研究工业（工业园区）转型升级影响因素的相关文献；第四节是计量模型的理论设计与研究假说的提出与实证结果的分析；第五节是相关的对策建议。

二、设区市工业园区转型升级主成分分析及其结果

本部分将以江西省11个设区市2011～2015年的统计数据为基础进行设区市层面工业园区转型升级的主成分分析，所选取指标与第三章的指标一致（见表3-1），表4-1展示了设区市层面各个指标2011～2015年的描述性统计，包括样本数量、指标均、值指标标准差、最小值和最大值。

表4-1　江西省11个设区市工业园区转型升级发展综合评价指标的描述性统计

指标符号	指标名称	样本数量（个）	描述性统计分析			
			均值	标准差	最小值	最大值
X1	投产工业企业数量（个）	55	781.96	450.79	176.00	1533.00
X2	人均工业增加值（万元/人）	55	25.97	8.73	13.55	54.68
X3	人均资产（万元/人）	55	58.22	32.18	21.45	147.86
X4	出口交货值（万元）	55	1591626	1196993	133195	4401019
X5	经济产投比	55	1.43	0.65	0.70	3.80
X6	从业人员数量（人）	55	177402	102905	41632	342920
X7	利税总额（万元）	55	1985437	1346049	241412	4898549
X8	单位土地面积的工业增加值（万元/平方千米）	55	101059.60	56827.40	39448.21	244794.50
X9	万元工业增加值电耗（度/万元）	55	1209.12	439.57	620.67	2837.75

续表

指标符号	指标名称	样本数量（个）	描述性统计分析			
			均值	标准差	最小值	最大值
X10	非工企业数量占比（%）	55	18.79	15.26	1.86	60.43
X11	单位土地面积完成基础设施投入（万元/平方千米）	55	10942.45	7823.56	2693.99	42636.50

通过Stata14.0软件分析，设区市层面11个指标的KMO统计量和SMC指标展示在表4-2中，我们可以看到设区市层面的KMO统计量为0.6624，表明这个主成分模型勉强可以接受，但SMC统计值普遍比较高，变量的线性关系较强，共性也就越强，表明该主成分模型合适（见表4-2）。

表4-2　KMO统计量和SMC统计量

Variable	KMO	SMC
X1	0.6769	0.9625
X2	0.6844	0.8034
X3	0.7158	0.8582
X4	0.9413	0.8134
X5	0.6169	0.7389
X6	0.6442	0.9741
X7	0.7115	0.9131
X8	0.7626	0.7138
X9	0.4251	0.7438
X10	0.3599	0.5707
X11	0.4727	0.3727
Overall	0.6624	

主成分模型确定之后，便是通过计算相关矩阵的特征值和方差贡献率来提取主成分。从总方差分解表看，可以选择3个主成分，其方差贡献率分别为39.45%、25.19%和13.4%，方差累计贡献率达78.05%，其所代表的信息量已能比较充分地解释并提供原始数据所能表达的信息（见表4-3）。

表4-3 总方差分解

主成分	特征值	方差贡献率	累计贡献率
F1	4.33991	0.3945	0.3945
F2	2.77094	0.2519	0.6464
F3	1.47420	0.1340	0.7805
F4	0.948337	0.0862	0.8667
F5	0.487364	0.0443	0.9110
F6	0.460372	0.0419	0.9528
F7	0.210565	0.0191	0.9720
F8	0.131912	0.0120	0.9840
F9	0.0992006	0.0090	0.9930
F10	0.06165	0.0056	0.9986
F11	0.0155519	0.0014	1.0000

得出的主成分载荷矩阵（Principal Components）结构如表4-4所示，通过提取前三个特征值，可得到主成分F1的方差贡献率最大，达到39.45%，主要解释投产工业企业数量（X1）、出口交货值（X4）、从业人员数量（X6）、利税总额（X7）等指标。其次是主成分F2，其方差贡献率是25.19%，主要解释人均资产（X3）、人均工业增加值（X4）、单位土地面积的工业增加值（X8）3个指标。主成分F3的方差贡献率是13.4%，主要解释经济产投比（X5）、万元工业增加值电耗（X9）、非工企业数量占比（X10）、单位土地面积完成基础设施投入（X11）等指标。

表4-4 旋转前主成分载荷矩阵

变量	F1	F2	F3
X1	0.4456	0.1335	0.1328
X2	-0.1924	0.4616	-0.0534
X3	-0.3099	0.4163	-0.0029
X4	0.3748	0.2704	0.2233
X5	-0.2496	0.2919	0.3590
X6	0.4450	0.1305	0.1815
X7	0.3896	0.2592	0.1242
X8	-0.2154	0.4471	0.2072

续表

变量	F1	F2	F3
X9	-0.2030	-0.2832	0.4202
X10	0.0075	0.2665	-0.6400
X11	-0.1676	-0.0456	0.3511

主成分分析之后,我们使用回归法计算出各设区市的综合得分。计算公式如下:

$F = 0.3945/0.7805 \times F1 + 0.2519/0.7805 \times F2 + 0.134/0.7805 \times F3$

根据主成分综合得分,并对其按分值高低进行排序,表 4-5 展示了 2011~2015 年江西 11 个设区市工业园区转型升级发展综合得分及排名。

表 4-5 2011~2015 年江西各设区市工业园区转型升级发展综合得分及排名

设区市	2015年		2014年		2013年		2012年		2011年	
	综合得分	排名	综合得分	排名	综合得分	排名	综合得分	排名	综合得分	排名
南昌市	2.53	1	2.27	1	1.59	1	1.35	1	1.07	1
赣州市	1.76	2	1.59	2	1.22	2	0.98	2	0.75	2
九江市	1.64	3	1.42	3	0.65	3	0.36	3	-0.01	4
宜春市	1.61	4	1.19	4	0.65	4	0.28	5	-0.26	6
吉安市	1.36	5	1.10	5	0.61	5	0.33	4	0.02	3
上饶市	1.23	6	0.94	6	0.49	6	0.02	6	-0.15	5
抚州市	-0.19	7	-0.42	7	-0.50	7	-0.77	7	-0.88	7
萍乡市	-0.10	8	-1.24	11	-1.27	9	-1.53	11	-1.81	11
鹰潭市	-1.02	9	-1.2	9	-1.20	8	-1.40	9	-1.53	9
景德镇市	-1.05	10	-1.22	10	-1.50	11	-1.41	10	-1.57	10
新余市	-1.12	11	-1.06	8	-1.28	10	-1.21	8	-1.12	8

注:表中的数据以 2015 年的排名为基准。

通过表 4-5,我们看到南昌和赣州的园区转型升级能力强于其他设区市,且 5 年来一直独占第 1 名、第 2 名,尤其是南昌市的转型升级发展综合得分达到 2.53,与最后一名的新余市相比,综合能力得分高出 3.65 分。这与南昌市的科技创新能力强高度相关,通过第三章的分析我们看到 2015 年综合得分排在前 5 名的园区中就有 3 家是南昌的经济技术工业园。5 年来进步最大的是萍乡和宜春,以宜春为例,省级战略性新兴产业投资引导资金、"专精特新"中小企业、专利过千件园区等多项指标列全省第一,为全省唯一全面完成2015年度省工业经济目标任务的设区市。5年来退步最大的是新余,主要与光伏产能严重过剩、光伏产业坠入低谷有较大关系。

三、工业园区转型升级影响因素的文献综述

通过查阅和梳理国内外与工业园区转型升级影响因素的相关文献,我们将现有研究中影响工业园区转型升级的影响因素归结为经济发展水平、产业结构、城市化水平、外向程度、技术创新、市场化程度、体制机制7个方面,下面围绕以上内容展开综述。

(一) 经济发展水平

戴丹 (2014)[1] 基于2002~2012年广州市统计数据的研究表明,经济发展动态将对产业转型升级产生正向影响,当一国经济形势上扬时,企业等经济主体可抓住发展机遇,作出相应的战略部署,促进产业的转型升级。Carlsson (1989) 认为经济总量的变化引起产业结构的变动[2]。Katsumoto 和 Watanabe (2004) 利用1983~2003年100个国家的面板数据实证检验了国民收入与产业结构变量的关系,研究发现国民收入水平的增加可以显著提高有效需求,从而促使一国的产业构成由制造业导向型转为服务业导向型[3]。然而曹贤中 (2015)[4] 以芜湖经济开发区为样本的研究却得到截然相反的结论,认为一个地区的经济发展水平与经济技术开发区产业转型升级存在负相关的关系,这是因为当经济发展水平较高时,园区对产业转型升级的需求也就没那么高了;而当经济发展水平低的时候,园区转型升级的必要性就会增加。也就是说转型升级的目的是促进经济发展,而经济发展水平却反过来制约园区转型升级。

---

[1] 戴丹. 产业转型升级的影响因素研究 [D]. 广东省社会科学院论文, 2014.
[2] Carlsson B. The Evolution of Manufacturing Technology an Its Impact on Industrial Structure: An International Study [J]. Small Business Economics, 1989 (1).
[3] Katsumoto M, Watanabe C. External Stimulation Accelerating a Structure Shift to Service – oriented Industry: A Cross Country Comparison [J]. Journal of Services Research, 2004 (4).
[4] 曹贤中. 经济技术开发区影响因素实证分析 [J]. 石家庄经济学院学报, 2015 (1).

（二）产业结构

高雅婕（2011）① 选取了 2003～2010 年长株潭城市群的面板数据实证分析了各类因素对工业效率的作用机理和影响程度，研究发现工业产业结构的合理性是制约工业转型升级非常重要的影响因素。由于长株潭城市群的工业结构高度相关，产业结构同质化堆积现象严重，各工业园区产业定位不明显，显著降低工业效率，不利于工业的转型升级。王敏、汤伟（2012）② 从三次产业比例结构的角度实证分析了产业结构对工业转型升级的作用。研究结论显示，产业结构（以工业产值占 GDP 比重为指标）对转型升级具有正向促进作用，并在 1% 的水平上显著。

（三）城市化水平

乐小兵（2013）③ 用非农业人口占总人口的比重作为城市化水平的表征指标，利用 1990～2010 年全国 29 个省份的省级面板数据进行实证研究，结果发现城市化水平与产业转型升级存在正相关关系，且在统计意义上显著。刘建民（2015）④ 基于 2002～2012 年湖南省 14 个市（州）的面板数据研究影响湖南省产业转型升级水平的因素，研究显示，城市化水平（用各地城镇人口占当地人口比重表示城市化水平）与产业转型升级存在显著正向关系，他进一步强调，应加快城市化进程，努力开拓服务业的市场，吸纳更多劳动力。曹贤中（2013）⑤ 用城镇可支配收入、城镇低保人数占总人口的比例、农村人均纯收入、全区从业人员数量等指标表征社会保障因素，而社会保障确是城市化建设的内容之一，所以上述指标一定程度上反映了城市化建设水平。该研究表明，城市化水平虽然不是转型升级的决定性因素，但对转型升级却有显著的促进作用。

（四）外向程度

刘建民（2015）⑥在湖南省产业转型升级水平的影响因素的实证研究中，指出外商投资确实可以推进产业结构的调整及产业结构的合理化，但并没有推动湖南省产业的高度化，因为当地区产业结构水平过高或过低时，外商的直接投资于

---

① 高雅婕. 长株潭城市群工业转型升级的影响因素分析［J］. 商界论坛，2011（24）.
② 王敏，汤伟. 皖江城市带外贸转型升级的影响因素实证分析［J］. 铜陵学院学报，2012（9）.
③ 乐小兵. 政府规模、城市化水平与产业结构升级关系研究［J］. 商业时代，2013（7）.
④⑥ 刘建民. 湖南省产业转型升级的水平测度及其影响因素的实证分析［J］湖南社会科学，2015（1）.
⑤ 曹贤中. 芜湖经济技术开发区转型升级的影响因素及模式选择研究［D］. 安徽师范大学论文，2013.

产业转型升级所能产生的作用微乎其微。吴进红（2007）① 的研究表明，外商直接投资可以对产业结构优化具有显著推动作用，其影响路径主要是通过进出口贸易结构的改变引起产业结构的改变，并通过前后向关联效应催生出新的产业，从而促进产业结构优化。王敏、汤伟（2012）② 以2000～2015年皖江地区统计数据为对象构建多元线性回归模型，研究影响皖江城市带对我国贸易转型升级的因素，研究表明，外商直接投资对贸易结构的优化调整产生了积极的影响。冯芳芳、蒲勇健（2012）③ 在对我国区域产业结构优化的影响因素分析中提到对外贸易的开放程度对产业结构的优化作用正在逐步增强，虽然现阶段对外贸易的促进作用还未完全显现，但在外向程度较高的省份产生的推动作用很强，成为影响我国区域产业结构优化的重要因素。

（五）技术创新

冯芳芳等（2012）用专利授权量来衡量技术创新水平，用分位数回归方法得出科技水平对于产业结构的优化作用呈现出倒U形的特征，技术创新在产业结构优化程度处于条件分布中低端的省区具有积极影响，且这种影响在各分位点处存在一定差异。孔伟杰（2012）④ 基于浙江制造业企业的大样本调查重点分析了企业的创新投入、创新产出与企业转型升级之间的关系，研究结果显示，R&D投入大的企业更愿意并具备转型升级的能力，而企业的创新行为与企业转型升级之间也存在较高的统计正相关性。Wantanabe等（2003）以日本为样本，实证分析了全球性的技术溢出效应对产业发展战略的影响，结果表明R&D活动、功能开发与同化能力的良性循环产生的技术溢出效应，有效促进了高科技产业的发展，从而推动了其产业结构实现优化升级⑤。刘伟（1995）⑥ 认为，技术进步率会间接影响产业结构高度，且技术进步率高的部门会逐渐取代技术进步率低的部门而成为主要部门，最终促使产业结构尤其是工业结构向高度化演替。郭佳等（2015）⑦ 的研究发现科技水平是对产业结构升级影响最大的因素之一。高雅婕

---

① 吴进红. 开放经济与产业结构升级 [M]. 北京：社会科学文献出版社，2007（3）.
② 王敏，汤伟. 皖江城市带外贸转型升级的影响因素实证分析 [J]. 铜陵学院学报，2012（9）.
③ 冯芳芳，蒲勇健. 我国区域产业结构优化及其影响因素分析——基于分位数回归方法 [J]. 技术经济，2012（2）.
④ 孔伟杰. 制造业企业转型升级影响因素研究——基于浙江省制造业企业大样本问卷调查的实证研究 [J]. 工商管理理论论坛，2012（9）.
⑤ Wantanabe C, Asgari B, Nagamatsu A. Virtuous Cycle between R&D, Functionality Development and Assimilation Capacity for Competitive Strategy in Japan's High–technology Industry [J]. Technovation, 2003（23）.
⑥ 刘伟. 工业化进程中的产业结构研究 [M]. 北京：中国人民大学出版社，1995.
⑦ 郭佳，扶涛，杨青. 我国西部地区产业结构转型升级影响因素分析——以云南省为例 [J]. 中国社科院研究院学报，2015（2）.

(2011)的研究也指出，科教支出有利于提高人力资本的存量、增加技术创新的知识积累，进一步提高企业的自主创新能力、促进劳动分工的深化，从而实现转型升级。

（六）市场化程度

安同良等（2006）[①] 以江苏省354个制造业企业为样本，将企业按所有制分为国有和集体所有制公司、股份和有限责任公司及港澳台公司，外国公司三大类，研究表明国有和集体所有制企业的研发水平明显比不上其他两类企业。因为该类企业在所有制安排的天生动力缺陷，使得它们的研发动力与其他企业比起来相对不足。冯芳芳（2012）[②] 则从不同的视角对市场化水平和产业结构优化的关系进行了实证分析，研究发现，市场化水平对中低端产业结构的区域具有正向促进作用，对高端产业结构的区域则表现为反向制约作用，研究还进一步指出可以通过提高市场化水平来实现资源的合理配置。政策财政支出在一定程度上也可以反映市场化水平，崔永涛等（2017）[③] 基于2002~2007年全国20个省市42个行业的数据分析了政府财政支出对产业结构变化的影响关系，结果表明政府财政支出对产业转型升级产生负向影响，且在10%水平上通过显著性检验。

（七）体制机制

曹贤中（2013）[④] 用出台政策个数、项目审批到实施的程序数、累计基础设施投资等指标反映管理体制水平，研究得出政府的管理政策对地区工业转型升级具有统计意义上显著的积极引导和推动作用。许腾（2012）[⑤] 在浙江省长兴县选取了100多家耐火行业企业为调研样本，运用层次分析法（AHP）分析了影响制造业企业转型升级发展的主要因素。该研究用银行信贷环境，政府对该产业的政策扶植、法律法规确立以及市场的调控机制、知识产权保护政策等反映产业生存的体制机制问题，研究表明良好的体制机制环境可以有效激发企业的自主创新意识、提高对新技术的探索与研究热情，进而提升企业转型升级的成功率。

---

① 安同良，施浩，Alcorta L. 中国制造业企业R&D行为模式的观测与实证——基于江苏省制造业企业问卷调查的实证分析 [J]．经济研究，2006（2）．
② 冯芳芳．区域产业结构优化升级影响因素研究——基于面板数据分位数回归分析与应用 [D]．重庆大学，2012（4）．
③ 崔永涛，王燕，王志强．产业结构变迁影响因素的统计考察 [J]．决策统计，2017（2）．
④ 曹贤中．芜湖经济技术开发区转型升级的影响因素及模式选择研究 [D]．安徽师范大学论文，2013．
⑤ 许腾．浙江产业转型升级的影响因素研究——基于湖州市长兴县耐火行业为例 [D]．浙江工业大学论文，2012．

第四章 江西工业园区转型升级影响因素分析

四、理论假设与计量模型

借鉴国内外学者现有的分析结果，在对模型的解释变量与被解释变量提出衡量指标之后，我们根据理论与本课题调研的结果提出四个假设，并使用计量模型对其进行实证分析。

（一）变量与衡量指标

1. 被解释变量

本书的被解释变量为工业园区转型升级指数（Improve）。由于现有的统计数据中仅为工业园区的投入、产出与效益指标，缺乏其他的统计指标，因而限制了对工业园区转型升级的影响因素的分析。本书采取了合并的方法，具体而言：第一，合并江西省各设区市工业园区转型升级的衡量指标，将89个园区的数据合并成为11个设区市的指标；第二，按照上章选取的指标与主成分分析法，计算出各个设区市工业园区转型升级的变化情况，作为被解释变量。

2. 解释变量

（1）外部投资（foreign）。作为一个相对落后省份，吸引外部投资对于江西省经济增长与转型升级具有重要的意义①。已有文献证明，FDI增加会带动中国工业经济增长方式转型（赵文军、于津平，2012②；陈继勇、盛杨怿，2008③）。但是，邹建华、韩永辉（2013）将外商投资的种类进行细分，发现不同的外商投资对经济转型升级的作用会有所不同④。由于大多数转型到江西的产业，属于沿海淘汰或"腾笼换鸟"后迁移的产业，其作用对江西省工业园区转型升级的作用是否明显并不能确定。

（2）政府对经济的干预（costgdp）。从计划经济体制向市场经济体制转变的过程中，由于财政激励与晋升激励，地方政府存在干预经济的强烈动机（周黎

---

① 江西省外部投资主要由两部分构成：一为省外投资，如浙江、广东、江苏、福建等发达地区的投资与产业转移；二为国外投资（FDI）。一定程度上，省外投资与国外投资对江西省工业园区的转型升级的作用是一致的。故本书将省外投资与国外投资进行合并，统称为外部投资。
② 赵文军，于津平. 贸易开放、FDI与中国工业经济增长方式［J］. 经济研究，2012（8）.
③ 陈继勇，盛杨怿. 外商直接投资的知识溢出与中国区域经济增长［J］. 经济研究，2008（12）.
④ 邹建华，韩永辉. 引资转型、FDI质量与区域经济增长［J］. 国际贸易问题，2013（7）.

安，2008[①]；徐现祥、王贤彬，2010[②]）。这种动机在中西部尤为强烈。中西部地区经济发展水平较沿海地区落后，且经济体内未形成一个可促进经济增长的内生机制，因此政府对经济的干预动机更强烈。但是，政府干预经济的结果不一定能促进经济的增长与转型，为了研究政府行为对工业园区转型升级的影响，本书借鉴褚敏、靳涛（2013）[③] 的做法，使用地方财政支出/国内生产总值来衡量政府对经济的干预程度。

（3）国有企业垄断程度（stateper）。尽管国有企业经过多次重大改革，但国有企业垄断所造成的效率损失仍然十分严重。刘瑞明、石磊（2010）[④]；吴延兵（2012）[⑤] 等学者论证了国有企业不仅本身效率低下，还造成了其他效率损失，从而对整个经济体构成"增长拖累"。另外，国有企业的偏向性政策造成的扭曲，抑制了经济增长与转型的步伐（张天华、张少华，2016）[⑥]。因此，国有企业垄断程度越高，对园区经济增长与转型的阻碍越大。使用国有企业固定资产投资/全社会固定资产投资来衡量国有企业的垄断程度。

（4）城市化水平（urban）。城市化水平的提升意味着人口从农村向城市流动，城市人口比重不断提升。人口的城市化有利于工业园区更容易招聘到需要的劳动力，尤其是在江西省以廉价劳动力为吸引力的城区，人口的城市化有利于园区经济的增长。但是，在江西的工业园区规划过程中，经常存在产城分离的问题，因此城市化水平的提升对园区转型升级的作用并不明确。研究表明，我国的开发区建设主要刺激了普通劳动力的聚集，但难以促进城市功能和社会网络的优化，很有必要通过产业园区与城区的协调发展，改善区域人口结构和社会资本状况，从而为产业与园区转型升级创造条件（孔翔、杨帆，2013）[⑦]。

（5）市场化抑制程度（costgdp × stateper）。中国经济体制变革由计划经济向市场经济转型，以提高市场在资源配置中的作用。中国改革的经验说明，市场化进程对经济增长具有正向的作用（樊纲等，2003[⑧]、2011[⑨]）。因此，考察市场化进程对工业园区的转型升级同样具有重要的意义。由于缺乏设区市的统计数据，现有的市场化进程数据仅测算到省一级。中国市场化进程的本质，是政府减少对

---

① 周黎安. 转型中的地方政府［M］. 台北：格致出版社，2008.
② 徐现祥，王贤彬. 晋升激励与经济增长［J］. 世界经济，2010（2）.
③ 褚敏，靳涛. 政府悖论、国有企业垄断与收入差距［J］. 中国工业经济，2013（2）.
④ 刘瑞明，石磊. 国有企业的双重效率损失与经济增长［J］. 经济研究，2010（1）.
⑤ 吴延兵. 国有企业双重效率损失研究［J］. 经济研究，2012（3）.
⑥ 张天华，张少华. 偏向性政策、资源配置与国有企业效率［J］. 经济研究，2016（2）.
⑦ 孔翔，杨帆. "产城融合"发展与开发区的转型升级［J］. 经济问题探索，2013（5）.
⑧ 樊纲等. 中国各地区市场化相对进程报告［J］. 经济研究，2003（7）.
⑨ 樊纲等. 中国市场化进程对经济增长的贡献［J］. 经济研究，2011（9）.

经济的干预，剔除低效率的国有企业在国民经济中的比重。故本书使用国有企业的垄断程度与政府对经济干预的交互项，作为衡量江西省各地区的市场化抑制进程。

3. 控制变量

（1）基础设施建设（infrastructure）。基础设施的种类繁多，可分为园区内与园区外基础设施两大类。由于统计数据的缺失，无法使用准确的数据显示两类的基础设施。为了控制基础设施对工业园区转型升级的影响，本章简单地使用公路里程数/平方千米来衡量每个设区市的基础设施情况，预期符号为正。

（2）金融深化水平（savegdp）。金融深化是促进中国经济增长的主要影响因素之一，金融深化有利于资源流向效率最高的地方，从而实现资源的有效配置（武志，2010①；孟猛，2003②）。一方面，金融深化有利于园区内企业实现转型升级，进而促进园区整体转型升级；另一方面，金融深化有利于园区的基础设施、低碳循环、招商引资等项目的实施，以促进园区的转型升级。为了控制金融深化对园区转型升级的影响，本书采用人民币存款/国内生产总值指标，预期符号为正。

（3）生产服务业发展水平（indshare）。工业园区内工业的发展离不开配套产业的发展，生产性服务业的发展有利于产业集群的提升，促进工业园区转型升级。而且，工业园区生产效率水平的提升、能耗的降低、产城融合发展等均与生产服务业发展密切相关。为了控制生产服务业发展水平，本书使用当地第三产业总值/国内生产总值作为衡量指标，预期符号为正。

（4）地理位置的影响（location）。根据地理经济学与区域经济学的理论，良好的地理位置为经济增长与转型提供了良好的外部条件，如我国的沿海地区，因其良好的地理位置，成为我国经济最发达的地区。在江西省，与沿海接壤的地区可能相较于其他地区更拥有接受产业转移的机会；另外，作为省会城市，也较其他地区拥有更多吸引外部投资的机会。因此，为了控制地理位置对工业园区转型升级的影响，本书引入虚拟变量，与沿海地区有接壤的设区市和南昌市设为1，其他地区为0。预期符号为正。

4. 数据的统计性描述

表4-6汇集了本章研究的所有变量，2011~2015年江西省11个设区市。需要加以说明的是，improve是根据工业园区的11个统计数据，利用主成分分析法合成的指标，若在大样本数据下，其应服从于标准正态分布。foreign的最小值为0，可能存在着两方面的原因，可能是部分年份一些工业园区没有外部投资额，

---

① 武志. 金融发展与经济增长：来自中国的经验分析 [J]. 金融研究，2010 (5).
② 孟猛. 金融深化和经济增长的因素关系 [J]. 南开经济研究，2003 (1).

也可能是统计上的问题。stateper 衡量的是国有固定投资占比,在某些年份,其最高值可达 37.58%,说明国有企业在当地还是拥有很大的影响力。

表 4-6 变量的统计性描述

变量	观测值	均值	标准差	最小值	最大值
improve	55	0.00	1.20	-1.81	2.53
foreign	55	8.17	6.01	0.00	22.37
costgdp	55	20.83	4.78	11.11	31.16
urban	55	52.22	10.63	38.19	71.56
stateper	55	20.37	7.85	5.86	37.58
market	55	436.49	231.79	107.40	1160.70
indshare	55	33.50	4.12	23.70	41.20
savegdp	55	65.27	17.36	34.26	102.04
infrastructure	55	1.07	0.32	0.67	1.83
location	55	0.55	0.50	0.00	1.00

(二)理论假设与计量模型

1. 理论假设

假设一:江西省内有不少学者认为,从沿海地区或国外向江西转移的产业,绝大部分为被淘汰或落后、产能过剩的产业,如纺织服装、建材、家具、化工等。不可否认,产业转移推动了江西及工业园区经济问题的上升,但是否有益于江西工业园区的转型升级,并没有一个明确的定论。淘汰、落后的产业或许阻碍了工业园区的转型升级,也可能带来新的技术或管理方法(外部效应溢出),并且来赣投资的企业适应发达地区的环境而对江西工业园区提出更高的发展环境,从而倒逼工业园区体制变革与转型升级。因此沿海地区或国外的产业转型对江西工业园区存在着两种不同的正负作用。基于此,本书提出假设一:沿海或国外的产业转移(表现为此处的外部投资)对江西工业园区转型升级的作用是否是正向的?

假设二:无论是国家层面,还是地区层面,政府行为对经济增长的作用是功不可没的。积极的政府行为虽然在一定程度上促进了工业园区的发展,但由于市场经济体制发展的要求,政府"有形的手"应减少对经济运行的直接干预。根据课题组的调研发现,在江西省的工业园区中,虽然行政式的干预已经减少,但由于更多隐蔽的干预行为仍然大行其道。且地方财政收入的提升，为政府直接经济的提供了更多可能。基于此，本书提出假设二：地方政府对经济的干预程度越高，越不利于工业园区的转型升级。

假设三：引进国有企业对工业园区的产值规模具有明显提升作用，但园区的转型升级不仅在于产值规模的提升。由于为了维持国有企业的垄断地位，普遍采取了偏向性的政策与扭曲的要素价格体系，因此带来了自身效率的损失，同时拖累效应可能导致工业园区转型升级步伐放缓。基于此，本书提出假设三：国有企业垄断对工业园区转型升级存在着抑制作用。

假设四：市场化进程的加快能促进江西工业园区的增长，但市场化进程的放缓对工业园区的转型升级是不利的。基于此，本书提出假设四：市场化抑制程度越高，工业园区的转型升级速度越慢。

2. 计量模型与回归结果分析

为验证上文的理论假设，本节通过实证分析进一步分析对江西省工业园区转型升级的影响因素。为此，构建以下实证模型：

$$improve_{it} = c + \sum_{j}\beta_j x_{it} + \sum_{m}\gamma_m control_{it} + u_{it} \qquad (4-1)$$

式中，下标 i 表示地区，t 表示时间，c 表示常数项，x_{it} 为本书的核心解释变量，$control_{it}$ 为控制变量，β_j、γ_m 分别为其系数项，u_{it} 为复合残差项，包括个体物质和时间特质效应，且 $u_{it} = \mu_{it} + \varepsilon_{it}$。$\mu_{it}$ 是个体特质效应，它不随时间的变化而变化，可以用固定效应或随机效应来刻画；ε_{it} 是随机扰动项，服从正态分布 $N(0, \sigma_i^2)$，如果 $\sigma_i^2 = \sigma_j^2$ ($i \neq j$) 表示个体上存在着同方差，否则说明存在异方差。

我们首先对模型进行单位根检验和协整检验，发现均能通过检验。对模型同时进行固定效应与随机效应估计，Hausman 报告显示，应采用随机效应模型。为了验证模型的稳健性：一是采用混合 OLS（Pooled OLS）估计；二是由于被解释变量为合成数据，可能在合成过程中丢失关键数据或估计偏误，故将被解释变量替换成各设区市工业主营业务收入占全国的比重①，以验证模型的稳健性。

从回归结果来看，R^2 总体维持在 0.66~0.83 之间，说明拟合优度较高，且变量的符号与我们的预期基本相一致，具体而言：

（1）外部投资对江西省工业园区转型升级具有正向的作用。相对于发达地区，绝大部分转移至江西的产业属于技术弱后的产业，但其为江西带来较为先进的管理经验和较江西先进的技术，同时也促进了江西的园区体制变革。这一现象得到了本课题组调研的证实。本课题组基于全省 20 多个县市的工业园区和近百

---

① 工业园区转型升级的最终目标是提高其生产效率与竞争力，本书使用各设区市工业主营业务收入占全国的比重，正好可以反映出此目的。

家的企业调研，发现省外的产业转移，一是为当地培养了一批管理人才；二是虽然技术在沿海地区相对落后，但相对于江西的技术水平，还是属于具有竞争力的技术水平；三是这些原先身处发达地区的企业，适应了良好的市场环境，从而对江西的市场化改革产生需求，进而形成了倒逼机制。故而外部投资对江西工业园区转型升级起到正向的促进作用，从而否定一些学者对来赣投资企业的作用的质疑。

表4-7 工业园区转型升级的影响因素的回归结果（随机效应）

变量	model1	model2	model3	model4	model5
foreign	0.0359*** (4.70)				0.0362*** (2.91)
market		-0.0001*** (-2.21)			
stateper			-0.0277** (-2.14)	-0.0279** (-2.04)	-0.0273** (-2.13)
costgdp				-0.0954** (-2.30)	-0.04434 (-1.08)
urban				-0.0265 (-1.06)	-0.0222 (-0.92)
indshare	0.0929*** (3.41)	0.0529** (1.94)	0.0527** (1.91)	0.1061*** (2.88)	0.123*** (3.44)
savegdp	0.0454*** (4.53)	0.0537*** (4.25)	0.0445*** (3.71)	0.0616*** (4.87)	0.0511*** (4.04)
infrastructure	0.7319 (1.13)	1.3194 (1.46)	1.3053 (1.36)	0.9206 (1.37)	0.6805 (1.00)
location	0.4563 (1.46)	0.8578* (1.64)	0.8820 (1.56)	0.5420** (1.81)	0.4815 (1.60)
_cons	-7.4035*** (-8.52)	-6.5932*** (-6.48)	-5.9858*** (-5.48)	-4.9136*** (-4.45)	-6.1127*** (-5.70)
R^2	0.7699	0.7080	0.6640	0.8040	0.8341

注：***、**、*分别表示在1%、5%、10%显著性水平显著。

（2）政府干预、国企垄断与市场化抑制对工业园区转型升级产生抑制作用。江西省的许多工业园区存在着过度干预的问题，无法对自身的定位有清醒的认识，抑制了市场在资源中的配置作用，造成效率的损失，故本书中的 costgdp 指标的符号为正[①]。学者们已经证明，国有企业垄断行为对经济增长与效率提升存在着负向的作用。回归结果显示，国企垄断的衡量指标 stateper 为负，因此本书进一步证明，国有企业的垄断行为也对工业园区的转型升级存在着抑制作用。沿海地区经济的发展得益于市场化水平的不断提高，以政府干预与国企垄断的交互项显示，江西省落后的市场化进程阻碍了工业园区的转型升级，这与政府干预和国企垄断具有相似的作用。

（3）关于控制变量的解释。由于设区市有限的统计数据，本书可用于衡量基础设施水平的指标有限，不能真实反映出基础设施建设对工业园区转型升级的作用，故而在本书中该指标均不显著。但是，infrastructure 的符号为正，说明基础设施建设对于工业园区的转型升级具有正向的作用。值得注意的是，生产服务业水平与金融深化对工业园区转型升级的影响在各模型中始终保持着正向且显著的作用，这为未来江西省出台工业园区转型升级的政策意见提供了理论支持。控制变量中的地理位置项也为我们提供了一些启示，从回归结果中可以看出，地理位置对工业园区转型升级具有正向的促进作用，这可能与外部投资项隐含的意义有着重叠之处，即与沿海地区有接壤的工业园区更能获得外部投资，并且可能较其他地区在信息、技术等方面更能享受到外部溢出效应。

3. 模型的稳健性检验

由于被解释变量为主成分拟合的结果，可能存在着有偏估计，且存在着遗漏变量的可能性，本书使用 Pooled OLS 和替换被解释变量的做法对模型的稳健性进行检验。回归的结果与前文基本一致，说明模型总体是稳健的。

表 4-8 影响因素的稳健性检验

变量	Pooled OLS		RE	
	model1	model2	model3	model4
foreign	0.0340 ** (2.51)	0.0683 ** (5.76)	0.0034 *** (3.21)	0.0034 *** (3.16)
market		-0.0018 *** (-4.27)		-0.0002 *** (-3.59)

---

① 由于数据的限制，本书仅能测算近几年政府对工业园区的转型升级的作用，若数据的年份足够多，笔者预估政府行为对江西工业园区的作用应是呈现出倒 U 形。

续表

变量	Pooled OLS		RE	
	model1	model2	model3	model4
stateper	-0.0216** (-2.20)		-0.0034** (-2.79)	
costgdp	-0.1762** (-4.85)		-0.0019 (-0.46)	
urban	-0.0849*** (-4.64)	-0.0394** (-2.50)	-0.0019 (-0.82)	-0.00145 (-0.65)
indshare	0.2004*** (6.86)	0.1501** (5.26)	0.0113** (3.49)	0.0092*** (2.95)
savegdp	0.0550*** (7.02)	0.0459*** (5.76)	0.0020*** (1.57)	0.0031*** (3.12)
infrastructure	0.7293** (2.05)	0.4768 (1.26)	-0.0135 (-0.18)	0.0207 (0.33)
location	0.0851 (0.49)	0.4246** (2.54)	0.0723** (2.07)	0.0638** (2.33)
_cons	-2.8644*** (-2.76)	-6.4613*** (-8.22)	-0.2169** (-2.19)	-4.9136*** (-4.45)
R^2	0.8654	0.8381	0.6560	0.7462

注：***、**、*分别表示在1%、5%、10%显著性水平显著。

五、小结

在经过30多年高速增长之后，我国经济增速明显放缓，各种结构性矛盾突现。工业园区作为经济增长极，承担着经济增长的重要使命。因此工业园区的转型升级成败直接关系着整体经济能否实现转型升级、能否获得经济的持续增长动力。本章根据工业园区转型升级的概念与内容，在可得数据的条件下，选取恰当的统计指标，通过主成分分析方法，合成了江西省各设区市工业园区转型升级指数。发现各地区工业园区转型升级的步伐在向前迈进，但各地市也呈现出各自的一些特性。为了捕捉对江西工业园区转型升级的影响因素，通过使用各设区市2011～2015年的面板数据，构建计量模型，分析了各因素对工业园区转型升级的作用。根据分析结论，提出以下结论与政策建议：

第一，大力承接产业转移，促进园区转型升级。尽管承接的许多产业呈现出被沿海淘汰、耗能较高、技术与附加值等特征，但产业承接对于总量提升，产业集群发展，技术与知识的溢出等均具有显著的作用，进而促进江西工业园区转型升级。首先，需要综合运用财政、土地、金融等各种政策，积极引导沿海产业向江西转移。以赣江新区、鄱阳湖生态经济区建设为契机，进一步发挥各工业园区的优势，完善硬件基础条件的建设，从注重规模提升到规模数量与质量并重。其次，以产业集群发展为工业园区发展的方向。通过吸引配套型产业入园，打造完整产业链，发挥产业集群效应，提高整体生产效率。最后，与沿海接壤的工业园区确定自身的主攻方向。从实证结果可以看出，地理位置对江西省工业园区转型升级具有正向的影响，因此与沿海接壤的工业园区明确自身主攻方向，通过承接产业，促进产业升级与工业园区转型升级。

第二，加强行政体制变革，推进整体市场化进程。在经济发展到一定阶段后，经济对行政体制变革的需求增强，因此迫切需要加强对高效的行政体制、市场化的经济环境的供给。由于江西省产业转移主要来自浙江、江苏、广东等地，故借鉴这些省份的行政体制变革、市场化建设的经验，学习如何从直接干预向间接干预转变，从"有形的手"为主导向"无形的手"为主导的转变。各设区市的园区继续推行正面清单和负面清单制度，促进工业园区产业结构升级。正面清单制度在于支持江西省重点发展的产业，各工业园区根据自身条件，科学制定重点发展的产业，同时也应避免"一窝蜂上马"产业的问题。而负面清单制度可在赣江新区、鄱阳湖生态区范围内的工业园区率先实行，明确规定哪些产业不能上马，对于提高工业园区低碳产业发展、产业结构升级等均具有重要的意义。最终实现政府归位，从直接干预到宏观调控。

第三，大力推行混合所有制，提升国有企业效率。国有资本、集体资本、非公有资本等交叉持股、相互融合的混合所有制经济，是基本经济制度的重要实现形式。中央政府已明确未来国有企业通过引入混合所有制，以实现国有资本的保值与增值。国有经济作为江西省工业园区经济的重要组成部分（在有些地区，国有企业在固定资本投资占比可达38%），应大力推选混合所有，提升国有企业的效率。一是鼓励非公有资本参与国有企业混合所有制改革。非公有资本投资主体可通过出资入股、收购股权、认购可转债、股权置换等多种方式，参与国有企业改制重组或国有控股上市公司增资扩股以及企业经营管理。二是加快垄断性国有企业混合所有制改革的步伐。江西省内的许多国有企业与资源，如稀土、煤矿、钢铁等密切相关，其市场垄断力主要来源于行政手段。研究如何将混合所有制与市场准入同时结合的方法，以混合所有制促进非公有制经济进入资源垄断行业。同时，将国有企业分类改革思路与完善市场竞争环境结合起来，通过营造竞争性市场环境给国企改革提供动力。

第五章 产业集群与工业园区转型升级

一、前言

Porter（2007）在其经典著作《国家竞争优势》中论述到，国家竞争优势的获得关键在于产业的竞争，而产业的发展往往是在国内几个区域内形成有竞争力的产业集群。[①] 同理而言，一个省份竞争优势的获得，在于其区域内形成若干个富有竞争力的产业集群。为了促使江西省内形成若干个富有竞争力的产业集群，省委省政府陆续出台了若干关于促进江西省工业园区产业集群发展的政策与意见，如《江西省人民政府关于加快产业集群发展促进工业园区发展升级的意见》《全省重点产业集群推进工作方案》《江西省人民政府关于工业重点产业升级发展的指导意见》等，旨在通过积极培育产业集群发展，提升工业园区的整体竞争力。目前，江西省的各县市工业园区形成了一批有代表性的产业集群，如上饶与新余的光伏产业、贵溪的铜冶炼和压延加工业、赣州的稀土加工制造业、小蓝的汽车及零部件产业、南康的家具制造业、吉安的电子信息产业等。但是放眼全国，江西工业园区所打造的产业集群，无论是从规模、内部的分工协作、产业链、外部经济、投入产出效率等角度来看，其竞争力与成熟度仍显得不足。为何经过多年的努力，江西省却难以形成几个在全国拥有话语权的产业集群？即使与同处中部地区的湖北、湖南、安徽、河南等省份相比，为何江西省的产业集群的竞争力也是不足呢？

本章基于对江西省近10年制造业集群发展的绩效进行评估的基础上，结合对江西省20多个县市的工业园区和四川、重庆、江苏等工业园区的调研，发现：

---

① 迈克尔·波特. 国家竞争优势［M］. 北京：中信出版社，2007.

江西省产业集群的劳动生产率、产业规模、产业的技术装备水平、在全国制造业中的竞争力水平等均有显著提高；轻工业集聚效果优于重工业；战略新兴产业集聚进程相对缓慢。因此，总体呈现出"四个提高、一个缓慢"的态势。但江西省产业集群与转型升级所面临的困难依然十分巨大：两个"两头在外"的现象没有得到根本改善、传统比较优势正在快速削弱而新的比较优势有待发展的局面日益紧张、粗放式的招商政策与缺乏连续性的产业发展政策难以培育具有根植性的产业集群，产业政策所引起的"潮涌现象"也阻碍了产业集聚的步伐等问题。未来如何克服这些困难，改变粗放式的招商行为，减弱产业的"候鸟"特性，杜绝地方产业发展中的"潮涌现象"，形成有竞争力的产业集群，直接关系到江西省未来产业转型升级能否成功①。

二、江西工业园区产业集群的绩效评价

产业集群，指的是经营相同产业的一群企业在地理空间的集中。可以使用产业劳动生产率与人均利润、产业竞争力、集聚规模、工业园区或各具体产业的规模以上的企业数量等指标来衡量产业集聚的绩效②。

（一）劳动生产率与利润显著提高

以全员劳动生产率和人均利润这两个指标评价江西省制造业总体绩效变化情况（见图5-1）。全员劳动生产率说明人均产出水平，用工业增加值除以就业人数，反映每单位劳动投入所带来的产出变化；人均利润说明每人创造的利润，用利润总额除以就业人数，反映每单位劳动力投入所带来的收益的变化情况。江西省制造业整体的全员劳动生产率在2006年为10.79万元/人，这一指标在2015年时上升为28.11万元/人，年均名义增长率为16.05%，远远高于同期年均GDP的名义增长率。从轻、重工业来看，轻、重工业在2006年的全员劳动生产率分别为8.64万元/人、7.99万元/人，到2015年时分别上升至24.77万元/人、30.28万元/人，名义年均增长率分别为18.67%和37.88%。整体制造业人均利润在2006年为11302元，在2015年时上升到82994元，增长幅度较全员劳动生产率高。轻、重工业的人均利润在2006年分别为0.78万元、1.49万元，2015

---

① 本章的主体内容发表在《江西发展研究》2017年第2期。
② 由于统计年鉴中没有提供各园区各产业的集群发展情况，故本书使用全省制造业的数据分析江西省产业集群发展的情况。本章所使用的数据若没有特别标注，均来源于各年《江西统计年鉴》。

年分别上升至6.99万元、9.60万元,名义上分别增长了791.20%和542.13%。因此,全员劳动生产率和人均利润的变化情况均反映出江西省在近10年的时间里,制造业的总体绩效水平得到明显提升。但是从人均利润指标来看,江西省制造业转型升级的总体绩效优于全员劳动生产率指标的结果。虽然全员劳动生产率反映出轻重工业转型升级的绩效在过去10年里,两者的增幅基本一致,但是人均利润却显示出轻工业整体转型升级的绩效明显高于重工业,这与江西省所具有的比较优势密切相关。

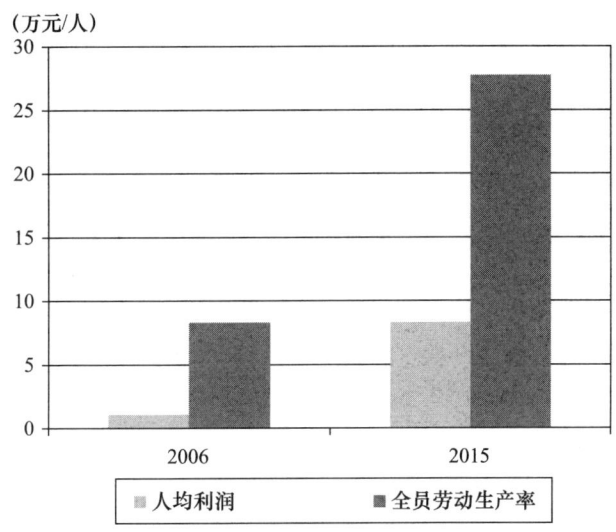

图5-1 制造业全员劳动生产率与人均利润

(二) 产业竞争力水平显著提高

从主营业务收入占全国比重来看,江西省制造业产业集群发展的绩效也优于全国的平均水平(若江西省制造业的主营业务收入增长率与全国同步,则主营业务收入在全国的占比不变;若江西省制造业转型升级的绩效优于全国平均水平,则主营业务收入占比将会得到提升)。江西省制造业主营业务收入占全国的比重从2006年的1.30%上升至2015年的2.49%,反映出江西省制造业产业集群绩效高于全国平均水平(见图5-2)。

从具体产业发展态势来看,与重工业相比,江西省在轻工业上更具有比较优势、具有更高的绩效水平、产业集群更具规模效应。2006~2015年,13个子产业中,除了烟草制品业与化学纤维制造业在全国的比重有所下降,其余11个产业的比重有明显的增加。其中,纺织服装与服饰业、印刷和记录媒介复制业、皮

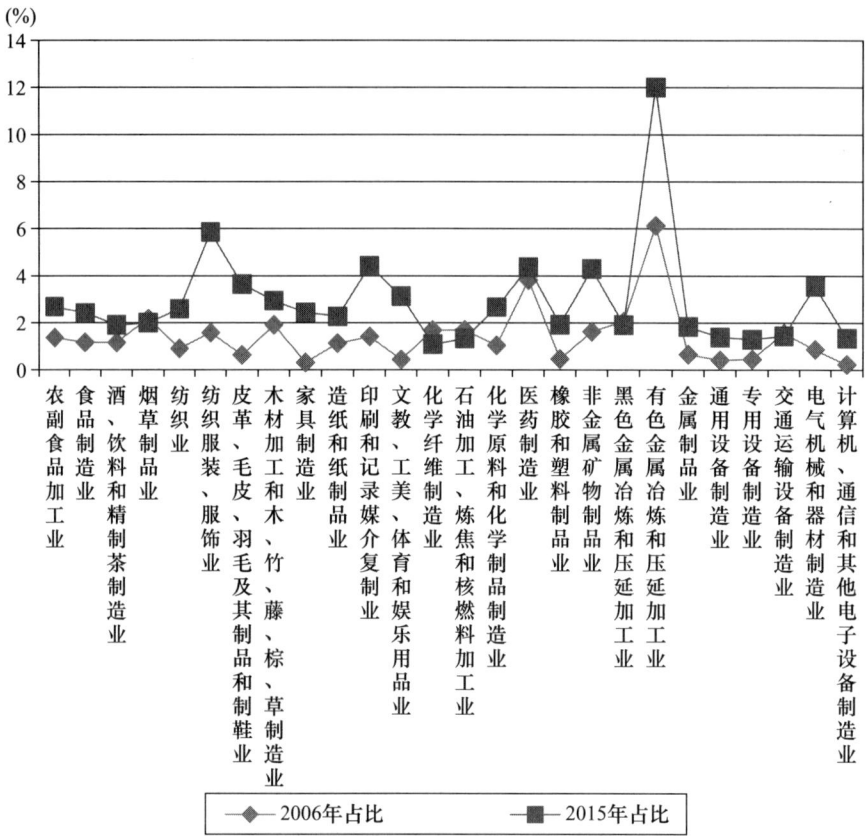

图 5-2 制造业主营业务收入占全国比重的变化情况①

革毛皮羽毛及其制品业、家具制造业、文教体育和娱乐用品业等在全国的比重均提高了 2 个以上的百分点。轻工业在全国的比重得以较大幅度的提升，说明了两个可能性：一是在全国产业转移的过程中，江西省因其所具有的比较优势而承接了全国部分轻工业的产业转移；二是在江西省制造业的转型升级中，轻工业内部的转型升级效果更为明显，从而在全国范围内获得了更多的市场份额。

在重工业内部，2006~2015 年，除了石油加工、炼焦和核燃料加工业、黑色金属冶炼和压延加工业、交通运输设备制造业这三大产业出现微小的下降，江西省绝大多数重工业主营业务收入在全国的比重有所提升。但从提升程度来看，重工业只有有色金属冶炼和压延加工业、黑色金属冶炼和压延加工业、电气机械和器材制造业这三大产业的比例增加超过 2 个百分点，其他产业的比重提升并不

---

① 由于近 10 年统计口径发生了变化，为了前后具有可比性，本书将 2006 年的橡胶制造业与塑料制造业进行合并，将 2015 年的汽车制造业与铁路、船舶、航空航天和其他制造业进行合并。

明显。而有色金属冶炼和压延加工业、黑色金属冶炼和压延加工业的发展更多与江西省该类自然资源的禀赋和对资源的开发力度有关系。因此，在过去10年期间里，重工业总体竞争力水平的提升并不如轻工业明显。

（三）产业的技术装备水平显著提高

产业集群的发展过程是伴随着先进技术装备代替落后技术装备的过程。因此拥有良好发展态势的产业集群，其技术装备水平呈现出不断提高的过程。本书使用人均资产水平来加以衡量①。江西省制造业人均资产从2006年的27.41万元增加到2015年的61.60万元，说明江西省制造业的技术装备水平得到了较大幅度

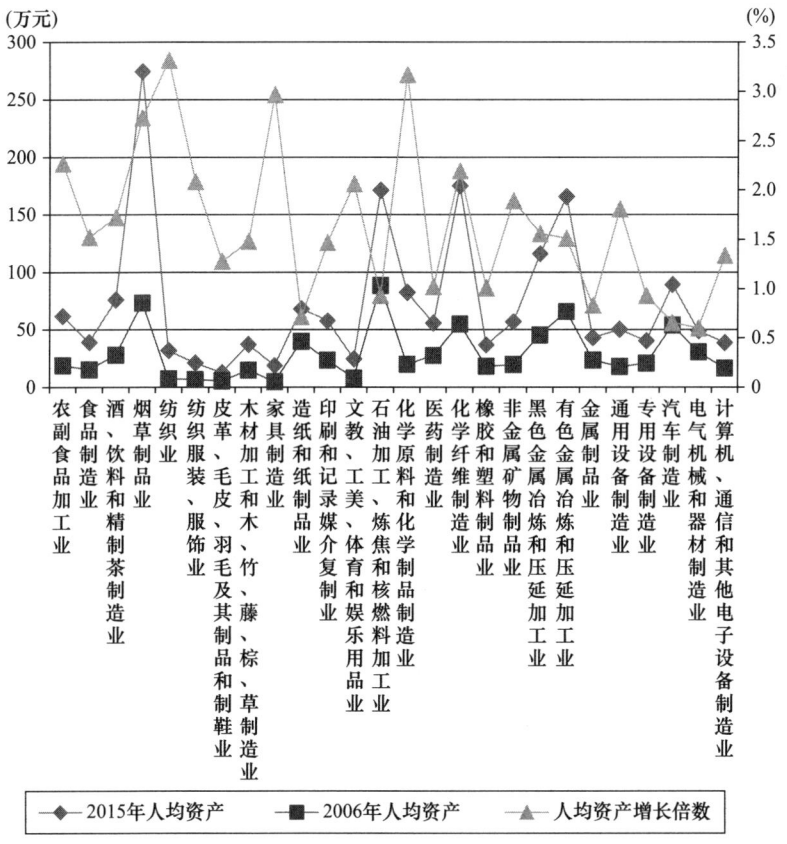

图5-3 制造业人均资产变化情况

---

① 衡量技术装备水平的理想指标为人均固定资产，但由于近年《江西统计年鉴》中没有该数据，因此使用人均资产水平指标。

的改变。首先从细分产业来看，各产业的人均资产均有增长，但增长的幅度差异较大（见图5-3）。烟草制品业的人均资产增长幅度达332%，而电气机械和设备制造业的增幅却只有60%。说明制造业内部各产业的技术装备变化情况并不同步。其次，重工业的人均资产远高于轻工业的人均资产，但轻工业的人均资产增幅却远高于重工业（由于重工业的特性，人均资产高于轻工业是一种正常现象）。说明在江西省制造业发展过程中，轻工业的技术装备水平的提高幅度大于重工业的提高幅度。这与前文有相似的结论：即轻工业在转型升级及其绩效相对重工业拥有更好的表现。

（四）产业集群规模显著提高

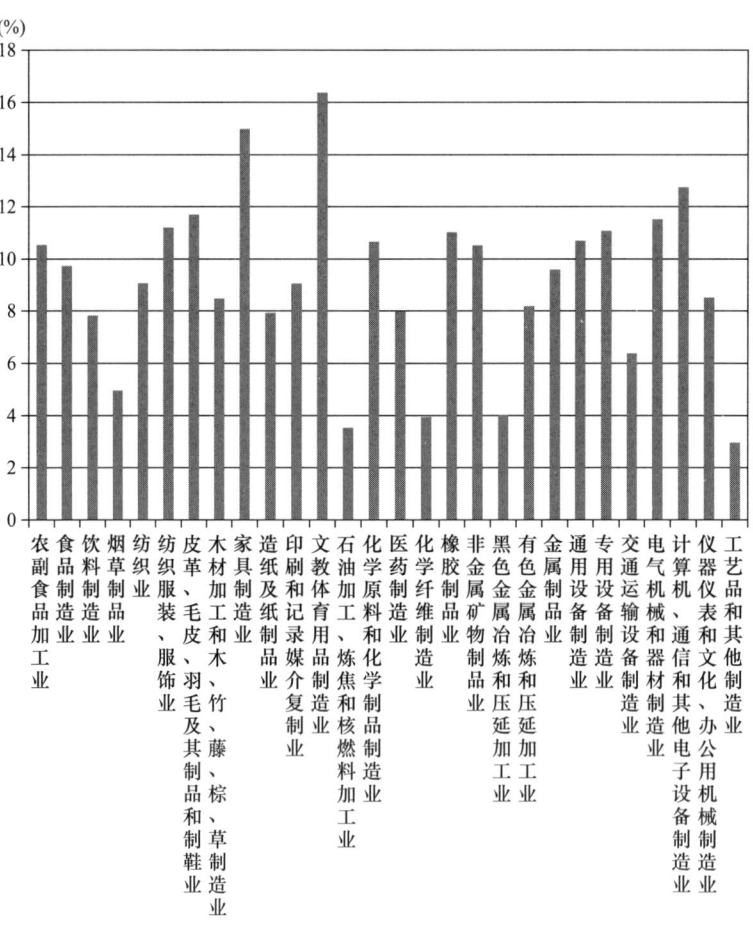

图5-4　2006~2015年制造业规模以上工业总产值名义年均增长率

一般而言，拥有更大的总产值意味产业集群的规模在不断扩大，产业集群规模的增长速度也反映了产业集聚机制的好坏。因此，可以使用制造业各产业的工业总产值指标来衡量产业集聚机制的变化情况。图 5-4 显示 2006～2015 年，制造业各产业规模以上工业总产值的名义年均增长率。显然，制造业各产业在过去的 10 多年时间里，产业集群规模在不断提升。在 28 个子产业中，共有 12 个产业规模的增长速度高于 10%。文教、体育用品制造业，家具制造业的增速更是超过 15%。但是，也有一些产业，诸如石油加工、炼焦和核燃料加工业，黑色金属冶炼和压延加工业，工艺品及其他制造业等的增速仅维持在 2%～4%。

（五）以高新技术产业为代表的制造业集聚步伐缓慢

进一步地从工业内部结构来看，图 5-5 描绘出了 6 个代表未来江西省重点发展的产业，包括计算机、通信和其他电子设备制造业，医药制造业，通用设备制造业，专用设备制造业，电气机械和器材制造业内部的比重。可以看出，图中 6 大产业所呈现出的江西省制造业转型升级效果并不明显：①仅交通运输设备制造业，电气机械和器材制造业，计算机、通信和其他电子设备制造业三大产业在全省制造业的占比超过平均水平，而其余三个产业的比重均低于全省的平均水平；②医药制造业与交通运输设备制造业的比重在 2006～2015 年甚至出现了下滑；③虽然计算机、通信和其他电子设备制造业、通用设备制造业、专用设备制造业占比处于上升阶段，但是上升速度却比较缓慢。

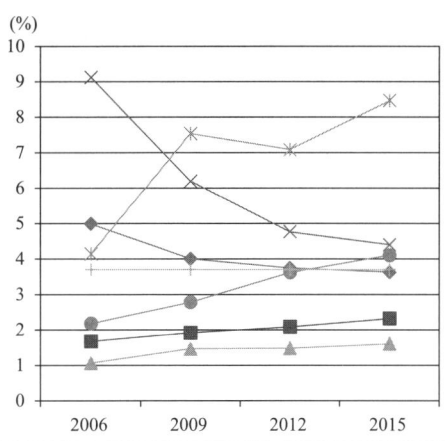

图 5-5　江西省战略新兴产业省内占比变化情况

新经济下工业园区转型升级探索：基于江西的研究

三、江西产业集群机制的经验总结

在江西省各县市的工业园区，形成了一批产业集群，与发挥自身的比较优势、利用自然资源禀赋、积极的招商引资政策、重点产业支持政策等密切相关。

集群机制一：顺应和发挥江西省比较优势

从江西省制造业的发展态势来看，与江西省拥有比较优势相联系的产业均取得更高的绩效。江西省地处内陆地区，经济发展水平与沿海地区存在着较大的差距，即使与同处内陆地区的邻居省份相比——湖北省和湖南省，也有不小的差距。任何事物均存在着两面性，经济发展水平的差距也为江西省经济发展提供了契机，廉价且丰富的劳动力资源（近10年江西省劳动力资源总数一直维持在3000万人以上）的比较优势为承接沿海地区的产业梯度转移提供了现实可能性。由于轻工业对劳动力资源与成本更敏感，故在过去10年里，承接了许多从广东、浙江、福建及海外转移的轻工业，包括纺织业、纺织服装业、制鞋业、食品制造业、农副食品加工业、家具制造业等。在承接轻工业转移的过程中，伴随着先进管理水平、技术与机械设备的引入，提高了制造业整体的技术装备水平和产业竞争力，本省的轻工业企业也享受到产业转移所带来的技术和知识外溢，最终表现在整体绩效水平与竞争力的提升和制造业的整体转型升级上。江西省轻工业主营业务收入比重在全国制造业中的比重由2006年的1.67%上升至2015年的3.04%。

我国的东部沿海地区在制造业30多年的发展经验告诉我们，发挥自身比较优势是产业不断发展、转型升级的关键因素。产业集群在规模不断扩大的过程中实现转型升级，转型升级进一步促进产业的发展。沿海地区从20世纪80年代初期承接日本、中国香港、中国台湾等地区的纺织服装、制鞋、食品加工、化纤等产业，随着规模不断扩大，人力资本、资金、研发能力、管理经验等获得了巨大积累。为与这些产业相联系的机械设备制造业逐渐落户沿海地区打下了良好基础，重工业在产业结构中的比重逐渐提升，产业向高技术、高附加值方向实现了转型升级。因此，从沿海地区转型升级的历程和江西省制造业转型升级的绩效来看，在未来江西省产业集聚过程中，应深刻认识到江西省所具有的产业基础和比较优势，进一步发挥该类优势，做到"因势而谋、应势而动、顺势而为"，继续做强做大现有轻工业中的纺织、纺织服装、制鞋、食品、家具、制陶、医药等制造业，在扩大产业整体规模的基础上，着力打造产业集群，以产业集群吸引投资和留住企业，减少企业的"候鸟性"，最终实现现有的劳动力和土地等比较优势转型升级，进而带动整体制造业的转型升级。

集群机制二：充分利用自然资源禀赋

江西拥有丰富的有色金属矿产资源，其储量居全国前10位的有色金属达22种，是全国10大有色金属集中产区之一，其中以铜、钨、钽铌、稀土等矿产资源最负盛名，素有"世界钨都""中国铜都""钽铌之乡"等美称。无论是从增长速度、规模，还是从在全国的市场份额来看，与自然资源相关的制造业表现最出色。以有色金属冶炼和压延加工业为例。如图5-2所示，在江西省制造业中，竞争力提升最快的是有色金属冶炼与延压加工业，其主营业务收入在全国的占比，10年间提升了5.88%。2006年与2015年江西省制造业主营业务收入分别为2447亿元、30069亿元，同期有色金属冶炼和压延加工业分别为379亿元、6080亿元，比重分别为15.47%、20.22%，而同期全国该产业在制造业中的比重仅为3.67%、5.20%。非金属矿物制品业、黑色金属冶炼和压延加工业等与自然资源相关的产业，也有着相似的表现。

集群机制三：积极的招商引资行为

产业集群是以产业的积累达到一定规模为前提条件的。产业未形成的一定规模之前，产业集群发展根本无从说起。出于财政激励与晋升激励，地方在招商引资上不遗余力。积极的招商行为为江西省的许多产业形成与发展做出了巨大贡献。本课题组对江西省20多个县市的工业园及近百家企业的调研发现，省外与外资企业（以下简称外部企业）到江西投资最关心的因素依次为：劳动力资源、土地政策、税收政策、自然资源、市场规模、现有产业基础、水电优惠及其他政策。为了迎合企业的这些需求、实现更大规模的招商目标，各级政府与园区制定了各类的招商政策以吸引外部投资企业落户，在土地、税收、园区基础设施建设、水电等方面给予相对其他地区具有竞争力的条件，甚至对于超过一定规模的投资项目更是实行了"一事一议"的政策。在江西省的比较优势及优惠招商政策的吸引下，外部企业对江西省的投资额持续增加。以江西省89个工业园区的数据为例，从2006年的751.95亿元增加到2015年的2489.46亿元，名义增长了2.31倍（见图5-6）。虽然承接的某些产业是沿海地区淘汰的产业或是因为集聚不经济而退出的产业，但是这些产业对于江西而言在就业、管理水平的提升、工人技能培训、财政收入增长等方面均有促进作用（这些内容正是制造业转型升级的表现形式）。更重要的是，积极的招商政策对江西省某些产业的形成、规模扩大和发展起到不可忽视的作用,进而为产业的转型升级提供了前提条件和未来转型升级的持续动力。

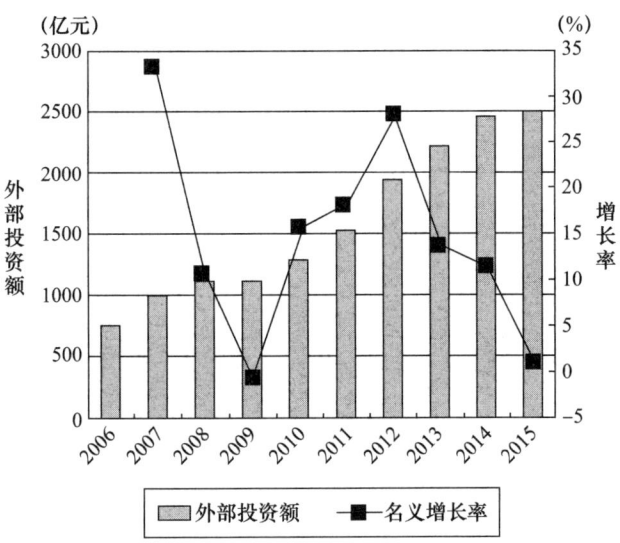

图 5-6 2006~2015 年 89 个工业园区外部投资额及其名义增长率

集群机制四：重点产业扶持政策

与江西省具有的劳动力、土地、自然资源的比较优势相对的是，在技术水平、科研实力、资本、人力资源（尤其是中高端技术人才和管理人才）等方面同周边其他省市存在着明显的不足。为了在未来高端制造业占据一席之地和克服江西省的比较劣势，各级政府与工业园区分别出台了许多产业政策，如《江西省人民政府关于工业重点产业升级发展的指导意见》《2014 年战略性新兴产业推进工作指导意见》等，希望通过具体的产业政策重点扶持和培育一些战略性新兴产业。显然，重点产业支持政策对江西省制造业的集群与转型升级的作用开始显现。如图 5-5 所示，江西省的一些重点发展产业在过去 10 年里，发展状况并不理想，产业的整体竞争力与整体规模发展缓慢，甚至个别产业的省内占比出现下滑。可见重点产业支持政策并未得出令人满意的结果。

四、江西制造业产业集群的困境与原因分析

（一）产业链难以打通下的产业集群机制困境

完整的产业链既是产业集群的主要特征，也是产业集群机制的核心要素之一。但是，江西省工业园区中许多产业不仅存在着"两头在外"的现象，更是存在着两个"两头在外"的分工体系：一个"两头在外"指的是研发设计与营销品牌服务在省外或国外；另一个"两头在外"指的是原材料供应与目标顾客在省外或国外。许多在江西投产的企业更恰当的可定义为企业在江西省设立的一个生产部门或生产基地：与园区或省内的其他企业在生产销售等环节的合作较少、企业产品的设计与研发来自省外或国外的总部（本地鲜有专门的研发部门）、产品的营销与服务功能主要交于省外或国外的总部、企业生产所使用的原材料（或半成品）主要来自于省外或国外、园区内（或省内）的配套企业发展薄弱。在江西省内的许多园区，未形成真正意义上的产业集群，企业与企业之间的协作较少，产业的上游与下游基本没有。许多企业之所以在江西投资建厂，最主要是看重江西廉价的劳动力与优惠的招商政策，这类企业具有"候鸟"的性质，随着劳动力成本上升和优惠政策的消失，企业将"迁徙"到其他地区，缺乏在江西省长期生产经营的根植性。要增加企业的根植性，重要的是打造完整的产业链与成熟的产业集群，企业与企业之间由原先分散的点，形成相互合作的面，将劳动力成本与招商政策的红利向产业集群所带来的经济效应转变，以此不仅留住企业，解决"候鸟"的问题。而且通过打造完整产业链的过程，整个产业得到壮大与发展，产业集群效应得以发挥，产业转型升级也将得以实现。

（二）新旧优势转换中的产业集群机制困境

以廉价劳动力和优惠的招商政策等为主要内容的"粗放式"招商行为，并没有明显增强江西省的产业投资吸引力。江西省吸引产业转移的竞争优势正在逐渐丧失。由于沿海地区劳动力成本、土地价格的高涨，迫使一些产业向内陆地区转移。地处中部地区的江西，与广东、福建、浙江等东部沿海发达地区接壤，在承接这些地区的产业转移上具有地理上的优势。江西利用其廉价劳动力、优惠的土地、税收等政策，吸引了大量的企业落户江西。而对完善的产业与配套体系、良好的经商环境、高效的行政服务体系等内容，在被调研的企业中却鲜有被提及

与关注。江西所具有的主要优势正在面对内部条件变化与外部竞争的压力而逐渐丧失，而新的竞争优势却未得到明显增加。

1. 传统的比较优势正在快速削弱

相对沿海地区，江西具有劳动力成本的绝对优势，吸引了大量江苏、浙江、广东、福建等沿海地区及外商的投资，资本在地区之间转移的本质是产业在地区之间的转移。转移的过程中，为产业集群提供了较大的可能性。江西省的劳动力密集使用产业（如食品加工业、纺织业、服装业、皮革制造业、家具制造业等）在过去10年里，获得了长足的发展，在全国的比重明显得到提升。说明江西省在产业发展中，部分承接了全国劳动力密集型产业的转移。一般而言，劳动力密集产业对成本的敏感性远高于其他行业，因此在沿海地区劳动力成本上升的情况下，许多企业向江西等内陆地区转移。而现在落户江西的许多劳动密集型产业也同样面临着当初在沿海地区相同的问题，"候鸟"的特性正在逐渐积聚与显现。随着近些年人口红利的消失、劳动力成本的上升、相关的法律制度的完善、物价水平（尤其是房价）的提升，相对于沿海地区，江西省劳动力成本的绝对与比较优势正在缩小。据调研的部分制鞋与服装企业反映，2006~2008年，江西省的普通工人成本（包括支付给员工的工资、各类补贴及缴纳的各类保险等）与沿海地区有30%~40%的差距，而到了2016年，两者的差距缩小至10%左右，因此劳动力成本的比较优势正在逐渐消失。其次，不断完善的法律法规减弱了江西省的比较优势。据调研发现，最新的环保法、劳动保障法等对企业成本有着较大的影响。如高安与丰城的建陶企业反映，2015年最新环保法要求企业使用清洁能源，此项政策使得江西省建陶企业的能源成本提升30%左右，总成本因此提升10%左右。

2. 地区之间的激励竞争正在削弱工业园区的集群能力

中西部地区为了吸引沿海省份和外商的产业投资，均采取了包括优惠的土地、税收、水电等招商政策。细观各省市的招商政策，开始呈现出价格战的趋势：园区之间在其可控的范围内，提供尽可能多的优惠条件，在园区其他条件同质或基本差别不明显的情况下，企业在不同园区之间比较优惠条件以决定最终落户的地点（即同质比价），这一行为进一步促使园区提供更加优惠的政策（即降价促销吸引顾客）。由于许多园区之间的竞争条件主要依靠硬件条件，而不是诸如产业集群所带来的经济效应、人才资源、当地良好的政商环境、完整的产业链和完善的配套服务等软性经济实力，而硬件的比拼更是进一步强化了企业"候鸟"的迁徙特性，哪里有更好的硬件条件，企业就往哪儿迁徙。因此，在以粗放式招商优惠政策为主的竞争方式下，表现为园区之间形成以价格战为特征的竞争，结果是企业仅将生产部门搬迁到同质低价或同价高质的园区，而除生产的其他部门所需的条件并不主要依靠优惠的招商政策,即企业仅将处于微笑曲线(价值链)低端的部分转移出来。产业链的前端与终端(即高附加值部分)仍然停留在原地,产业集群并未在当地得以形成。另外,硬件的提供是与当地的财政收入密切相关:土地的征集与补偿、三通一平(或五通一平、七通一平)、标准厂房的提供、税收的返还与奖励、水电价格补贴等均与当地的财政实力直接相关,故招商引资的竞争最后演变成地方财政实力的竞争。拥有较强财政实力的园区更能够提供良好的基础设施与优惠政策,对入园的企业的谈判资本与要求也就更高。但江西无论在经济问题还是在财政收入水平方面同周边的内陆省市都不具有绝对优势与相对优势。

(三)独木难支的产业政策下的产业集群机制困境

产业的集群发展并不仅依靠一个地区拥有的良好产业政策,更是实施一系列"组合拳"的结果。在江西省的一些地方政府和工业园区,为了能快速实现投资额和产值的迅速上升目标、在政绩考核上拿出漂亮的成绩单,产业政策(加上粗放式的招商方式)所具有的"短、平、快"特性正好能实现这样的目标。但任何刺激政策同时具有边际效用递减的特性,在初期政策能有较好的效果,但随着产业的发展,产业政策的作用将越来越慢。尤其是对于高技术密集型、资本密集型产业,产业政策诚然重要(特别是产业形成初期),但产业发展到一定程度后,对产业集群规模、集群经济、人力资本、技术水平的积累等的需求急剧增加,而这类需求并不是仅靠产业政策所能满足的。江西省高新技术工业园区和国家经济开发区(以下简称国家级工业园)接受实际投资的比例和工业增加值占比就反映了江西省未来整体制造业产业转型的困境。国家级工业园在对入园企业有着较高的要求与条件,一般而言,入园企业相对其他类型园区中的企业拥有更高的技术水平,或是更多为江西省未来重点发展的战略新兴产业。从统计数据上看,2005年国家级工业园实际投资和工业增加值占全省所有工业园区的比例分别为42.40%和50.15%,到了2015年这两个比例分别下降至36.71%和38.48%(整体变动轨迹见图5-7)。因此,未来产业的转型升级与发展,仅依靠产业政策与粗放式的招商政策,对整个制造业的转型升级的作用将会越来越弱,急需江西省祭出一套组合拳。而这套组合拳并不会如产业政策那样有迅速的反应,而是具有"细水长流、逐渐显现"的特性,是地方政府数年,甚至数十年坚持不懈努力的表现与结果。

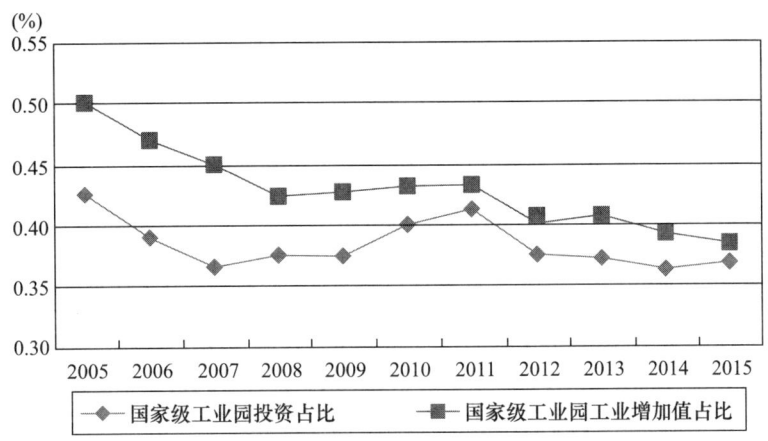

图 5-7　2005~2015 年江西省国家级工业园投资和工业增加值占比

(四) 潮涌式产业发展下的产业集群机制困境

为了实现与国家未来产业发展的方向相对接,江西省也制定了相应的产业发展政策。但是,许多工业园区未根据自身的实际情况,也急于上马各类与江西省所关注的重点发展产业项目。如在本课题组调研的 12 个工业园区中发现,有 8 个工业园将电子信息产业列为未来"十三五"重点发展的产业,然而这 8 个园区中绝大部分是没有或是仅有微弱的电子信息产业基础。从而在江西省产业发展的过程中出现了经济学家林毅夫 (2007[①], 2010[②]) 所说的"潮涌现象"。然而"潮涌现象"打造的产业很难走向集群,竞争力也非常薄弱。目前,江西省的绝大部分产业发展之所以难以在全国拥有大规模的产业集群和品牌效应,其中一个最大的原因在于江西省在产业发展过程中往往是:一个产业还未成形,就又关注另外一个新产业,产业发展政策缺乏持续性与稳定性。结果是处于原有的产业规模难以上去,新产业的竞争力又无法与其他地区竞争的"两难困境"。

未来如何克服这些困难,改变粗放放式的招商形为,减弱产业的"候鸟"特性,杜绝地方产业发展中的"潮涌现象",形成有竞争力的产业集群,直接关系到江西省未来产业转型升级能否成功。

---

① 林毅夫. 潮涌现象与发展中国家宏观经济理论的重新构建 [J]. 经济研究, 2007 (1).
② 林毅夫等. "潮涌现象"与产能过剩的形成机制 [J]. 经济研究, 2010 (10).

五、促进工业园区产业集群发展的对策建议

实践证明,产业集群在强化专业化分工、发挥协作配套、降低创新成本、优化生产要素配置等方面作用显著,是经济发展到一定阶段的必然趋势。引导江西省制造业产业集群发展,有利于优化经济结构、转型经济发展方式、提升区域和产业竞争力、加快城镇化与工业化建设。而且,制造业产业集群发展事关江西省决胜全面建成小康社会,建设富裕美丽幸福江西的伟大目标。因此,主动适应新常态,培育新动能,贯彻落实十六字发展方针,加大供给侧改革力度,集中优势,促进制造业集群发展与转型升级。

(一) 加强体制机制建设,形成良好发展环境

深化体制机制改革是破解制造业深层次发展难题的关键,尤其是政策战略制定更决定着制造业的发展方向。通过走访调查江苏、四川与重庆等地产业集群的成功经验,发现完善的体制机制、良好的外部发展环境已经成为产业集群的主要因素。

1. 完善政府内部运行机制,为产业集聚保驾护航

首先,转变原有的政府考核机制,实现总量与结构优化考核并重。一是指标体系应侧重转型升级,从向要增长速度,向要增长质量、要长远产业竞争力转变,在指标体系中加入结构优化、产业集群等内容。二是考核方式应加快转型升级,杜绝形式主义与数字游戏,杜绝急功近利的政绩观念,防止出现类似"虚高"现象。其次,进一步完善市场机制的作用,减少政府对经济规律与企业经营的直接干预。将政府的重心逐渐向"搭平台、供服务"方面倾斜,为企业发展提供一个优越的发展环境。包括提供完善的公共服务、维护市场经济的秩序、保证公平竞争的环境、鼓励企业的创新活动。

2. 以金融体制创新,促进产业集群发展

整合"江西信用"、江西公共信用信息平台、银行借贷等数据资源,借鉴重庆两江新区科技金融公共服务平台的经验,建立"江西精准科技金融公共服务平台",专注于解决科技含量高、有创新能力的中小微企业融资难、融资贵的问题,引导商业银行、VC、PE等金融投资机构参与,推出科技信用贷、科技创业贷、科技担保贷、股权投资、债权融资等产品。以江西联合股权交易中心为平台,支持具备实力的企业与资本市场对接,提供包括直接投资、辅助上市、发行企业债

券、开展租赁业务等综合性金融服务,辅助企业上市中小板、创业板、新三板。积极推进中小企业信用示范区建设,完善企业积分增信的信用评级体系,规范操作流程,建立信用评级数据库。

(二)整合现有公共平台,形成产业集群依托

针对江西省公共服务平台与园区数量众多却不能有效发挥作用的状况,整合现有平台,集中优势,提高平台为产业转型升级的能力。

1. 整合与完善公共服务平台,增强其在产业集聚中的作用

一是整合全省公共服务平台资源,杜绝各自为政、资源分散的现象。借鉴浙江产业公共服务平台建设经验,由省服务平台为龙头,各市、产业集群服务平台为骨干,以社会各类专业化服务机构为基础,整合出一个省级服务平台,完善并联通全省11个市窗口服务平台,20个重点产业集群窗口服务平台,形成一个统筹全省服务资源的平台网络体系。二是遵循市场规律,鼓励多元化主体参与。借鉴温州模式,坚持政府引导与社会广泛参与相结合,推进部分公共服务平台由行业协会运营,通过与产业集群建立协商共议、民主决策、行业自律机制,充分发挥市场机制功能。向企业发放公共服务消费券的模式,被认定符合条件的企业可向公正服务平台及机构消费其手中的凭券。通过服务券补贴的方式,对中小微企业购买签约服务机构提供的服务给予补贴。

2. 整合与完善工业园区平台,以模式创新促进产业集群发展

首先,推行工业园区整合改革的"自我革命"。为改变江西省各类工业园区多而散、实力不强、同质化竞争等问题,可通过开发区空间整合,实现开发区数量减少、面积扩大,精简机构和人员,并抑制开发区招商引资的过度竞争,为引导江西省工业园区"腾笼换鸟"产业布局再调整。其次,试行大部制、公司化的园区管理模式创新。以精简机构、提高效率、激发活力为目标,按照综合性、大部制、扁平化的要求,在全省工业园区试行企业化管理,激活运行机制。将企业竞争机制和企业经营管理的有益方法引入园区管理和运营模式。最后,改革行政审批制度,可在赣江新区首先实施负面清单制度。除负面清单外的事项一律实行零审批,使园区管委会真正实现相对独立、封闭运行。

(三)加强人才团队建设,智力支持产业集群

政策引领聚英才、环境筑造"凤凰台"。引凤来栖,政策是"引凤"的根本,环境是"留凤"的保障。

1. 技术人才队伍方面

根据江西省未来重点发展的产业,实现"自身培养一批、引进一批人才"

战略：一是在高等院校和科研机构培养与江西省重点发展产业相匹配的中高端人才，各市县则培养当地产业发展需求的应用型人才；二是对愿意来赣工作的高端人才，提高其福利待遇，尤其加大对江西籍的高端人才的引进力度；三是要做好服务优化文章，当好人才"后勤部长"，完善人才创新创业平台、优化人力资源服务方式、提高人才资源管理水平，使人才创业有机会、创新有条件、发展有空间。

2. 公务员队伍方面

与沿海地区相比，江西省政策已基本覆盖各方面，差距在于如何提高政策的执行力。一是建议从浙江、江苏、广东等沿海地区引进园区、产业管理、金融方面的团队与专业人才，提高公务员队伍的专业技术能力，促进政策落地。同时加强与沿海地区公务员之间的交流、交换活动，汲取先进管理经验。二是在公务员队伍建设中，增加专业技术岗位的招录比例。引进有工作经验的专业技术人才，充实公务员队伍。

（四）加强产业合理规划，提高龙头企业牵引力

1. 集中全省力量，合力打造若干个有竞争优势的产业

避免"全面开花"的现象。坚持以优势资源向优势产业转变的理念，打造在全国乃至国际有竞争力的产业集群。还可以在优势产业中选择突破方向，形成在全国甚至全球独占鳌头的产品或系列产品。

2. 提升各级政府在制定产业发展规划的合理性与前瞻性

避免产业发展的"潮涌现象"。由省发委、工信委等部门展开摸底调查，掌握先进制造业的实际发展情况，防止产业"虚高"。

3. 壮大龙头企业，提高专业化协作水平

积极培育关联度大、带动性强的龙头企业，发挥其产品辐射、技术示范、住处扩散和销售网络中的"领头羊"作用。引导龙头企业采用多种方式，剥离专业化强的零部件和生产工艺，发展专业化配套企业，提高企业间专业化协作水平。重点提升资源深加工产业、延伸现有产业链。

（五）提高自主创新能力，大力实施品牌战略

1. 增强企业创新能力，提升产业层次

鼓励企业在产品设计、生产制造等环节采用先进技术，提升工业设计水平，大力推广先进制造技术，促进传统产业集群加快由委托加工（OEM）向自主设计加工（ODM）、自主品牌生产（OBM）转变。鼓励科研院校和产业集群加强产学研联合，积极吸引国内外大型企业以及优势企业在江西省投资、建立制造基

地、研发中心、采购中心和地区总部。

2. 大力实施品牌战略，积极培育区域品牌

把企业品牌和区域品牌建设有机结合，重点发展一批技术含量高、市场潜力大的名牌产品和企业，支持有条件的企业产品争创全国（国际）知名品牌。重点支持南康的家具产业、高安与景德镇的陶瓷产业、吉安的电子信息产业、上饶的光伏产业等打造成在全国范围内有影响力的区域品牌。

（六）大力发展生产性服务业，健全社会服务体系

加快信息、物流、商务等生产性服务业，以支持制造业更好的转型升级。在规模较大的产业集群中，按照"政府推动、市场动作、自主经营、有偿服务"原则，重点扶持研发中心、检测中心等公共服务机构建设，构建第三方信息服务平台。大力扶持一批以地区优势产品的商品批发市场，如南康的家具、信丰与寻乌的农产品加工、高安与景德镇的陶瓷、南昌的纺织服装等商贸市场。加快建立社会化、专业化的现代物流服务网络体系。特色（重点）产业集群与当地职业技术学院和技术学校形成联合培育机制，解决基础性技术人才缺乏的问题。

第六章　产城融合与工业园区转型升级

一、工业园区产城融合的意义

（一）推进产城融合发展，是经济社会发展的必然趋势

江西许多工业园区建区之初，往往定位为单纯的产业功能区，呈现出重生产、轻服务，先生产、后服务的特征。不少园区内生活功能落后，远滞后于园区重点关注的生产功能，且滞后于经济发展的客观需求，使得产业发展区与城市发展严重分离，很多地方出现白天兴盛拥堵，夜晚区内无人的"鬼城"现象。随着社会经济发展及城区面积扩展，迫切需要解决这些问题。

在新时期，江西省工业园区要重视产业发展、强化城市发展、积极主动推进全省工业园区产城融合，从而吸引更多的资金、信息、人力资源、技术、信息等各相关资源及生产要素集聚，以使得工业园区发展具有更好的、持续性的竞争力，以促进经济增长并推动当地新型城镇化等快速高质量发展。

（二）推进产城融合发展，是加快产业升级的内在需要

加快经济结构调整和产业转型升级是江西工业园区传统产业所面临的发展要求，江西省工业园区不少第二产业面临着向第二、第三产业等融合、协调发展等方向转变，以实现产业间互相促进、共同发展及满足城市发展等方面需要。经济新常态下要求江西省很多工业园区向城市综合服务功能完备、宜商宜居、环境优美等方向的现代化综合新城区演进，工业园区不能再成为"工业孤岛"，而是将产业升级和城市功能升级、城市发展战略等结合起来。通过产城融合，真正使江西省各地工业园区走上一条经济效益好、科技含量高、人力资源优势充分发挥、

资源消耗少、环境优美舒适的新型工业化发展道路。

(三) 推进产城融合发展，是进一步提升城市功能的有效途径

应当承认，江西省一些地区工业园区已具备了一定的城市功能，产业布局与城区之间的距离在逐渐缩短，融合发展态势日趋明显。但与此同时，不少地方仍存在着不同程度的规划不科学、园区改造提升难度大、解决问题困难等问题。为此，需要进一步总结经验，同时抓好工业经济及工业园区规划，吸取教训并进行科学的规划从而全力推进全省工业园区的产城融合发展。充分发挥产业的支撑作用，不断完善工业园区内部及周边区域功能配套；同时，可以通过加强整合工业园区及其所在地区资本、劳动力、土地、技术、信息、基础设施等方面的生产要素，实现产业优化及转型升级、土地增值、环境改善、人员素质提升等，进而达到工业园区所在区域发展能级的不断提升，真正将相关工业园区打造成为生产、生活、生态相融合、宜居现代的新型工业园区。

(四) 推进产城融合发展，是推进全省新型城镇化发展的内在要求

工业园区是推进新型城镇化的主战场，是江西省城镇发展的必然要求。工业园区产城融合在主导产业、科技创新资源、人才资源和管理模式等方面已经集聚了诸多优势，它们已经成为产业发展的主要载体、城镇化发展的新区和区域经济发展的主要增长极。从城市功能来看，如今工业园区的商业、娱乐、医疗等社会服务机构及相关政府职能机构不断完善，而且还努力优化工业园区规划和布局、完善公共基础设施配套功能、健全行政管理体制和推进生态文明建设，已经发展成为工业园区所在城市的集生产、生活、文化等于一体的产业新城。须以城镇化的发展理念建设江西省工业园区，并完善工业园区生产性、生活性设施及服务配套等，走工业园区产业升级发展与城镇开发建设相互促进相互协调的产城融合发展之路，这是增强全省工业园区发展后劲及竞争力，实现传统工业园区转型升级发展的有效突破口，也是加速江西省新型城镇化进程的迫切内在要求。

二、工业园区产城融合的内涵、内容与模式

(一) 工业园区产城融合的内涵

产业化和城镇化互动发展，是推动江西省新型城镇化、促进产业转型升级、

提升城市综合功能等的必然要求。产城融合是在我国产业转型升级背景下相对于产城分离所提出来的一种新的发展思路。当前有关产城融合的理论内涵及实践内容并不一致,对产城融合理念、发展模式、实施策略等理论的认识还比较零散、缺乏统一。但总体来讲,产城融合是指以优美舒适的园区内部及周边自然生态环境为依托,以现代产业体系发展为驱动,将居住、商业、生态、文化、休闲、娱乐、管理与公共服务等生产性和生活性服务综合最优地融入工业园区发展中,以形成新型、多元化、多功能综合产业工业园区乃至新城。

从一般意义上讲,工业园区产城融合是指产业工业园与城市(或城镇)在空间布局、功能作用、发展提升等方面上的耦合,以努力实现工业产业园区与城市(或城镇)功能、市镇功能、质量提升等与环境保护等有机融合,以优化工业园区内产业布局、提升园区城市功能、维护其自然生态环境等,其本质在于使得工业园区的产业布局及经济发展等符合城市战略发展目标等,从而使得产业与城市功能融合、空间整合,以实现"以产促城,以城兴产,产城融合"。产城融合理念是基于空间经济学理论对产业发展与城市建设规律和趋势做出的科学把握,它既是当前优化提升城市功能的重要手段,也是现阶段我国产业工业园区产业转型升级、优化产业结构的内在要求①。

(二) 工业园区产城融合的内容

从根本上讲,工业园区产城融合是强调城市发展要遵循科学、协调、可持续等原则,将产业发展和城市建设及发展等有机结合起来。工业园区产城融合内容大致可包括以下几个方面:首先,工业园区城市多方面、多功能协调,不仅要注重工业园区产业发展,还要综合考虑工业园区内员工宜居程度、基础服务完善程度、生活便捷程度及文化氛围等因素。既要注重利用工业园区集聚效应等促进园区产业发展,又要注意通过园区产业水平提升等带动整个工业园区城市设施建设水平与社会发展等,做到以城促产、以产兴城。其次,要有机联系工业园区生产部门与生活服务部门等,搞好生产配套及生活服务配套等,让工业园区生产人员可就近享受到便捷的生活服务、感受到轻松舒适的休闲园区环境,同时也可让相应区域内市民能够就近就业。最后,要便于实现人才、物资、资金、信息有序流动,以便于其在产业部门与城市功能部门之间、工业园区与城市各功能区之间合理流动,提高要素资源配置效率、实现城市整体竞争力提升等②。

---

① 张道刚. "产城融合"的新理念 [J]. 决策, 2011 (1).
② 王征. 论当前开发区建设过程中的产城融合问题 [J]. 东方行政论坛, 2014 (9).

（三）产城整合的模式

坚持基础设施优先、环境优先、公共配套优先、产业优先等优先原则。工业园区主要目的之一是为了促进工业企业集聚，以发挥集聚及极化效应。我国工业园区大都属于政府组织型的，在很大程度上该类型工业园区集中体现了强烈的政府意愿及政府意志，主要由政府及相关部门规划管理。根据园区所处位置分布来划分，工业园区产城融合模式主要有两种：一是工业园区或产业园区位于主城区内部或者城区边缘，这种工业园区特点是可以充分利用主城区居住、消费性服务等基础设施和生活服务设施，提供工业园区内相对比较缺乏的居住、商业、医疗等，在很大程度上节约工人交通成本、精力及时间等；二是工业或产业园位于主城区远郊，或者和城区外的城镇形成相对具体明确的组团，相当于主城区附近的子城等作用，这种工业园区特点是主城区和子城等是相互促进、相互协调、相互发展的。主城区发展可带动子城发展，子城可借助交通、基础设施等与主城区相沟通与联系，成为主城区新的经济增长区。

三、工业园区产城融合的现状和存在问题

（一）产业定位不合理，产城分离问题较明显

工业园区布局本应结合城市发展战略及发展定位，统一规划并设计产业入驻门槛，以保证园区相关主导产业核心竞争力及发展质量的提升，但由于江西省一些地方政府或园区管理部门在产业选择过程中并未做到统一分析、认真研究，导致决策时存在急功近利、考虑不周全等问题，造成不少地方的入驻产业门槛偏低、缺乏核心竞争力、产品附加值有限等，影响了工业园区产业聚集的要求等，无法真正实现产业与城市功能与升级等的协调发展。

江西省部分工业园区片面注重生产性规划及安排，忽略生活服务性安排或考虑，生活设施支撑不足；工业园区多数产业安排是以投资项目的需求为引领，企业主体更多关注项目所产生的纯利润或经济收益等。相当多的工业园区常采取"先重视生产后考虑生活、先重视生产后考虑服务、先重视产业后考虑城镇"模式，对生活性、服务性基础设施等不够重视，导致公共服务配套设施多滞后于产业生产等问题，且常常不能实现生活性等服务设施等配套齐全，从而造成江西省不少工业园区内的生活区与生产区之间缺乏必要的功能衔接及有机联系，缺乏不

同类型设施之间的相互促进,甚至有个别工业园区出现有城无业、夜晚"鬼城"等现象,园区内外城市聚集功能较欠缺,出现了产城发展无法同步、产城割裂、发展资源错配、空间发展错位等问题。

(二)政府主导型弊端凸显,管理体制协调不够

江西不少传统工业园区大多是政府主导开发模式,即主要由政府给予工业园区提供大量土地、资金、税收优惠等经济支持及政策扶持等,这种模式可在工业园区发展初期起到了一定的积极作用。然而,伴随着我国社会主义市场经济的深入发展,该模式逐步凸显了政策干预过多、发展缓慢缺乏活力、机构膨胀及效率低下等问题,不少工业园区只是依赖当地政府及管理部门等投入而非市场及竞争等吸引优质资源引发经济总量的增长,这导致不少工业园区表现为外延式、粗放式发展。

在江西省不少产业工业园区建设过程中,产业项目引进、建设等与工业园区配套设备及基础设施建设等分属不同的管理部门,而这两者之间缺乏足够有效的联动机制及协调机制,管理体制协调统一不够。管理部门工作过程中存在着不同程度的缺位和越位等现象。不少地方的工业园区在园区土地利用规划、园区规划设计等方面缺少发言权,很多地方政府存在着考虑不周或者有所偏颇等问题,致使园区内不同的产业类型、建设要求等之间缺少足够的配套衔接、功能设计较为单一,工业园区内难以顾全生产、生活、生态、服务等方面的综合要求,不能达到复合型综合型园区的发展要求。工业园区内可开发利用土地资源有限,居住、工业和商业三类不同用地类型的价格相差悬殊,使得工业园区土地利用结构失衡、土地利用细碎化、无法实现各种用地类型的优化配置,且不同程度上存在着土地资源浪费、闲置等问题,最终导致城市不同区域之间发展不均衡、部分城区发展滞后,整个城区发展失调。这不仅会影响工业园区所在城区新型城镇化健康发展,也会反过来影响新兴产业等产业类型进一步深入快速发展。

此外,江西省一些工业园区的公共服务资源无法满足当地需求,同时,现行的财政管理体制改革不适应基本公共服务均等化的要求,地方基本公共服务支出责任划分等方面不够明确,导致江西省部分工业园区的公共服务资源供给相对不足,造成生活不便、运行成本高、难以更好支撑园区新兴产业及高端产业发展等。

(三)产城协同发展规划缺失,出现园区"空心化"

江西不少工业园区的规划体系中缺乏产业与城市协同发展等方面的规划,具体表现为:工业园区规划与园区产业发展规划、城市规划、土地利用规划等规划统筹不够;不少新兴工业园区在总体发展战略上游离于城市主要规划区之外,与城市总体发展重点及发展布局相分离,部分工业园区虽位于城市规划区范围内,

但规划编制思路和技术手段等缺乏与城乡规划、土地利用规划等协调,无法与相关规划在用地指标、功能安排和设施配套等方面衔接。这些导致了诸多问题:一方面,省内部分工业园区在规划编制上常缺少对园区产业布局与城镇功能协调发展等方面的关注,产业发展与城市发展战略等缺乏统一规划,经济(产业)、土地、社会发展与城市总体规划间缺乏有机联系与协调,城市区域内工业园区、商务区和居住区功能相对较分离。另一方面,工业园区相应规划编制缺少对公共设施配套标准、规划布局及要求等方面的系统性、专业性、明确性、统一性规定,难以结合产业工业园区业态特征、战略发展要求等提出专门的针对性配套指标等。同时,省内部分工业园区建设较单一,过度重视园区生产功能而忽略了配套服务等要求,厂房布局缺乏整体性、科学性、美观性,在这种情形下,工业园区缺乏生活设施的支撑,其社会属性及功能就会容易丧失。

(四) 整体发展滞后且模式单一,综合效益不高

一些工业园区以相关产业的功能集聚及产值增加为主,生活居住、消费娱乐等功能依托于其相邻的城市、城镇主要生活区或临近城镇中心完成,这可能产生一系列问题。江西很多工业园区普遍采取政府主导型的发展方式,这种发展方式在工业园区发展初期作用较明显,但发展到后期该模式却出现了诸多问题亟待解决。如在工业园区采取"资源+特殊政策+市场"的开发区发展模式下,容易与城区周边区域发展相脱节,由此缺乏合适、充足、优质的劳动力资源,服务业需求也不够旺盛,不利于形成工业、服务业等多产业化发展。同时,由于交通、服务设施不够完善,前往中心城区的消费导致园区员工出行成本上升,园区员工的时间成本增加,更多员工进城导致城区与园区之间车流增多,也不利于园区的绿色低碳化发展。另外,产业园区建设多重视产业扩张及经济效益增加,强调政府行政性管理,忽视了非生产领域等其他方面配套,不少工业园区成长发展受限、配套设施设备不足,产业发展和产业类型选择与当地城镇主导发展战略不够匹配,工业园区产业结构较单一、经济效益偏低、园区产值增加中土地财政比例偏高等问题。

四、南昌高新区产城融合发展的经验和启示

(一) 高起点,高标准规划

南昌高新区按照"五化同步"要求,高起点、高标准编制相关规划,坚持

产城互动，推进工业园新型社区建设，依托工业园区的产业基础，规划了国际高层次人才居住区、特色商业街区、经济港、森林公园及以 LED、航空产业等为代表的战略性新兴产业和以产业、商业综合体等为代表的城市功能区，既成为新兴的南昌市城市副中心，也成为瑶湖生态科技城发展现状的新名片。在产业方面，南昌高新区有南昌航空城、服务外包产业园、LED 产业园、金融产业园等特色产业工业园区等。天虹等大型商业综合体、南昌优质中小学、三甲医院等配套项目也在建设中。南昌高新区正成为江西产城互动、工业园区内新型社区建设的一个典型区域。短短 20 年南昌高新区即由最初"产业孤岛"迅速发展成为一个现代新城。

（二）生态优先，环境保护

据统计，南昌高新区绿化率高达 50%，是南昌市大气质量、自然风景、生态环境最佳区域。南昌高新区围绕区内众多湖泊、大片绿地等建设占地 3000 亩艾溪湖湿地公园、18 平方千米的环瑶湖森林景观带及瑶湖森林公园等，并沿着艾溪湖、瑶湖周边等重点建设了城市绿道、环湖人行道等；进行高新区相关产业规划时，主动舍弃了回报快、收益高的房地产开发项目，结合南昌市乃至江西省战略性新兴产业规划，将园区内主导产业定位为"高端、绿色、创新"的战略性新兴产业。此外，南昌高新区致力于培育、引进高技术含量、具有前瞻性的产业类型，强调园区内主导产业等科技创新体系完善，力求通过高新区推进产城融合，打造具有我国中西部具有环湖特色的一流生态科技新城。通过近些年来的不懈努力及实践探索，南昌高新区走出了一条经济建设、生态保护、社会效益协调促进、同步发展，生态文明建设与经济社会发展等相互促进、相得益彰的绿色崛起之路。

（三）产业升级，强化创新

南昌高新区坚定不移地走产城融合的"双轮驱动"之路，推动产业、科技、生态、城市融合发展，打造先进制造业和现代服务业共同繁荣、经济发展和生态建设相得益彰的生态科技新城区、低碳经济示范区和战略性新兴产业聚集区。高新区正成为新兴的城市副中心，以 LED、航空产业为代表的战略性新兴产业等已成为产城融合发展的新亮点。南昌高新区把园区内产业发展、创新导向作为园区产业发展的核心关键任务，并长期致力于搭建大众创业、企业创新平台。南昌高新区已建立了包括 6 个国家级孵化基地、55 个国家级产业化基地、2 个国家级大学科技园等 20 个国家级创新平台；拥有各类技术中心 60 个，有自主知识产权专利产品 1000 余项；南昌高新区基本实现了工业化、新型城镇化相互驱动，园区建设与城市发展相互协调促进的新的发展格局与良好的发展势头。

五、推动江西工业园区产城融合的模式和路径

(一) 江西省产城融合发展的模式选择

1. 市场驱动双主体主导的产城融合模式

该融合模式主要是以市场机制驱动而发展起来的产业园区,类似苏州工业园区双主体模式,通过"政府主导+银行支持",用市场化机制进行融资或资金筹措,采用该模式须具有以下几大特征:成为技术研发和高新技术孵化器;有一个或几个从事科研或具有专业技术的大学、职业院所或科研机构;配置基本完善成熟的基础设施和生活服务设施;还需要有秀丽优美的自然生态环境。该融合模式首先要求工业园区内须要一批具有带动性、具备一定规模的创新企业或平台;同时,考虑到工业园区集聚着大批企业所带来的大量优秀科技、管理、金融等人才的集聚,需要工业园区内各项生活配套设施、服务设施、休息娱乐设施以及银行等金融机构等完善,从而带动工业园区内社区功能的不断完善及强化,同时,也促进本工业园区不断创新、持续深入发展。

2. 政府主导型产城融合综合模式

该模式是指工业园区基本上都是基于地方政府主导而兴起并发展的,如类似南京河西新区的产城融合模式等,通过构建地方政府支持的资金筹措融资平台,并具备规划、设计、融资及资金分配、开发、经营、管理等全过程城市开发与管理职能,形成科学、合理的资金注入、使用封闭循环系统,以实现经济、社会、生态等多效益最佳。同时,也必须完善工业园区生活设施、基础设施、休闲娱乐生活配套设施等,从而提升工业园区对园区内产业升级发展能力。推动园区力争统一配套建设服务设施、完善社会化服务体系等。可考虑在工业园区内部或周边地区统一建设职工公寓、人才公寓等,将工业园区企业职工纳入城镇住房保障体系中来,并在住户进入门槛、租赁期限及资金支付等方面享受相关优惠政策,解除工业园区内职工工作生活等的后顾之忧。此外,工业园区还应根据实际情况在园区部分中心区域引进各类银行及金融机构、邮局、诊所及公共交通车站等;在管理规章及制度、施行法规及条例等层面明确工业园区寓、科研机构、中小学及科研教育机构、商业服务及娱乐设施等方面的建设要求及管理办法,工业园区也须建立及时有效的群众参与机制及意见反馈机制。

3. 多种途径综合开发模式

在确定工业园区开发模式方面，产业企业与社会上各种融资平台等协同开发、相关金融机构或财团等商业性开发、相关企业组团或联合开发等社会化开发模式将在产业园区产城融合等发展过程中起到越来越重要的作用。工业园区产业可为园区所在城区的社会经济发展提供持续动力，而产业园区所在城区又不断为产业发展提供支撑，除中央及地方等各级政府财政补助外，产业新区可积极盘活存量，利用老城区与新区拆旧建新等改造和升级，取得多渠道资金来源渠道。在金融业等集聚下，产业园区管委会可制定涉及医疗、商业、交通、基建、教育等多个商业及基础设施配套的多项措施，以完善该区域生活配套、休闲娱乐、交通通行等，从而满足园区及周边员工及居民日益增长的生活、休闲、娱乐、教育等要求；在当前我国"五化"协调背景下确立工业园区"生态化、社区化、舒适化、经济化"的总体建设方针，重视生产空间拓展以及生产、生活、生态等一体化发展，关注于塑造工业园区专业性、舒适性研发、生产与生活空间等。

（二）推动江西工业园区产城融合发展的路径选择

1. 强化工业园区相关规划之间的有效衔接

江西工业园区规划工作可站在更高起点，确立更高标准，立足于长远，科学借鉴国内外经验教训，科学设计，使得工业产业园区和园区所在城区具有更好的适应互补性。并通过综合性、前瞻性规划，将规划的高标准、高水平与具体落地的经济性、适应性等有机地结合起来，从而实现在工业园区空间用地指标及布局上留有一定的发展空间，既能优化保护生活生存环境，又能够在未来进一步修编及调整规划。

工业园区须将人地协调理论、可持续发展理念等贯穿落实到城市规划工作全过程，做好各部门联合及协同推进，统筹并综合安排各种生产、生活资源及利用。工业园区要注意弹性规划，既要充分利用园区内各种资源，又要为工业园区及城区未来发展留足发展空间和休闲场所。

大而全的工业园区产业发展定位已不适应当前国内国外市场等需要，江西各工业园区发展目的及园区定位等唯有独特的竞争优势，才能吸引各种生产企业及加工企业等，引进技术、聚集各种资金来源、谋求园区全面、协调发展。在园区内打造专业、精致、集约高效的特色工业产业园区，将工业园区内同类或相似企业及园区产业链条上关联密切的企业或企业群等在工业园区聚集，利用各种方式促进产业技术创新水平提升，明确产业工业园区的规模化、土地利用节约集约、资源利用综合、产业配套完整性等未来发展趋势，培育和大力促进资源利用集约有效、规模质量达到更高水平、不断创新的专业化产业企业群。

2. 建立较完备的产业支撑体系，强化科技创新驱动作用

在推进产业工业园区产城融合过程中，通过产业发展集聚工业园区人气。明确"转方式、调结构"，在产业发展过程中进一步推进产业转型升级，推动整个园区的产业结构调整及升级等，并进一步大力发展与当地社会经济现状等相适应的产业集群或产业链，延长工业园区内相关优势产业的产业链，构筑符合江西不同地区特点的工业园区，以形成具有当地区域产业特色的产业支撑体系及基础设施配套等，形成江西不同地区各具特色、具有较强竞争力及竞争优势的工业园区。

在我国经济新常态及"三去一降一补"等背景下，江西未来工业园区可发展成为研发型、科技服务业、战略性新兴产业等为主体的产业工业园区，提供集项目咨询及储备、技术创新及转移、金融服务、成果转化、高新技术企业引培孵化、符合江西战略性新兴产业发展要求等于一体的创新服务，进一步提高企业创新能力和产品竞争力，从而推动工业园区内战略性新兴产业及创新型产业集群的升级及发展。未来江西工业园区内的战略性新兴产业、航空产业、电子信息技术、健康产业及现代服务业等正成为未来产业的发展新方向，这些企业创新性强、发展潜力较大、回报率较高、能抢占产业发展制高点等，拥有较高端的技术、科技含量较高、能够走在相关各行业发展前沿等，将成为江西工业园区招商引资的主要目标及产业类型。

3. 明确产业发展体功能定位，重视社会化为主的开发模式

进一步完善产业园区所在区域的城市（镇）功能，注重提升区域内工业园区功能。要重视园区内的生产功能及服务功能等，实现工业园区功能综合化。抓好工业园区作为城市发展功能载体的建设及发展，将工业园区作为该城市地区产业发展及城市功能的有机单元，完善工业园区多样化、综合性功能，促使江西一些工业园区由单一生产型向多功能型园区演变发展。

一般来讲，我国工业园区开发主要有政府主导投资开发、社会化市场性开发等模式。社会化市场性开发模式包括企业与市场上各种融资平台合作、财团商业化开发及公用事业PPP模式等。正常情况下，工业园区开发所需资金一般规模都很大，后期招商、运营、管理等方面也需要大量资金或投资，且一般投资回收期较长，江西以后应更多尝试市场型社会化开发模式，积极吸收各种银行及金融机构、基金、各类社会闲散资金等参与到工业园区产业开发、经营与管理等过程中。

4. 完善基础设施及其配套，实现以人为核心的城镇化

国际上，工业园区基础设施建设有先招商建厂再建基础设施（即产业先行）以及先建基础设施再招商发展（基础设施优先）两种模式。要根据江西各地经

济发展水平、区域社会经济特征、各地区产业发展战略及要求等综合考虑工业园区基础及服务设施等的完善。当各地工业园区发展到一定阶段时，抓好交通发展，尤其是城区内部及各地区与其他邻近地区之间的城际交通建设、与地市级城市、省会城市甚至沿海、交通节点城市等之间的交通互联互通等，为产业园区内的员工提供居住、公共服务等住房及设施等，注重日常公共服务设施配套的完备性及多样化等，包括生活广场、小型超市等；注重工业园区节约集约用地，兼顾生产、生活、商用地等各类用地的合理分配比例，抓好工业园区排气、排水、垃圾处理等方面工作，打造文明秀美舒适的工作及生活环境，分步骤有秩序推进新城区及工业园区的协调、可持续发展，从而在园区内实现产城融合。

通过产业园区与城市（镇）之间的协调互助发展、功能融合，在工业园区内实现人的城镇化，逐步从居住、产业相分离向多功能协同促进等方面发展，从较单一的生产区向生产、消费、居住等多功能一体化发展区转型，努力实现园区产业综合、人口规模合理、生产居住平衡、配套设施完善。

5. 强化园区服务功能，打造优良投融资环境

从江西工业园区区位、交通完善及便捷度、园区公用服务平台等基础条件、对企业发展提供的资金、土地、技术保障等专业化服务、企业审批报备简易化、客户服务满意度等综合服务方面强化园区关键服务功能，服务好企业、及时解除企业发展后顾之忧、高速高质量解决企业实际困难等成为全省工业园区之间竞争的重点。

当前，江西已进入新兴产业快速发展、传统产业加速转型升级的产业发展新阶段，相较过去重视园区发展硬性条件及优惠政策等情况下，现在国内各地区越来越强调助推企业创新及快速发展的投融资等服务方面。因此，省内各工业产业园区未来须结合各地区实际情况，强化园区产业的投融资服务，设立创新创业专项基金，加强与国内外知名的专业机构或企业成员等合作建立联系合作，甚至可尝试构建具有一定技术水平及发展潜力的产业战略联盟，并借助国家中小企业转贷款平台及其他投融资平台等，保障园区内企业发展的资金需求，以增强江西各地相关工业园区的综合竞争力及总体实力。

六、推动工业园区产城融合的对策建议

（一）协调市场与政府间关系，加快园区市场化改革进程

无论是各城区自己发展而来还是政府主导投资并规划形成的工业园区，尽管

江西这些产城融合模式其形成前提、驱动力、推进重点等不同，但是总体来看，江西各地区工业园区其发展均呈现出市场机制和政府引导推动等相融合发展的趋势。工业产业园区市场化模式运作是我国工业园区未来改革发展的趋势。与我国沿海发达地区相比，对于总体上市场经济体制还不成熟的江西部分工业园区而言，在促进产城融合过程中，要充分发挥市场机制作用，重点推进园区建设市场化力度，如园区开发建设工作可以交由相关企业进行，或者将部分交通基础设施建设、招商及物流、居住及商业等辅助建设通过市场化招标方式引导企业参加，政府或园区管委会工作重心是做好园区产业定位、发展战略及功能规划、发展方向及重点的整体规划，具体的建设方案交由企业实施，促进人才、资金、技术、信息等资源聚集及流动，并积极发挥其在重大基础设施投资及市场环境营造等方面的不可替代的重要作用。

（二）加快促进江西工业园区产城融合发展的协同实践

为促进江西一些地方工业园区产业和新型城镇化、绿色化、信息化等融合发展，园区政府或管委会既要遵循新型城镇化发展规律，强化生态、可持续发展理论等指导，分步骤、分类别、稳步推进加快促进江西工业园区产城融合发展的顶层设计实践，重视推动与各地区各经济社会发展阶段相匹配的新型城镇化发展水平及发展质量提升，着重各产业园区的技术创新、绿色发展及信息技术应用等，又要把握不同区域不同产业类型的产业演变规律及发展不足之处，有针对性地、重点突出地培育和选取各地与新型城镇化相融合的主导产业、优势产业、朝阳产业等。要以人的城镇化为核心和重点，立足于各园区及当地城市（镇）当前和未来发展，构建新型城镇化建设指标体系及产业发展要求，将园区产业发展与绿色化、信息化、农业现代化等纳入当地新型城镇化框架之中。此外，各地园区应将产业创新及优化升级等列为各园区的核心发展方针中，注重引导各园区以比较优势来营造企业或产业的竞争优势。既考虑产业生产的附加值，又注重提升产业发展质量及发展空间，实现园区产业升级、经济发展与社会协调、生态环境优化与保护等相互协调共同促进。

（三）优化园区工业产业结构，构建完备的产业发展体系

作为产城融合发展的重要载体，江西应进一步强化工业产业园区支撑，要以工业园区内少数大企业为龙头，做好产业布局，并制定产业园区整体产业发展规划，促进向产业集群化和循环化等方向发展。工业园区内产业发展应注重促进产业结构优化、提升产业层次，实现经济转型等背景下的各园区产城融合的新发展。

江西工业园区内产业发展需要有强大推动力。一是在江西工业园区产城融合发展中，应统筹兼顾，积极处理好各地区各产业的比较优势与竞争优势及其两者间的关系，并在明确主导产业及竞争优势情况下围绕主导产业积极发展支撑产业和配套产业。二是在工业园区要注重环境优及生态等，大力发展低碳化、低能耗的绿色发展产业。三是需以创新思维，在工业园区内搭建公共性技术或机制创新平台，不断提升企业技术创新水平，促使产业持续发展，促进快速增长。

（四）完善园区社区管理服务，以人为核心推动产城融合

园区可对园区内人口进行户籍、生育等方面的登记及管理，为园区人口提供如公共卫生、计划生育、文化教育、流动人口管理等服务，对外来员工子女就读接受基础教育等提供帮助，对困难群体及家庭等提供救助。同时，也应重视不同产业、不同区块企业、员工间和谐稳定关系的处理，引导有利于形成轻松舒适的环境和氛围，构建园区多元、相互联系的社会文化，进一步促进园区及周边区域良好的氛围。

此外，以人为核心的园区内部及周边区域城镇化须注重土地城镇化与人口城镇化的协调发展，关注生产方式与生活方式的统一，以园区内转移人和提升人为导向，夯实产业持续健康发展的人力资本基础，释放城镇化空间载体功能。加快推进农业转移人口融入城镇。以户籍制度改革为突破口，让园区周边的农业转移人口及其家庭在有序落户，享受城乡一体化的基本公共服务，探索各地具有特点的就近城镇化路径。

（五）结合各地实际情况因地制宜，重视园区内部产城融合的发展

各个地方社会经济发展水平及区域发展现状不一样，各地工业园区的发展路径及政策建议也不一样。国内外产业工业园区产城融合最初多表现为园区内城市功能的完善，其次体现在如优质医疗、教育、休闲娱乐等园区软件环境资源上，因此，未来江西产业工业园区发展过程中，必须着眼于各地不同的社会条件及经济发展水平，着重解决工业园区宜业不宜居、产业网络发达而社群发育不足等问题，着力破解制约各地工业园区发展的障碍性因素，勇于创新，科学规划，高起点高标准设计工业园区发展路径，以省内乃至国内一流高端产业工业园区与现代社区有机结合等为目标，分类设计不同产业工业园区的差异化发展步骤，推动各个产业工业园区产城融合水平不断提升。

（六）加强园区与城市的更大范围的外部融合

当前，工业产业园发展离不开所在区域支撑，中国高新产业工业园区多分布

在经济比较发达城市或区域,也是各地主要经济发展增长极及经济引擎。因此,对于江西工业园区而言,必须融入所在城市或区域以提升其竞争优势,即一方面须充分利用所在城市或区域人才、金融、资金、技术等创新资源,为工业产业园区创新发展、促进知识流动和创新成果的转化等构建良好的社会基础;另一方面也要积极参与所在城市(区域)以及其他更大范围上城市或区域的经济发展规划及建设,以更强的决心和意志融入全省乃至全国重大发展战略当中,积极引领本工业园区及本区域产城融合的发展,实现发展中的"五化"驱动,全面促进江西乃至全国经济社会发展及新型城镇化建设目标的实现。

第七章 服务平台与工业园区转型升级

园区服务平台是一种政府、非营利性组织、公立机构等为促进园区企业发展而提供的公共产品。园区服务平台作为提供生产性服务的载体，其作用是将原本由园区企业自身提供的非核心环节的生产性服务剥离出来，转由外部市场整合后统一提供，从而使企业可以专注于核心环节，进而降低园区企业的运营成本，提升其总体效率及竞争力。

园区服务平台提供的服务内容多种多样，根据园区企业的不同要求所提供的服务各不相同，根据园区企业的不同类型所提供的服务侧重点也各不相同。例如，对于劳动密集型产业的工业园区，所面临的一大问题是人力资源的供给，这就需要工业园区提供好人力资源的服务平台；对于工业园区的中小企业，启动资金、技术支撑等领域都急需扶持，这需要工业园区在提供金融服务和技术支撑等服务时，建立好融资服务平台、技术创新平台等。除了上述根据各个工业园区特点而建立的服务平台以外，还有一些服务是共同需要的，如行政服务、物流服务等，此时需要园区提供行政服务平台、物流服务平台等。上述各种服务平台共同组成了服务平外网络体系，整合园区内外多方面的资源，从而促进工业园区加快转型升级。

一、完善工业园区服务平台的意义

（一）有利于促进工业园区转型升级

当前，园区转型升级的需要与园区服务平台发展的滞后存在比较突出的矛盾。园区的转型升级与园区服务的跟进密不可分，但是由于园区服务平台建设的滞后，体系架构的不完整，使得平台现有的服务质量与水平难以适应园区转型升级的需要,这导致了园区转型升级发展速度的相对缓慢。因此,加快园区服务平台建设,尽快提高园区服务平台服务质量与服务水平,完善其与园区转型升级发展需要相匹配的服务功能,对改善园区发展环境,促进园区内部资源配置和专业化分工协作的优化,加快园区内外企业合作性技术的推广与应用,建立专业化、市场化和社会化的具有长期时效性的服务体系与互助机制具有重要作用,从而促进园区的转型升级。

(二) 有利于增强工业园区的吸引力

江西工业园区在吸引外省或外国工业型企业入驻的过程中,势必会与外省工业园区形成竞争关系,要想增强工业园区的吸引能力,除了依靠基于资源和劳动力的比较优势和较大力度的优惠政策以外,还须以高质量、高水平的服务为基础。据国内外各园区的发展经验,园区在发展过程中随着发展程度的从低到高,一般将经历要素驱动、集群驱动、创新驱动与环境驱动四个阶段,随着发展水平的越来越高,低成本的比较优势必减弱,因而环境驱动的理念正在被越来越多的园区所认可,正因为如此,高质量的服务平台才成为园区转型升级路上不可或缺的重要建设对象。在高质量服务平台的带动下,园区通过服务制胜的理念创造优秀的软环境,吸引世界各地的企业驻扎园区,使园区在对企业的选取上拥有更大的主动性。

(三) 有利于完善工业园区的基础设施建设

工业企业的正常生产经营活动离不开园区所提供的公共基础设施,完善的公共基础设施可以有效降低工业企业生产经营成本,助力工业企业合理配置、公平利用公共资源,提升园区内企业的整体灵活性和便捷性,加强园区内企业的整体竞争力。优质的公共基础设施,对工业园区的转型升级至关重要,服务平台的建设可以促进园区基础设施的提供,园区的公共基础设施发展继续加强,硬环境的优化会对软环境的发展有一定的促进作用。

(四) 有利于营造工业园区良好的文化氛围

工业园区的转型升级不仅在于硬件上的转型升级,还要关注软环境上的转型升级,也就是塑造园区良好的文化氛围。公共秩序是文化氛围的重要组成部分,服务平台的建立有利于公共秩序的制定和完善,作为提供公共产品的服务平台,制定一系列的公共产品使用规范有利于工业园区内企业管理自己的行为,做到公共资源的最大利用和最小浪费。服务平台健全有利于提高服务环境,因而吸引省内外企业驻扎工业园区,增强工业园区的聚集能力。服务平台的健全有利于整合社会上的各种公共关系,为工业园区的发展转型升级提供多方面的社会资源和社会关系。

(五)有利于加强政府部门对工业园区的监管与指导

园区服务平台的建立健全,一方面能吸引服务型企业入驻工业园区,为园区内的各工业企业提供生产性服务,进而政府可以实现政企分离,实现公共资源的有效利用;另一方面,政府通过服务平台的建设和完善,执行对服务平台内服务型企业的行为活动进行监督和管理,这也是政府建设服务平台的一个基本功能。对服务型企业进行监督管理的目的在于规范服务型企业的行为,对其提供的服务进行评估和管理。

二、园区服务平台的功能

服务平台是政府为促进园区企业健康发展,针对工业园区内的公司对生产性服务的需求提供的公共性产品。根据园区内企业不同类型的服务需求,以为园区内企业提供方便、快捷的服务为原则,园区内的服务平台分为两种类型:综合服务平台与专业服务平台。

(一)综合服务平台

综合服务平台的建设者一般为园区政府,通过政府的财政补贴运营。综合服务平台为一个服务大厅,大厅内部设有多个服务窗口,不同的窗口负责不同类型的服务,提供相应的服务功能。在综合服务平台上,园区内的企业可以便捷地得到综合服务平台提供的各种服务。

综合服务平台的优势在于场地租赁费较少,服务机构会有意愿进驻到该综合服务平台上来,综合服务平台提供的服务范围广,可以涵盖园区内企业所需要的大部分服务类型,这种一站式的服务可以有效提升服务平台的方便性与快捷性,使平台效率最大化,促进园区转型升级。

(二)专业服务平台

专业服务平台相对于综合服务平台而言,是指没有相对集中在一起,而是坐落于园区内不同位置的提供特定专业服务功能的服务平台,包括如下几种:

1. 技术服务平台

由于园区内企业技术能力有限,在检验检测、技术咨询、研究开发等方面存在普遍的需求。这类服务的供给者包括具有技术服务能力的大型企业以及科研院所，促进产学研的结合。

2. 网络服务平台

国家、省、市大量的相关政策的收集、市场供需情况的整理是该类网络服务平台提供的主要服务。园区内企业通过该平台可以及时地了解相关政策，做到消除信息不对称，对市场进行及时的把握，对于增加企业的市场竞争力有重要的作用。

3. 创业孵化平台

对于新成立的中小企业，创业孵化平台的作用是通过提供场地支持，相关的政策扶持以及在税费上面的减免等手段，鼓励有潜力的中小企业创业孵化，其发起者一般为政府机构。

4. 培训服务平台

对于劳动密集型的工业企业，由于流水线的设计，需要劳动者掌握特定的工作技巧。针对这种需求，培训服务平台旨在短期内提供相应的培训服务，提高劳动者的工作效率，提高企业的流水线生产能力。

5. 市场服务平台

工业园区的企业为了扩大销售网络，需要进行广告宣传，积极参加商品展销会。市场服务平台能够为园区内企业提供广告设计与投放等服务，并能组织企业参加各商品展览会，旨在提供各种市场营销型服务。

6. 法律服务平台

法律服务平台帮助园区企业处理各种在经营活动当中可能出现的法律问题，为企业提供法律咨询、诉讼等服务。

7. 物流服务平台

物流服务平台通过整合物流服务机构的信息，对接物流企业和园区工业企业的物流需求，有效增加园区企业产品的流动速度和材料的供给需求，同时也为物流服务机构提供了长期稳定的客户来源。

三、园区服务平台建设的现状和存在的问题

（一）园区服务平台建设的现状

自2001年江西省政府提出以工业为发展核心、提倡以园区为主体大力发展

工业以来，2003年底省内工业园区数量迅速达到137个，由于工业园区短时间内的快速发展，不少园区在质量上存在着严重问题，2004年政府对工业园区进行整顿治理后，全省工业园区的数量在2006年底降至98个。经过数年的发展与调整，如今省内工业园区共有94个，包括15个国家级园区与79个省级园区，在全国范围内属于工业园区数量较多的省份。江西省园区服务平台建设现状可概括如下：

1. 园区的服务能力有所提升

江西省大力推动经济转型升级与产业结构调整，加强政府引导，利用市场配置，强调园区产城融合、科学发展，针对园区服务平台建设采取了一系列措施，通过这些措施，实施了一些重大的项目工程并取得了良好的成效，在园区服务平台建设方面，这些成效体现在：服务能力在软件环境上得到了优化，在一些具体指标上也取得了突破性进展，如一站式服务中心的建设、人力资源平台的建设等。

2. 社会对园区服务平台建设的关注度与重视程度明显上升

通过近年来江西省园区服务平台建设的不断展开，省内高校、科研机构、企业、媒体等社会机构与个人对园区服务平台的作用有了进一步的了解，在高等院校和科研院所，开展了服务平台建设的研究，如物流服务平台的研究等，也有的走进园区，为园区企业如何利用服务平台进行把脉。

3. 对园区服务平台的建设经验不断丰富

除了在园区服务平台建设的具体措施、创新形式、战略布局等方面积累了一定经验以外，确立了两点促进园区服务平台转型升级发展的重要条件，一是必须领导重视，由政府引导，自上而下推动园区服务平台的建设发展；二是需要得到企业高层的重视与支持，从而建立内外交互、协调布局的统筹发展机制。

（二）园区服务平台建设存在的问题

江西省园区服务平台建设发展起步较晚，无论是在服务质量方面还是在服务机构数量方面，都与国内发展较好的地区存在不小的差距，主要表现如下：

1. 配套政策和各类规范体系不健全

园区服务平台的建设依托良好的政策法规，不健全的配套政策会让园区内服务平台的建立束手束尾，没有足够的吸引力吸引到服务型企业的进驻。江西省服务平台的政策法规不健全，不能适应市场化的需求，相关的园区服务运行亟待规范化、有序化。目前已有若干关于园区服务平台建设的政策法规，但针对性、可操作性不强是这类政策的主要问题。

2. 适应市场的运行机制尚有缺陷

江西园区服务平台大多是隶属政府相关部门的事业单位，这是体制作用的结果，然而这样的单位缺乏市场意识和竞争意识，服务意识也有待加强，面对市场经济发展的要求需要进一步完善。

3. 各地区服务平台发展参差不齐

江西作为中部欠发达地区，其园区服务平台存在数量少、规模小、发展不成熟的问题。服务平台的内容存在不平衡的现象，创业孵化服务平台等发展较快，但法律咨询或金融服务方面的服务平台发展缓慢。

4. 园区服务人员的素质与能力不高

服务平台的建设对园区转型升级有着重要的推动作用，服务平台的从业人员也应具有较高的综合素质，要求在管理水平、专业技术水平方面具有较强的能力，同时也要对经济环境与市场背景有较深的了解与把握，但江西省由于园区服务平台建设起步较晚、经济发展水平较低等因素，难以引进足够的有质量的人才，存在从业人员年龄结构不合理、综合水平不高等问题，严重制约了省内园区服务平台的进一步发展。

5. 服务平台的基础设施建设滞后

江西省工业园区普遍存在基础设施匮乏的问题，基础设施建设跟不上园区发展的需要，而园区的供电、供水、道路和通信工程等基础设施建设对于服务平台的建立起着关键的作用。例如，不少园区网络服务平台信息量小，缺乏提供各类服务机构之间所共享的数据库服务器，因而不能有效地整合社会市场资源；政府与各类服务机构间缺乏良好的交流平台，从而导致信息流通的阻塞等。

四、健全园区服务平台典型案例的经验和启示

（一）上海的张江高科服务平台

张江高科技工业园于1992年在上海成立，以集成电路产业和生物医药产业闻名于世，被誉为中国的硅谷和医药谷。园区经过20多年的发展，拥有9个国家级基地，包括国家上海生物医药科技产业基地、国家信息产业基地、国家集成电路产业基地、国家半导体照明产业基地、国家"863"信息安全成果产业化（东部）基地、国家软件产业基地、国家软件出口基地、国家文化产业示范基地、国家网游动漫产业发展基地等。

张江高科技园的服务平台是典型的专业服务平台模式，以围绕科技创新为特色，重点建设了科技创新服务平台、知识产权服务平台，形成了特有的产学研模

式服务平台,为园区的发展提供重要支撑。园区针对科技创新,提供了创业孵化器,为具有远大抱负的拥有高科技技术的创业人员提供实现梦想的机会和场所。

1. 科技创新服务平台

针对高科技企业在科技创新过程当中遇到的不同阶段的限制企业发展的重要问题,科技创新服务平台可以提供有针对性的专业服务,包括对科技创新信息的收集与整理网站的建设、研发条件保障系统建设、产学研协同创新系统建设等。

2. 知识产权服务平台

针对科技创新企业知识产权的有效利用问题,知识产权服务平台构建知识产权信息检索系统,提供知识产权信息查询和检索服务;针对知识产权的保护机制问题,知识产权服务平台建立了知识产权法律咨询和纠纷调解服务联合体,提供法律方面的服务。其中一个特色创新是园区针对科技创新型企业融资问题,和企业的实际情况有效结合,试行知识产权质押融资,园区内的医药企业通过专利质押成功获得两百万元的商业贷款。

3. 创业孵化服务平台

针对中小企业的创业支持,张江高科园区的孵化面积达到34万平方米,孵化企业400多家。中小企业在创业初期需要得到园区的关心,园区在相关主导产业中设立了4个专业的服务平台:集成电路技术服务平台、软件技术增值服务平台、生物医药公共服务平台和动漫研发服务平台。这些创业孵化服务平台为中小企业的发展起到了保驾护航的作用。

4. 人才培养服务平台

针对高科技园区对高端人才的需求,创新地提出了服务外包的人才培养服务平台:张江创新学院。张江创新学院整合园区内各个企业的人才培训资源,有针对性地对园区企业的用人需求进行深入调查,提供切实的人才培训服务,完成培训学习的学员直接进入园区内的知名企业工作,起薪在4000元以上。

上海张江高科技园区管委会针对园区企业的发展需求,积极推进科技创新服务平台,提升园区核心竞争力,引进国家级、省市级科研单位,实现了产学研的有效结合,是为上海张江高科技园服务平台的主要特色。张江高科服务平台健全服务平台的方式之一是针对园区内企业的核心服务需求,不断细化现有的服务体系,张江高科园区已经初步建立了企业客户服务体系,包括资本市场服务平台、客户事务处理工作平台、人才培养服务平台、人才公寓租赁服务平台、物流贸易代理服务平台等。健全服务平台的方式之二是大胆提出新的服务平台模式,张江高科采用服务外包的形式,吸引有竞争力的外部企业进去园区,利用市场的力量提升园区人才培训服务平台的方法值得借鉴。

(二) 江苏的苏州工业园

苏州工业园成立于1994年,以占苏州市3.4%的土地、5.2%的人口创造了15%左右的生产总值,是由中国政府和新加坡政府联合打造的我国工业园区建设的成功典范。苏州工业园区拥有一系列健全的园区服务平台,包括一站式服务中心、人力资源服务平台、物流服务平台、知识产权平台、融资服务平台和中小企业服务平台等。这些服务平台以高效著称,共同为工业园区的发展提供了大力的支持和帮助,其中,典型的代表是园区综合服务平台的建设(见表7-1)。

表7-1 苏州工业园区一站式服务中心转型升级阶段内容

时间	服务平台内容
1994~2000年	服务大厅设立服务窗口,集中受理多种事项
2001~2005年	原园区一站式服务中心拥有行政审批权力;2004年试行网络审批业务,免费网上审批系统上线
2006年至今	一站式服务中心网站正式启用,实现了园区企业所有的审批业务100%网上报审;建设加工贸易综合服务平台

苏州工业园区管委会在园区设立初期,就将政府服务职能的思想融入园区建设中,具体表现在考虑到大量外商对国内创办公司的流程不熟悉不了解的情况,特别设立一站式服务中心,简化审批流程,提高入园审批效率;随着工业园区的发展,园区管委会意识到一站式服务中心的服务能力有必要得到进一步的提升以适应园区企业的发展要求,因此通过下放行政审批权到综合服务平台、深化中和服务平台功能的举措,极大地简化了行政审批的程序,增加了综合服务平台的办事效率。这样一方面提升了行政效率,另一方面也降低了行政成本。在转型升级阶段,园区政府不断深化行政制度改革,扩展一站式服务中心的审批方式,园区企业可以通过网络方式审批业务,重点项目可以享受快速通道,从而进一步提升了园区的行政效率,顺应了园区生产力发展的需求。可以说,苏州工业园区一直不断地根据园区企业自身的需求和外部环境的变化对园区服务平台进行升级改造和动态完善。行政审批权的下放,是园区政府服务职能的体现,相较传统政府对园区更多实行管理职能而言,服务职能的认同在服务平台能够高效率服务园区企业的核心驱动力,也是值得江西省工业园在服务平台建设健全过程中学习的重点。

苏州工业园区另一大特色是注重园区服务平台的市场化改革,园区管委会清楚地认识到，他山之石、可以攻玉，通过市场的力量一方面可以引进国内外优质的服务平台管理经验对园区的服务能力进行提升，另一方面摆脱政府低效的行政方式，园区的服务平台管理才能与国际接轨，同时，园区政府也从政府管理职能逐渐向政府服务职能进行转变。人力资源服务平台在建设初期就是以苏州工业园人力资源开发有限公司和园区职业技术学校的形式出现的，以满足大量厂商对劳动力资源和人员招募的需求（见表7-2）。随着园区内企业的发展，对专业技术人才和科研能力的需求不断增加，园区企业在对熟练员工保持需求的同时，更需要具有专业技能的技术人才满足企业对研发创新的需求，这个时期园区成立了高级人才咨询有限公司、园区职业技术培训中心，为园区企业招募高级的专业技术人才并开展多层次的培训项目；随着园区平台转型升级，园区政府意识到高端人才是园区转型升级的重要基础，因而在政府的主导下，实施了"金鸡湖双百人才计划"，同时与原江苏专利事务所（南京公司）组建了综合性的知识产权保护服务平台，利用市场的力量，加大对知识产权的保护。

表7-2 苏州工业园区人力资源服务平台转型升级阶段内容

时间	服务平台内容
1994~2000年	建立苏州工业园人力资源开发有限公司；建立园区职业技术学校
2001~2005年	2004年成立园区高级人才咨询有限公司；同年成立园区职业技术培训中心，开展多层次培训项目
2006年至今	2007年实施"金鸡湖双百人才计划"。园区与原江苏专利事务所（南京公司）组建了综合性的知识产权保护服务平台

（三）经验与启示

上海张江高科和苏州工业园服务平台分别从专业服务平台和综合服务平台这两大类平台为工业区园区服务平台健全和转型升级提供了非常好的学习的榜样。专业服务平台注重提升工业园区的核心竞争力，而综合服务平台增加园区政府的行政效率，两者的有机结合对于健全工业园区服务平台具有重要的意义。

两者的共同点在于，人力资源和人才培训服务平台的建设和发展过程中，都主动采用市场化的手段，设立独立于政府的公司企业来实现人才服务的功能，并且都取得了不错的效果。

张江高科针对自身工业园区的特点，通过不断地细分服务平台功能，增强园区服务平台的服务能力，为园区科技创新型企业的核心竞争力提供有力的支持，

第七章　服务平台与工业园区转型升级

发挥政府的引导功能，对主导产业的中小型企业的创业孵化提供积极的帮助，增强园区企业的凝聚力和竞争力，吸引优质的创业型人才进入园区。苏州工业园服务平台的建立和发展区始终贯穿着政府简政放权、服务企业的理念。

苏州工业园区从新加坡学习的经验认为政府与企业之间的关系与其说是管理者与被管理者的关系，不如说是服务提供者和服务需求者的关系。工业园区服务平台的多元化主体可以很好地激发市场的力量，将优质的社会组织机构引入园区，通过外包和合作的方式可以极大地丰富园区服务平台的内容。

五、健全园区服务平台的模式和路径

（一）健全园区服务平台的模式

1. 扁平式的综合服务平台

对于园区综合服务平台的健全而言，扁平式的综合服务平台模式包含三个方面。

（1）并联审批。园区企业可以同时在不同的机构分别审批，而不是一层层逐级审批，从而可以缩短办事时间，提高办事效率。

（2）信息化平台。互联网的出现使生产力得到巨大解放，综合服务平台应充分利用网络资源，设立综合服务网络服务平台，一方面节约了纸张的浪费，减少了政府的开支，避免了各部门工作人员信息重复录入，缩短了行政审批的时间，提高了综合服务平台的服务效率；另一方面，减少园区企业来回奔波，方便了企业的员工，同时还可以实现多服务平台之间的信息共享交换，帮助园区政府有时效地检测、掌握园区内企业的发展动态。

（3）主动服务。传统的综合服务平台被动等待企业客户办理相关业务，被动提供服务，针对此种情况，综合服务平台的健全应化被动为主动，主动出击，了解企业的服务需求。主要体现在综合服务大厅内设置大堂经理，主动问询来往客户的需求；在综合服务网络平台设立问答咨询专栏，及时在网上回答解决客户的疑问；设置热线服务平台，接听园区企业的有关咨询，提供专业的服务；主动组织各种宣传、教育和培训活动，向园区企业及时更新园区重要的政策法规变化等，增加与园区企业的沟通交流。

2. 市场化的专业服务平台

专业服务平台的健全有必要利用市场的力量对园区的服务平台进行升级改

造，具体包括三个方面：

（1）合作加盟。园区专业服务平台的打造，离不开政府的引领，政府在这里起到平台搭建和监督管理的作用，实际运营操作由政府以外的独立法人机构实施，按照企业的方式方法和市场的原则运行。平台的建立经费由政府和企业法人共同承担，之后通过市场化的运行不断完善，平台的收入用于自身的升级改造。对于合作加盟对象的选取，要求对象具有较强的互补性，既对园区服务平台有需求，同时又能对服务平台的健全提供帮助。

（2）产学研联盟。园区专业服务平台依托科研院所和政府相关部门建立，一方面科研院所可以为园区平台提供技术支持，为园区企业的科技创新提供服务；另一方面，园区企业的技术创新和经验数据可以为科研院所的研究提供帮助，同时也能为当地政府提供可与产业发展的支撑。

（3）专业细分。专业服务平台根据园区内不同工业企业所在的产业链，设立不同的专业平台。不同的专业服务平台分布在园区的不同企业之中，通过互联网的连接，将各个专业服务平台有效整合，共享数据和技术。针对不同的科研领域，由不同分工的专业平台自由组合，合作服务。这样一方面可以实现资源的有效利用，不重复浪费资源；另一方面实现园区专业服务平台的灵活性，实现经济节约与运行高效的有效结合。

（二）健全服务平台和园区转型升级的路径

1. 总体思路

江西省工业园区服务平台和园区转移升级的路径可以围绕长江经济带战略《江西省人民政府办公厅关于推进工业园区体制机制创新的意见》《江西省人民政府关于加快产业集群发展促进工业园区发展升级的意见》《关于进一步提升工业园区发展水平的实施意见》《关于建立和完善江西工业园区金融服务体系的若干意见》等一系列的政策性文件，坚持健全支撑与带领并重，强调带领；建设与调整并重，强调调整；产学研协同创新；政府指导与市场机制相结合，强调市场机制的思路。

2. 基本原则

（1）抓住龙头，强化升级。以新兴产业、高科技产业和优势产业为主要抓手，建立健全专业服务平台，促进产业发展升级，实现工业园区竞争力的大幅度提升。同时加强综合服务平台建设，弥补短板，增强政府行政效率，降低行政成本。

（2）调整资源，共建共享。整合高科技创新服务平台的资源，实现现有资源的有效利用。利用市场化机制，重视产学研结合，共同建立适应工业园区转型升级发展的服务平台，实现平台服务内容资源共享。

（3）培育核心，促进发展。在每个服务平台培育核心服务机构，以支撑服务平台的核心竞争力。核心服务机构在工业园区的发展当中起着举足轻重的作用，带领服务平台中的服务机构有突出有重点地为促进园区企业的发展转型升级提供优质的服务。

3. 建设目标

未来3年内，有序建设健全覆盖全省范围内的工业园区服务平台，空间分布上形成，以南昌—九江为核心，抚州、宜春、吉安、赣州等特色工业园区为辐射点，涵盖整个江西省的"双核多点"的格局。重点支持新兴产业、高科技、新材料等优势工业园区的服务平台。

4. 构建主体

（1）建立推动工业园园区服务平台建设健全的领导机构。成立服务平台建设领导办公室，负责出台完善园区服务平台建设的发展规划和相关政策，同时成立专家委员会，为健全园区服务平台出谋划策。

（2）园区服务平台的主要功能是为园区企业提供综合和专业化的服务，以支撑园区企业的发展，因此园区服务平台总体来说是非营利性的。其构建资金的来源应主要为政府的财政性支出，具体包括财政拨款、政策性基金。通过对不同服务平台的资助，引导带动服务机构对园区服务平台的建设和投入。除了政府财政性支出以外，来自社会的市场化资金也同样重要。该部分资金来源主要包括园区服务平台的使用单位，即园区内的企业，因为它们是园区服务平台的直接受益者，出资建设园区服务平台保持对服务平台的合理使用和有效运营具有重要意义。

（3）成立平台建设和日常维护的中介机构。采用市场机制，建立服务平台运营公司执行园区服务平台的建立与日常运营，将政府的管理职能和服务职能分离开来，吸引外部资本参与平台的建立和健全，多种方法筹集资金，政府在其中只起到监督管理的作用，而不参与服务平台的日常管理。园区服务平台的网络数据库建设，采用外包的方式，利用市场力量实现有效的管理；要让服务平台得到最大的利用，对平台的推广也非常重要，因为在服务平台建立初期甚至很长一段时间，园区企业很少能够主动了解服务平台的具体功能，具体流程和服务平台潜在的价值。通过主动地推广，能有效让不同类型的企业有针对性地了解服务平台的价值和功能所在。我国工业园区的服务平台建设一般由园区管委会主导建设，由于政府的被动服务，与服务平台的主动服务相背离，因此主动推广服务平台对园区服务平台的有效利用具有重要作用和意义。

（4）园区企业。园区企业一方面是服务平台的受益者，另一方面也承担着服务平台的建设与健全工作。服务平台使用当中发生的设备折旧和损耗应由园区政府和园区企业共同承担。同时，园区企业也有权了解服务平台的相关信息，公平公正地合理使用园区服务平台的服务。

5. 考核保障机制

（1）设立平台健全发展的激励考核机制。激励机制应由政府主导，加强园区平台健全的监管和考核工作。通过公开招标战略合作等方式吸引具有建立服务平台经验的优秀企业进驻工业园区，参与园区服务平台建设的运行中。建立严格的激励考核程序，有平台建设领导机构和专家委员会制定科学的平台考核指标体系，对从事园区服务平台建设和运营的企业进行考核。

（2）资金保障。设立专项经费用于保障园区服务平台的顺利建设和运营，有针对性地向园区主导产业的服务平台倾斜，向产业链中的关键服务平台倾斜。

（3）制度保障。通过设立平台服务规范、研发平台加盟规范、平台项目管理规范、平台项目管理流程、课题管理办法、仪器设施公用规范、科技成果共享规范、平台使用资费标准、服务合同范本等，有力支撑园区服务平台的运营，同时当地政府也应出台相关政策，指导园区服务平台的建立健全。

（4）环境保障。第一，打造园区服务平台的知名度是与服务平台建设工作同样重要的工作之一。"酒香不怕巷子深"不再适用于当今社会的发展，园区应主动承担起对服务平台的宣传推广工作，良好的平台知名度对于吸引优秀企业进驻园区有着非常重要的意义。第二，园区服务平台的合理文明使用是维护服务平台正常运营的重点，要培养园区企业主动参与园区服务平台建设的意识，共享服务平台的成果。第三，在政府引领的前提下，最大化地进行服务平台市场化转型升级，对于释放园区服务平台的服务能力，提高园区管理效率，促进园区服务平台健康发展具有重要意义。

六、健全工业园区服务平台的对策建议

服务平台的作用在于为园区企业提供高效优质的服务，而服务平台本身的性质决定了企业或市场化的主体主动建设的意愿不强，因而服务平台建设，尤其是前期的建设资金必须有政府财政的保证；无论是工业园区的开发、管理与运营，还是入驻企业的用工需求、技术改造、转型升级，都离不开优质人才的支撑，园区多层次高水平人才体系的培养需要政府加大教育培训力度、完善人才引进制度；另外园区服务平台构建未成体系和水平参差不齐的问题与市场化主体的缺位

第七章　服务平台与工业园区转型升级

不无关系，政府是服务平台的关键主体却不是唯一主体，如何激励市场化主体参与服务平台的构建也是政府需要解决的问题。因而下面将从政策引导、财政投入、教育培训和市场化主体的激励等方面提出对策建议。

（一）加强政策引导

工业园区的服务平台构建尚未形成体系，构建主体也较为单一，园区之间的服务平台水平参差不齐，这与政府在规划引导方面的责任是分不开的。对于园区的服务平台构建引导，江西省政府要承担主要责任。

（1）制定针对园区的服务平台构建的政策。江西省已经出台的关于园区发展的政策包括：《江西省人民政府办公厅关于推进工业园区体制机制创新的意见》《江西省人民政府关于加快产业集群发展促进工业园区发展升级的意见》、《关于进一步提升工业园区发展水平的实施意见》《关于建立和完善江西工业园区金融服务体系的若干意见》等，皆是间接鼓励园区服务平台的构建，缺少直接指导园区服务平台建设的明确性政策文件。对此，江西省政府应加快出台工业园区的服务平台建设办法及工业园区的服务平台建设的专项资金办法等政策，指导园区的服务平台构建，保证园区服务平台建设的资金扶持。

（2）修改完善江西省工业园区目标责任考核办法，将园区的服务平台建设的质量纳入园区的目标责任考核指标体系，把园区服务平台建设情况量化为具体指标。

（3）工业园区的直接管理机构要在园区的发展规划中，明确将服务平台建设作为园区发展规划的重要组成部分，为服务平台的建设设置时间进度和操作办法，使得园区的服务平台建设工作有章可循。

（二）加大资金投入

工业园区的服务平台建设资金按来源不同可以分为政府财政资金、金融机构融资、社会化资本等方面。融资服务平台建设之后，政府应该引导帮助园区和企业形成良好的信用评价记录，为其提供融资担保服务，帮助园区内企业特别是中小微企业解决融资难问题。同时，政府应创新园区的开发模式，吸引社会资本参与园区的开发运营，以此获得更多开发资金的来源。

1. 江西省财政应该设立工业园的服务平台构建的专项资金，通过多种途径以差别化的方法支持工业园的服务平台建设

财政投入方面有：设立园区转型升级的发展专项资金；设立园区人才培训经费，完善园区层面的人才供给体系。要注意实施差别化的资金管理办法。因为工业园所属的政府级别不同，其所属本级政府的财政能力差别较大，在省级财政投

入方面应根据实际需要做出一定的政策倾斜。根据财权与事权的矛盾现状,参考江西省"省直管县"试点成果,通过简化与完善财政转移支付手段,引导财政向欠发达地区转移,尤其是向承担园区建设责任的欠发达地区转移。

2. 在加大财政投入的同时,通过鼓励创新,建立创新型园区发展模式以获取更多的社会资金投入

针对工业园的服务平台构建的财政投入不足方面,政府应加强责任意识,尽可能为园区的服务平台构建提供资金支持,引导园区建立完善的人才培养体系与技术创新体系;要完善财政支出制度,将园区的服务平台构建纳入本地区服务供给体系,加大投入力度,同时由工业园所在地的县区级政府也要进行财政的配套投入。

3. 工业园的园区管理机构要采取多种途径拓展融资渠道

一是举办银企座谈会,促进企业与银行的沟通,鼓励企业通过项目进行融资;二是实施银行鼓励措施,对给予园区企业金融扶持的银行,可将政府性资金存放在银行;三是政府为园区企业进行担保,提供企业融资的信用度,并做好信用记录,帮助企业吸引融资;四是提供园区企业的贷款贴息措施;五是政府与融资担保公司签订协议,解决企业融资难题。

(三) 推进教育培训

对于工业园的人力资源服务平台构建,各个园区普遍反映的问题都是"招工难",原因在于园区所在地的大量农村富余劳动的素质和技能较低,难以满足企业的用工需求,造成企业劳动力的结构性紧缺。实际上,园区服务平台所需的人力资源是多层次的,主要包括园区管理人员、企业发展所需的专门管理人才和产业转型升级所需的专门技术与科研人才、大部分企业需要的技能型劳动力,应该从这三个方面对园区劳动力进行有针对性的教育培训。

1. 工业园的管理和服务人员

园区管委会承担了直接管理工业园的责任,而园区管委会成员基本上是园区所在地政府或是合作双方政府机构的派出人员,这首先要求政府在派出园区管理人员时要根据园区需要派出具有负责对口工作或是具备工业园区管理经验的人员,如果能够协调不同职能部门人员组成管委会,将会为后面的工作提供很好的便利条件。而对于园区管委会成立之后,相关人员依然应该接受专业的管理和招商引资等方面的指导和培训,同时要组织管委会人员进行考察学习活动,要善于借鉴其他园区的发展经验。

2. 企业专门管理人才和技术人才

企业专门管理人才和技术人才在企业转型升级过程中发挥着至关重要的作

用，可以通过两个途径进行吸收和培养。首先，工业园所在地政府通过出台地方人才引进办法吸引管理和技术人才，需要注意的是多提供满足人才住房补贴、户籍问题、薪酬补贴、子女入学安排等方面的优惠措施，这样才能够保证人才"进得来""留得住"；其次，利用政府专项资金，通过政策引导企业与高校及科研机构进行产学研合作，依托高校等资源为园区提供高层次人才的同时，也为园区的产业集聚和产业升级提供技术研发和创新支持。

3. 企业需要大量的技能型工人

江西省从2001年开始就推出了促进农村劳动力转移培训及就业的政策文件，同时江西省拥有大量的职业院校和技工学校培养专业技术人员，应充分利用这些人力资源以满足企业的技能型劳动力需求。首先，要加强园区与地方劳动力培训的对接。此外，各地政府也做出各自的劳动力培训计划和办法。工业园区应该依托所在地劳动力培训的成果，主动吸引劳动力入园就业。其次，要充分利用所在地的职校、技校等带来的人才资源优势。最后，工业园可以通过建立独立的学校或提供培训的方式提高劳动力的素质。

（四）激励市场主体

工业园的发展完善期，要求政府与市场进行良好的互动，将市场能够承担的还权给市场，发挥市场资源配置作用，鼓励企业自由竞争。但市场主体的引入与社会化资本的注入需要政府完善相关的激励机制。

1. 扶持培育政策

政府应鼓励与工业园企业相关的行业协会和社会组织的建立，建立培育社会组织的专项资金与运营补贴，对行业协会与社会组织参与园区的基础设施建设、引导产业投资入园、展开专业培训、组织服务平台构建等工作的，设立相应的活动与人员经费补贴，并对做出重大贡献的单位按照一定的标准给予奖励表彰。总体来说，对行业协会和社会组织的激励政策可以综合运用政策倾斜、场地安排或减租、经费补贴、奖励表彰等工具。

2. 采取利益共享方式

政府通过与相关的行业协会或社会组织签订协议的方式，就工业园发展过程中涉及的从基础设施建设到企业入园、决策咨询、劳动力培训，到市场需求情况、产品的检测、知识产权的保护、信息化推进等方面实现密切合作，各方明确权责关系，共同协商按照资源与要素的投入比例共享经济发展成果，实现协商基础上的互利共赢。

3. 推行服务购买方式

服务购买在教育领域的应用较普遍，同样可以应用到工业园的服务平台的构建中来。政府通过委托的方式让行业协会等社会组织承担服务的生产，委托的过程还可以通过竞争性的招标方式实现，对于节约资本与提高服务的质量来说都是较为有利的。以服务购买的形式吸引社会企业提供服务，政府以比较合理的价格购买服务，满足了园区发展需要的同时，又让园区管理人员从许多烦琐的行政事务中退出来做好监督管理工作。

第八章 科技创新与工业园区转型升级

在经济全球化、科技社会化、知识资本化的背景下，我国工业园区不仅是实现新型工业化、推进和谐城市化的重要载体，也是实现自主创新国家战略的重要支撑。经过20多年的发展，我国工业园区已经基本完成了"一次创业"中由高技术生产要素的简单集聚到形成明确主导产业的阶段性任务。

然而随着我国经济进入新常态以及城市土地资源的日益紧缺、商务成本和劳动力成本的逐渐上升，传统以政策洼地为导向的发展模式存在着诸多问题，已经不能适应工业园区"二次创业"的发展要求。增强自主创新能力、实现内涵式发展道路转化，工业园区面临产业转型及实现"二次创业"的历史任务。

一、工业园区科技创新的意义

(一) 工业园区是我国经济发展和科技创新主战场

从1984年第一个经济开发区——大连经济技术开发区的正式设立开始，经过近30年的发展，我国工业园区已经发展成为由高新技术开发区、经济技术开发区、出口加工区、保税区、边境经济合作区、旅游度假区、生态经济区等组成的不同种类、不同级别的遍及全国各地的格局。以高新技术产业为例，1998年8月，中国国家高新技术产业化发展计划——火炬计划开始实施，创办高新技术产业开发区和高新技术创业服务中心被明确列入火炬计划的重要内容。在火炬计划的推动下，各地纷纷结合当地特点和条件，积极创办高新技术产业开发区。到2013年末，国家级经济技术开发区的数量达到210个，国家级高新技术开发区的数量为105个；截至2015年10月，国家级经济技术开发区的数量为219个，国家级高新技术开发区的数量为145个。

随着全国各级开发区数量的不断增加，开发区经济总量不断扩大，主要经济指标增速高于全国平均水平，对国民经济贡献率持续提高。国家级开发区创造的地区生产总值占所在城市的比重超过 13%，东部开发区地区生产总值占所在城市的比重达到 16%，中西部达到 9% 以上。经国务院批准成立的国家高新区共 146 家，依托实力较强的国家高新区建设的国家自创区 17 家。2016 年 146 家国家高新区营业收入预计达 28.3 万亿元，同比增长 11.5%；工业总产值 20.5 万亿元，同比增长 10.3%。"十二五"期间国家高新区营业收入保持年均 18.4% 的增长速度。武汉东湖、湖南长株潭、四川成都等国家自创区主要经济指标连续数年保持 30% 左右的增速。2016 年 1~11 月，张江自创区税收同比增长 25.5%，苏南自创区财政收入同比增长 19.7%。①

（二）工业园区创新综合体为产业转型提供基础

无论是发达国家还是发展中国家，工业园区不仅是带动地方经济发展的突破口，更是加速科技成果转化为商品的加速器。虽然工业园区的发展基础和发展过程各不相同，但概括起来其环境条件和组成要素内容包含以下几方面。

1. 优越的区位条件

工业园区内或附近交通发达、自然环境优美。保证研究成果迅速向工业界转移并商品化。便利的交通条件、优美的自然环境是工业园区吸引对环境条件要求较高的高技术公司和对生活质量要求较高的科技人员前往的重要条件。

2. 完善的支持系统

许多工业园建园初就把建立完善的支持系统作为建园的一项重要内容，包括道路、给排水、供电、建筑工程、房地产、原材料和零件设备供应、金融邮电、旅馆饭店、新闻出版、医疗卫生、律师事务所、旅行社、航空公司、设备维修、广告、人才服务、市场分析与营销等。

3. 大学和研究所

不少科技工业园区都是由大学创建的，如美国的斯坦福研究园、加拿大的滑铁卢大学研究园、英国的剑桥科学园、比利时的新卢万科学园。工业区园内或附近的大学和研究所是工业园区的技术信息、人才资源库和工业园区内科技人员与熟练工人培训的场所。同时，还向工业园区内企业开放实验室、提供廉价服务，共同进行科研活动，通过各种正式和非正式的渠道使科技信息流向企业。

4. 企业孵化器

企业孵化器是工业园区中最具特色的设施，它是一种为小企业提供帮助的新

---

① 我国国家高新区 2016 年营业收入同比增长 11.5% 渐成区域经济发展重要引擎 [EB/OL]. http://news.xinhuanet.com/2017-02/20/c_1120498727.htm.

的组织形式；培育商业机构是所有企业孵化器的共性；它是一种年轻的产业，其自身作为一个企业来经营；尽管每个企业孵化器的任务与目标不同，但企业孵化器是个独特的服务性实体。

5. 风险投资公司

在工业园区的发展中，风险投资公司是必不可少的。它们的主要任务包括向高技术公司提供风险资金、为高技术企业代理发行股票和债券、寻找投资伙伴、为高技术公司提供各种经济技术咨询服务、协助其发展。

(三) 工业园区知识溢出效应明显

知识溢出和知识传播都是知识扩散的方式。知识传播是知识的复制，而知识溢出则是知识的再造。知识溢出过程具有连锁效应、模仿效应、交流效应、竞争效应、带动效应、激励效应。产业经济学家都认为，知识溢出和经济增长与产业转型有密切的联系。

许多工业园具有产业集群的优势。在产业集群内，许多企业进行产业分工，并不断分化，形成上下一体化价值链。在紧密型的价值链联盟中，知识分享、知识传播和知识溢出效应非常明显。例如，某项技术创新会随着高科技核心员工流动，通过知识溢出方式在产业集群内部快速扩散。同时，在工业园区内，可以通过行业协会和技术联盟的方式共同组建科研平台，攻克共性难题。随着共性难题的解决，创新知识将在工业园区快速扩张，从而提升工业园区的科技竞争力。

工业园区日渐成为创新综合体，人才资源、风险资金、孵化器、高技术企业、具有创新精神的企业家阶层、市场和技术信息、组织和管理体制、优惠政策，以及区位条件和基础设施等因素发生协同作用，促进高技术成果的产业化，这也为工业园区产业转型提供了基础。

(四) 工业园区技术创新将促进制度创新

技术创新和制度变迁是一个相互联系、相互制约、相互作用共同促进经济增长的有机系统。技术创新是在一定制度框架内的自组织行为，它将带来社会经济结构、交易方式、文化习俗的变革，这就意味着在新的经济环境下出现了制度的非均衡状态。当达到一定的临界点时，就必然发生一种新的制度安排来替代旧的制度安排，以促进经济增长。

工业园区是一个由高技术企业、科研机构、高等院校、中介机构等创新主体组成的区域创新系统，工业园区创新系统的各主体的相互作用。随着技术创新不断发展，工业园区创新网络不断复杂化、高级化，这要求政府提供新的制度安排，促工业园区的企业集群、产业集群和创新集群，使工业园区的综合竞争力不断加强,推动科技工业园区经济持续增长。

工业园区的建立与发展同各国中央政府和地方政府的支持是分不开的。不少工业园区是由政府出面创建的,如美国的北卡三角研究园是作为北卡罗来纳州政府的一项经济发展计划开始创建的。几乎所有的工业园内的企业都享受政府的优惠政策。我国许多在工业园投资和设厂的企业,实行前5年免缴所得税、免缴进口税等优惠政策。

二、江西工业园科技创新存在问题分析

江西工业园区种类多、层次多、区域差异大。但大部分工业园区基础差、科技水平不高,具体如下:

(一)规模偏小、品牌缺失,科技企业产品附加值不高

江西国家级工业园区占全部工业园区比率较低,大部分工业园区科技企业规模普遍偏小,缺少龙头品牌亮点。近年来,大部分工业园区企业经营较困难,园区大多数民营科技企业,产品质量和档次较低,即使具备一定规模的加工、制造企业,由于没有形成自己的核心技术和竞争力,大多数产品以贴牌加工形式销售给国内外知名企业,产品附加值很低。对比浙江、广东等地区知名品牌的集合效应给地区经济带来的影响和效益,江西工业园区科技发展形势相对落后,园区在培育品牌方面还有大量的工作要做。

(二)融资渠道不畅,科技企业发展遭遇"瓶颈"

资金紧缺已成为困扰我国广大工业园区科技企业发展的重点问题。经初步统计,约有60%的企业反映在发展壮大过程中资金问题突出,融资需求非常大。特别是规模较小的私营企业由于其信用机制还不够健全,整体实力弱,获得银行贷款支持相对比较困难,企业扩大规模和技术改造都受到限制。

(三)科技人才供应不畅,企业激励机制不健全

经调研发现,约有40%以上的工业园区企业认为,人才不足是位列融资难之后企业发展面临的第二大问题。部分省级工业园区问题更复杂和严峻,"孔雀东南飞"的局面并没有改变。人才资源有限,市场竞争激烈,招聘难度十分大;园区民营科技企业普遍缺乏吸引高层次人才的客观基础和激励制度。一方面,受

企业规模和知名度的限制，难以吸引高层次人才，各种专业人才受传统思想束缚，不愿意到企业就职。另一方面，企业普遍缺乏吸引和留住高层次人才的制度，虽然大多数企业已实现了股权激励制度和人力资源的资本化运作，但仍有一部分企业由于家族制和人治的内部管理制度往往拒人才于千里之外。

（四）土地使用难、地价高，科技企业发展空间受限

江西工业园区是以加工、制造业为主，在外资高端产业飞速发展的同时，园区民营企业也获得了蓬勃发展。然而，在土地越来越稀缺的状况下，地价上涨，用地难问题也就越明显突出。尽管民营科技企业可以依赖敏锐的市场反应能力和灵活的经营管理机制捕捉到许多发展机会，但由于找不到合适的土地，无法扩大生产规模，制约企业规模经济的发挥，使企业错失难得的发展机会。

三、工业园区科技创新典型案例的经验和启示

1992年春，邓小平同志在南方谈话中指出"新加坡的社会秩序算是好的，他们管得严，我们应当借鉴他们的经验，而且比他们管得更好"，在新加坡高层引起了积极反响。当年9月李光耀资政率团访华，表达了中新合作建立借鉴新加坡经验载体的意向。此后，中新双方围绕合作开发事宜进行了多次协商和实地考察，最终确定选址苏州。

（一）苏州工业园区创新发展成效

1. 产业升级成效显著

高端项目加速集聚，总投资30亿美元的三星高世代液晶面板项目成功获批，总部项目、世界500强项目累计达到46个、137个，国家高新技术企业、技术先进型服务企业分别占苏州市企业的1/4和3/4。主导产业能级提升，电子信息、机械制造业两大支柱产业产值双超千亿元，达1634.8亿元、1229亿元。新兴产业日趋壮大，以纳米技术为引领的纳米光电新能源、生物医药、融合通信、软件及动漫游戏、生态环保等战略性新兴产业集群发展，实现新兴产业产值1472亿元，占规模以上工业总产值比重达45.4%，居苏州市第一，其中新型平板显示、节能环保、生物医药三大产业规模在苏州市占比均超1/3，纳米技术及相关产业品牌初步打响，获得江苏省"两化融合示范区、创新型科技园区、节能环保科技产业园、生物医药科技产业园、融合通信科技产业园"等称号。

2. 聚焦科技亮点纷呈

全力聚焦独墅湖科教创新区主阵地，持续加大创新投入，R&D 投入占 GDP 比重达 4.4%，累计建成各类科技载体超 300 万平方米、公共技术服务平台 20 多个、国家级创新基地 10 多个，苏州国际科技园、生物纳米园、创意产业园、中新生态科技城、中科院苏州纳米所、纳米技术大学科技园等创新集群基本形成。每年新增科技项目超 500 个，拥有各类研发机构 202 家，专利和发明专利授权量连续翻番增长。总额 600 亿元的国内规模最大的股权投资和创业投资母基金（国创母基金）落户园区，沙湖股权投资中心备案创投企业数量占全省 1/4，管理资金规模 300 亿元，全省首家科技小贷公司、交通银行全国首家科技支行设立开业，科技投融资环境不断改善。

3. 服务经济倍增发展

金鸡湖金融商贸区、独墅湖科教创新区、阳澄湖生态旅游度假区等重点板块加快建设，在建和拟建 80 米以上超高层建筑达 90 余幢。成为全国首个国家商务旅游示范区，由李公堤国际风情水街、月光码头、科文中心、时代广场等组成的环金鸡湖景区成为全国首个以商务旅游为内涵的国家 4A 级景区。服务业增加值占 GDP 比重每年提高 2 个百分点左右，2015 年达 33.7%；集聚金融和准金融机构 210 家，全市银行 90% 分行已进驻园区，外资金融机构集聚度全省最高；2015 年完成离岸外包执行金额 8.1 亿美元，增长 50%，园区成为"中国服务外包十强园区"，两家企业入选全球服务外包百强；综保区监管货值达 808 亿美元，在全国特殊监管区排名第一。

4. 高端人才加速集聚

大专以上人才总量位居全国开发区首位，入选"千人计划"人才（15 人）、省双创人才（51 人）和姑苏领军人才（64 人）均占苏州市一半左右；园区科技领军人才工程成功评选四届，评选出 186 个领军项目，2015 年评选出首届 190 名"金鸡湖双百人才"；累计引进海归创新创业人才近 3000 名，集聚各类海归人才创办企业 220 多家、院士领衔的创业团队 8 个。2015 年，东南大学—莫纳仕大学联合研究院、武汉大学—爱尔兰都柏林大学研究院、新加坡国立大学苏州研究院、美国代顿大学中国研究院等签约入驻，独墅湖科教创新区在校学生接近 7 万人，高层次、紧缺型人才培养能力明显提升。

（二）苏州工业园区创新发展经验

苏州工业园区在实践中积极借鉴新加坡等国家和地区的先进理念和成功经验，在竞争中寻求主动，在开发建设实践中积累了宝贵的经验：

1. 创新体制机制，不断营造国际竞争新优势

园区借鉴的新加坡经验主要涵盖城市规划、建设和管理，经济发展和管理，

公共行政管理等方面的经验，可分为三个层次：第一层次，主要是城市规划、建设和管理等方面的经验；第二层次，主要是经济管理、实现合作和有序竞争等方面的经验；第三层次，主要是行政管理体制改革、政府职能转变、立法、司法、执法和廉政肃贪，社会保障、文化、教育等方面的经验。根据中国国情和实际需求，园区确定了借鉴新加坡经验的具体策略：对第一层次的内容实行系统引进并全面运用；对第二层次的内容实行基本引进并吸收主要经验；对第三层次的内容则实行部分引进并吸取有益成分。通过学习借鉴新加坡等发达国家和地区先进经验，园区建立了符合国际惯例和市场机制、具有中国特色、体现园区特点的管理体制和开发运行机制。

（1）高效管理体制。按照"小政府、大社会"要求和扁平化管理模式，坚持"精简、统一、高效"原则，整合归并政府职能，减少管理层次，坚持授权管理与授权开发分开，简化事前审批（行政许可），强化事后监督，重视履行社会管理和公共服务职能，提高管理效率。

（2）亲商服务体系。学习借鉴新加坡招商和企业服务经验，率先提出亲商服务理念，建立"全过程、全天候、全方位"的亲商服务体系。①建立以"一站式服务"为核心的公共服务平台。②创新建立了更符合园区发展实际的新型海关监管体系。包括进出口陆路口岸以及出口加工区、保税物流中心、综合保税区等海关特殊监管区域和保税监管场所，首创 EDI 电子报关和空陆联程通关模式，设立虚拟国际空港功能，进出口货物可直接在园区一次性办理通关手续，形成在国内、国际领先的海关监管机制。③建立"无处不在、无微不至"的亲商服务机制。定期主动上门为企业服务，帮助协调及时解决企业发展中遇到的问题和困难。管委会各部门严格依法规范处理经济社会事务，形成公开、公正、公平和透明规范的市场竞争环境。

（3）市场开发机制。始终坚持按市场化运作，中新集团（CSSD）负责基础设施开发、招商引资、项目管理、咨询服务等事务，开创了政企严格分开、市场运作的开发区建设新模式。2001 年中新股比调整后，按照市场机制积极引入多元化投资主体，借鉴新加坡淡马锡模式，组建了地产、建屋、置地、创投、市政、物流、教investments发、科发、圆融等一批规模大、实力强的国资公司，充分发挥国资国企的融资平台功能，充分发挥国有国资企业在开发建设中的支撑、示范和引领作用，并引导国资国企积极参与苏宿工业园、苏通科技产业园等"走出去"项目的开发建设。为加强国资监管和推进国资健康发展，园区先后成立了国有资产监督管理办公室和国有资产控股发展有限公司，工委管委会设立了投资决策、审计和薪酬三大委员会，建立了园区国资党委，形成了在国资党委领导下的国资办与国控公司两位一体的园区国资监管体制架构。园区国资总资产突破 1100 亿元，净资产超过300亿元，成为园区开发建设的中坚力量，并涌现出了苏州创投集团等全国知名的国资集团。同时，园区还引进了中海集团、晋合控股、万科地产、港华燃气等一批品牌响、信誉高的大集团、大公司参与园区开发，在共同发展中加快开发建设步伐。

2. 科学规划，不断提升开发建设水平

（1）强化规划的前瞻性。园区开发之初，就借鉴新加坡和国际先进城市规划建设经验，编制完成富有前瞻性和科学性的总体发展规划，并先后制定300余项专业规划，形成了严密完善的规划体系。所有规划项目严格实行招投标制度，重点区域和重要景观项目规划设计面向全球公开招标。在规划中率先引入"白地""灰地""弹性绿地"等先进理念，对短期内不明确用途的地块实施弹性控制，有效提高了土地开发效益和集约利用水平。

（2）强化规划的权威性。园区规划注重实施，坚持以规划引导建设、以城市设计指导地块开发，强调规划执行的权威性与强制性，对不符合规划要求的项目，坚决实行一票否决制，对开发建设过程中投资者超出规划范围的要求，严格执行违规申请相关程序。目前，园区开发现状与建园区时的总体规划蓝图基本一致，为投资者营造了可预见的、低风险的投资环境。

（3）强化规划的执行性。借鉴新加坡"需求未到，基础设施先行"的做法，按照"先规划后建设，先地下后地上"的开发建设原则，适度超前建设重要的基础设施，严格按规划功能区域和控制指标整体推进开发，所有重大项目全部进行环境影响评估，所有建设项目全部实行一站式审批，纳入有形市场招投标，所有建筑工地全部使用商品混凝土，避免了滚动开发的盲目性和随意性，保证了开发建设的高强度与高水准。中新合作区每平方千米基础设施平均投资强度达到5.6亿元，首期8平方千米建成区平均建筑密度达60%、容积率达1.3，接近新加坡中心城区水平。

3. 创新招商方式，不断促进产业优化升级

园区始终突出招商工作的龙头地位，积极拓展招商思路，构建招商网络，创新招商方式。

（1）强化专业招商。充分发挥中新联合招商体制优势，坚持大小项目并举、内资外资并举、第二产业和第三产业并举、存量升级与增量引进并举的方针，先后建立以管委会招商局、科技招商中心、CBD招商中心、各镇招商中心以及CSSD招商部和各国有公司为主体的专业化招商队伍，开创性地实施小分队、多批次"敲门招商"，注重运用以商引商、中介代理招商、行业主题招商、网上信息招商、投资代建招商、产业链招商以及创投参与、债券发行、上市并购等多种有效手段，形成严密高效的招商网络资源，使园区常年保持数百个项目源和数十

亿美元的项目储备规模。

（2）强化择商选资。将资本密集、技术密集、基地型、旗舰型项目作为招商重点，瞄准世界500强及其关联项目，引进位居产业核心地位的龙头项目，带动相关配套项目进驻。近年来，根据经济全球化新趋势和产业转移新变化，园区坚持内资项目与外资项目招商并举，统筹兼顾先进制造业与现代服务业发展，更加注重招商资源向科技项目、服务业项目、总部型项目、税收型项目、内销型项目转移，加快从招商引资向择商选资转变。

（3）强化招才引智。近年来，园区把人才作为第一资源，通过引进领军人才集聚高科技项目，引领创新型经济发展。从2007年起，园区启动实施了科技领军人才创业工程，围绕园区新兴产业发展的重点方向，大力引进拥有自主知识产权的海外创新创业人才及团队，平均每个项目获得扶持资金约1500万元。去年启动实施了金鸡湖双百人才计划，在科技领军人才基础上，新增加海外高层次人才、高端服务业领军人才、科教领军人才和高技能领军人才，进一步扩大人才项目引进的领域和规模。

4. 注重载体建设，不断提高科技创新能力

园区始终把科技创新作为立区之基、强区之本，在不断扩大外来技术溢出效应的同时，更加注重提高原始创新与集成创新能力，加快从投资驱动向创新驱动、从资源依赖向科技依托、从园区制造向园区创造转型。

（1）完善创新体系。园区先后制定出台增强自主创新能力、建设创新型园区、鼓励设立研发机构等10多项扶持政策，先后启动实施"科技跨越计划"、领军人才创业工程、金鸡湖双百人才计划，建成IC设计、软件评测、人才培训、CMM认证以及生物医药、纳米技术等一批公共技术服务平台，设立、集聚各类风险投资、创业担保、产业投资等基金规模超过430亿元。

（2）加大创新投入。园区不断加大科技投入和载体建设力度，平均每年科技投入增长30%以上，尤其是近年来，科技三项经费连续多年实现翻番增长。注重发挥国资先行示范带动作用，先后组建成立了创投集团、科技发展公司、教育投资公司等国资创新投资主体，建成各类创新功能载体300余万平方米，建设了中国服务外包示范区、国家纳米技术国际创新园、国家火炬计划软件产业基地、汽车零部件产业基地、电子信息产业基地、集成电路产业园和动漫产业基地等10多个国家级科技成果转化基地。

（3）强化人才支撑。园区依托良好的产业基础，积极推进企业与中科院、清华大学等科研院校在项目开发、博士后科研工作站建设、工程中心及实验室建设、产学研联合体建设和研究生培养基地等领域广泛合作。积极与武汉、长沙、西安、成都等中西部地区开展技术交流与人才合作，组织科技人才互动与大学生

就业招聘活动,并为华中科大、西交大、中科大等中西部高校或研究机构提供资金支持。通过与美国、以色列、韩国等国家共建研发平台、联合攻关、引进海外成熟技术等方式,进一步提升引进消化吸收再创新能力。

5. 坚持节能减排,不断增强可持续发展能力

(1) 强化源头控制。园区以构建生态文明为核心,全方位引入了功能分区、项目分类、产业引导、雨污分流、清洁能源、废污控制、景观绿化等先进环保理念,建立了污染禁入—生态缓冲—雨污截流—集中供热—垃圾处理五道环保防线,建设了覆盖全区的环保基础设施,安装污水管网TOC在线监测系统,实现区域污水处理水质远程监控,从源头上消灭和减少了污染,大大节约了末端治理成本,初步建立以环境保护规划为龙头,环境基础设施建设为重点,兼顾源头控制与全过程治理的环境保护体系。坚持从污染预防、总量控制入手,强化环保前置审批,推行绿色招商,对能源、资源消耗高、环境风险大的项目实施一票否决。

(2) 加强生态建设。开展创建国家生态工业示范园区试点,积极引导企业开展清洁生产、中水回用、节能降耗、减污增效等循环经济试点和ISO14001环境体系认证等活动,区内工业用水重复利用率和固废综合利用率均在90%以上,大力开展绿色社区、绿色学校、绿色建筑创建活动。实施碧水、蓝天、绿地工程,构筑可持续发展的绿色屏障,持续开展水环境综合治理工程,建设多层次、多功能、立体化、网络式的绿地生态系统和城市景观水系。注重加强对重点排污、排气单位的监管,加强交通运输、建设工地产生的废气、扬尘控制管理,加强湿地保护,不断优化空气、水体等环境质量。积极保护和开发利用园区特有的自然生态资源和有价值的历史文化遗址,构建独特的城市人文环境,形成自然、清新、生态的城市环境风貌。

(3) 注意资源集约。积极探索土地综合开发利用新模式,率先取消农村宅基地审批,鼓励各类建筑向高层发展,切实提高工业用地门槛,结合金鸡湖、阳澄湖等水环境综合治理,开创了清淤—治水—取土—造景相结合的环境综合治理新模式,积极推进"腾笼换鸟"、"优二进三"工程,多年来共节约土地近20平方千米,目前中新区每平方千米工业用地投资强度达17亿美元。

6. 发展社会事业,不断推进和谐园区建设

(1) 统筹推进社会保障。借鉴新加坡公积金制度,结合开发实际,建立覆盖全区的社会保障体系,各类参保人员达60余万人,参保企业11458家,参保率达100%。对征地农民按年龄和就业情况分别建立"保养"(提前养老保障)和基本生活保障制度,设立保养安置、社保救助、就业创业三道保障防线;对弱势群体建立贫困帮扶制度,并逐年提高保障标准。同时,全面落实基本养老保险

制度和农村合作医疗及大病统筹制度，最高保额可达20万元。

（2）统筹区镇一体发展。按照城乡一体化要求，将中新合作区周边三镇纳入总体发展规划范围，统一规划建设、统一标准管理，实现区、镇基础设施和城市公共服务对接共享。新建现代化动迁小区50多个，5万多农村富余劳动力转换为具有就业创业技能的新型市民，拥有较稳固的工资收入、物业收入和股权收入。对征地农民就业创业先后实施"双五个一工程"（第一个"五一工程"即建立一本IC卡就业管理台账，强化一种技能培训，腾出一批适应性岗位，培育一种创业致富光荣氛围，探索一条股份合作、失地不失业的共同富裕新路子；第二个"五一工程"即建设一批富民载体，培育一批富民合作组织，壮大一批特色产业，扶持一批致富带头人，兴建一批便民利民设施）。

（3）统筹发展各项事业。统筹发展基础教育、职业教育、高等教育、成人教育、农村教育，开展中外合作办学试点，探索进行工厂式、实训式职业教学模式，全面实施素质教育，初步形成较完善的现代化教育体系。创立以邻里中心和社区工作站为依托的新型社区管理和服务模式，建立覆盖全区的医疗保健服务网络。加强党建和精神文明建设，先后成立园区外企党委和私营个体经济联合党委，基本实现全区基层党组织建设全覆盖，并组建园区工会联合会、工资指导理事会、公积金理事会、外企协会以及行业协会等各类政府行政管理和社会自我管理有效衔接互动的新型群团组织，为园区形成优良企业文化及和谐劳资关系奠定良好基础。

四、提升工业园区科技创新的对策建议

借鉴苏州工业园区的典型经验，结合江西工业园区科技创新发展中存在的问题，工业园区应以亲商亲民亲人才为核心，着力打造服务型政府。

（一）创新体制机制，不断健全组织建设

工业园区在认真学习借鉴苏州工业园等先进经验的基础上，建立了行政组织精简高效、社会组织比较发达、党的组织不断加强的"三位一体"架构。

1. 建立高效的行政管理体制

坚持精简、统一、高效原则，按照扁平化管理模式，整合归并政府职能，减少管理层次，园区管委会下设若干个常设管理机构。同时坚持授权管理与授权开发分开，简化事前审批，强化事后监督，提高管理效率。园区管委会作为行政主

体，依法行政，并对园区开发建设进行宏观指导，不直接参与具体的开发和经济活动；中新集团作为开发主体，负责具体实施项目建设。

2. 大力引导发展各类社会组织

坚持"小政府大社会、小机构大服务"原则，鼓励和引导工业园区社会组织的规范发展，为政府精简效能提供可能和补充。应着重在工业园区建立了园区工会联合会、公积金理事会、工资指导理事会、科教创新区理事会、培训理事会、外企协会以及各种行业协会等各类新型群团组织，在推动经济发展、促进社会公平、推进公益事业、解决贸易纠纷等公共事务管理方面发挥了积极作用。

3. 大力加强基层党建工作

针对非公经济是园区经济主体的实际，高度重视非公有制经济组织和新型社区党建工作，依托职能部门、产业载体、行业协会、中介机构等组织，积极探索支部建在连外，党务+业务，党建与企业发展，与部门工作相结合，委托管理与属地管理相结合等多种管理模式，重点构建了组织保障、经费保障、阵地保障、"领头雁"保障、能力保障五大机制，设立了中心区—社区—企业三级党员服务中心，实现了全区基层党组织全覆盖，切实发挥党组织在推动发展、服务群众、凝聚人心、促进和谐等方面的先锋模范和战斗堡垒作用。

（二）树立先进理念，不断完善"亲商亲民亲人才"的服务体系

工业园区学习苏州工业园经验，提出亲商服务理念，并结合园区发展不断创新，率先推行亲商亲民亲人才实践，不断优化服务，形成了人才、资本和先进产业的快速集聚效应。

1. 减少审批事项提升服务

根据开发建设需要，不断加大行政审批改革和规范力度，精简审批项目和范围。清理行政事业性收费，大力缩减收费项目；落实行政审批制度改革要求，大力压缩审批事项。

2. 建立一站式平台强化服务

1996年，在苏州工业园在国内率先建立了以一站式服务为核心的公共服务平台，为企业的设立、开工、建设、招工等提供一站式的便利服务；2002年，在学习新加坡裕廊集团客户服务经验的基础上，将一站式服务中心升格为独立机构，代表园区管委会统一对外办理国内外企业设立的相关手续，全权行使行政批职能。江西工业园区要大力推广苏州工业园一站式平台的经验。

3. 探索优质高效体系提升服务

建立健全全面承诺、定期走访客户等一系列服务制度，实现了外资、民资一视同仁，零障碍进入园区；工商、税务、海关等部门一律与前来办事的人零距离

平等接触;办事质量零差错;业务收费零杂费,不断推进客户服务体系日臻完善。

4. 创新人才服务体系完善服务

针对转型发展时期人才重要性的日益凸显,应在工业园区设立了人才基金,积极在创业扶持、薪酬待遇、住房优惠、社会保障、子女入学等多方面创造一流的环境,同时建设针对人才的优租房,重点帮助人才解决住房问题,通过完善人才服务体系,形成了各类人才的集聚效应。

(三) 强化科技手段,不断提升"服务型政府"的行政效能

1. 推行网上审批

工业园区要陆续开通企业备案、工商名称预核准、就业证等多项业务的网上审批。将大部分商事业务通过网络进行审批和预审批,所有办理审批的事项,都按受理部门、办事依据、所需材料、办事程序分类,用户只需按这些手册指定的顺序、窗口就可轻松完成,有力地促进了行政审批效率的提高,方便群众办事和实施监督。

2. 推进电子政务

工业园区要加强政务信息共享稳步推进,政府信息化工作重心已经进入到跨部门业务协同和信息共享阶段,其中,加工贸易综合管理平台整合了商务部 EDI 中心以及海关、国税等相关部门数据,实现了税务、海关两部门的信息互通、共享和集中处理,有效地缩短了税务核销的时间,提高了税务办理效率。

3. 开展网上监察

在加强行政电子政务的基础上,工业园区要建立了行政权力网上综合监察平台,在政府信息公开、行政审批、行政处罚、行政事业性收费、便民服务、工程建设、政府采购等方面实行电子监察。对于绩效较差的单位,系统发出警示并通知责任单位、监察人员和相关领导,强化了预警功能。监察人员还可以通过系统及时发现异常违规情况,及时进行调查处理及案件督办,并对工作人员进行批评教育,切实增强了工作人员的责任心。

(四) 加强队伍建设,创新干部任用体制

工业园区应着力在作风建设、能力建设和选拔任用等方面创新实践,建立了一支年轻、学历高、会外语、懂专业、肯吃苦、乐奉献、能打硬仗的高素质人才队伍,有力推动了园区创新发展。

1. 注重综合能力提升

工业园区对各级各类干部建立了体系严谨、内容翔实的培训制度,不断创新

培训内容与方式方法，通过组织赴新等海外培训、浦东干部学院培训、党校及高校培训，确保所有管委会机关工作人员在不同岗位、不同阶段得到一定阶段的脱产集中教育培训，鼓励各级各类人员特别是年轻干部参加各种形式的专业学习。

2. 创新干部任用体制

一是实行招聘制。工业园区管委会副局长以下机关干部一律向全社会公开招聘，经过严格程序、考察合格方可进入园区机关工作。尤为重要的是，园区根据人事专家制定的应试程序保证了干部来源的高素质，对应聘者现有实际水平和发展潜力作出全面的评估，为建立一支高素质干部队伍奠定了坚实基础。二是实行聘任制。园区管委会副局长以下行政职务全部实行聘任制，由分管领导与被聘人员签订为期三年的行政职务聘任书，实行按年度考核，对不合格者将被解除聘约，使园区机关工作人员廉洁高效行为从单纯受法规纪律约束上升为自觉自律的行动。

3. 实行关键岗位票决制

对重要及关键岗位在全体党员干部民主推荐和民意测验的基础上产生候选人，经工委会差额票决后获任。

4. 实行末位淘汰制

机关干部年度考核按照组织考察、局评分排序、全机关排序等程序，实行黄牌警告或末位淘汰，鞭策、调动和激发他们努力做好工作的主动性、积极性、创造性。

第九章 绿色发展与工业园区转型升级

一、工业园区绿色发展的意义

经过20多年的发展，工业园区逐渐由第一代经济技术开发区、第二代高新技术开发区向第三代生态工业园区、低碳工业园区转型，工业园区的绿色发展改造对实现江西绿色发展升级、绿色崛起具有重要意义。

(一) 绿色发展发展有利于实现园区可持续发展战略

工业园区作为江西产业发展的集聚区和主要平台，工业园区产值占全省工业总量超过50%，成为全省经济增长极。当前，因土地、资源、环境等因素制约，工业园区发展遭遇"瓶颈"，可持续发展面临挑战，亟须加快推进发展方式转变，提供可持续发展动力。推动工业园区绿色发展，按照减量化、再利用、资源化原则，用循环经济、低碳经济的发展思路，改造工业园区存量、构建增量，推进产业集聚集群发展，培育战略性新兴产业，打造新的经济增长点，不断提升工业园区产业结构，促进工业园区迈入创新驱动、自主增长的发展轨道，实现工业园区经济快速发展、资源高效利用、生态环境改善的有机统一。

(二) 绿色发展有利于提高资源能源利用效率

工业园区是能源资源消耗的集中区域，也是节约集约潜力最大的区域。推进工业园区绿色发展，通过推进节能、节水、节地、节材，构建企业内部、企业之间的循环经济产业链，实现生产过程耦合和多联产，物尽其用，变废为宝，可以最大限度地降低工业园区的物耗、水耗和能耗，改变粗放的能源资源利用方式，切实提高工业园区的资源产出率。通过提高资源能源利用效率，可以尽量实现工业园区废物零排放，可以最大限度地减少企业入园后集中生产的环境负荷，改善生态环境质量，降低区域环境风险。

（三）绿色发展有利于企业跨越绿色贸易壁垒

当前世界贸易格局正发生深刻改变，随着世界环保运动的深入开展，绿色产业蓬勃发展，绿色贸易席卷全球，绿色消费成为潮流。有关研究表明，77%的美国人表示企业的绿色形象将会影响其购买欲，94%的意大利消费者表示在选购商品时会考虑绿色因素，82%的德国消费者和67%的荷兰消费者表示在购物时会考虑环保问题。绿色壁垒成为我国扩大出口面临一大挑战，对我国出口产品在国际市场的竞争力造成了重要影响。例如，国际化组织的ISO 9001生产认证被越来越多的国家所接纳，成为技术贸易壁垒。由于绿色消费主义的影响，在国际贸易处于不利地位的国家必然采用ISO 9001系列标准来构筑贸易壁垒。

（四）绿色发展有利于培育区域增长极

工业园区能将产业相近而区域布局相对分散的企业、产品通过区中园、园中区、区外园（区）等科学布局形式，适度、科学地集聚在一起，共享工业园区特有资源及配套设施和服务，企业间相互促进、协作配套，从而有效节能降耗，降低成本，形成集约效应，打造成为循环工业园区、低碳工业园区。发展循环工业园区、低碳工业园区顺应了区域经济发展客观规律，符合产业发展的集群化、生态化趋势，已经成为很多国家和地区推崇的新型经济发展模式。工业园区在进行循环经济建设时，会对原来的相关产业进行整合，深化相关产业链，提高配套和服务措施，逐渐形成一个或若干个主导产业，周边区域围绕主导产业实现差异化互补发展，有利于培育区域增长极。

二、工业园区绿色发展的内容

绿色发展，是以效率、和谐、持续为目标的经济增长和社会发展方式。即在经济发展中，使经济系统和自然生态系统的物质和谐循环，维护自然生态平衡，是以资源的高效利用和循环利用为核心，以减量化、再利用、资源化为原则，符合可持续发展理念的经济增长模式，是对大量生产、大量消费、大量废弃的传统增长模式的根本变革。

（一）学术研究方面

绿色发展成为经济发展的主要趋势，也成为学界的主流研究领域。绿色发展的概念可以追溯到20世纪60年代美国学者博尔丁的宇宙飞船经济理论以及后来戴利、皮尔斯等人的有关稳态经济、绿色经济、生态经济的一系列论述[1]。国内外学者从不同角度对绿色发展提出不同的解释，比较认同的是OECD和世界银行的定义。OECD认为，"绿色增长可被视为一种追求经济增长和发展，同时又防止环境恶化、生物多样性丧失和不可持续地利用自然资源的方式，它旨在使利用更清洁的增长来源的机会最大化，从而实现更环保的可持续增长模式"[2]。世界银行则强调"绿色增长是一种环境持续友好、社会包容性的经济增长方式，旨在高效利用自然资源，最大限度地减少污染排放以及降低对环境的影响[3]。国内学者对绿色发展也有着较为深入的研究。胡鞍钢、周绍杰（2014）认为，从长远发展来看，绿色发展是对传统工业化模式的根本性变革，将为人类发展史开创物质文明与生态文明的和谐发展道路，体现了科学发展的主旨和内涵[4]。夏光（2010）认为，"绿色经济是指那些同时产生环境效益和经济效益的人类活动，主要包括两个方面：经济要环保，即要求经济活动不损害环境或有利于环境保护；环保要经济，即通过环境保护活动获取经济效益"[5]。苏利阳等（2013）从绿色生产、绿色产品与绿色产业三个方面办公室了工业绿色发展的内涵，并围绕绿色生产构建了基于综合指数法的工业绿色发展绩效指数[6]。孙鸿烈（2009）提出绿色经济（Green Economy）的大概念，指出其包含了循环经济、低碳经济和生态经济，其中循环经济主要是解决环境污染问题，低碳经济主要是针对能源结构和温室气体减排而言，生态经济主要指向生态系统[7]。在工业文明为人类社会创造巨大物质文明的同时，也加剧了人与自然的矛盾，全球生态环境持续恶化，

---

[1] 中国科学院可持续发展战略研究组.2010中国可持续发展战略报告：绿色发展与绿色创新[M].科学出版社，2010.

[2] OECD. Towards Green Growth：Monitoring Progress – OECD Indicators [EB/OL]. http：//www. Oecd. org/greengrowth/48224574. pdf.

[3] World Bank. Inclusive Green Growth：The Pathway to Sustainable Development [EB/OL]. http：//siteresources. worldbank. org/EXTSDNET/Resources/Inclusive_ Green_ Growth_ May_ 2012. pdf.

[4] 胡鞍钢，周绍杰. 绿色发展：功能界定、机制分析与发展战略[J]. 中国人口·资源与环境，2014（1）.

[5] 夏光."绿色经济"新解[J].环境保护，2010（7）.

[6] 苏利阳等. 中国省际工业绿色发展评估[J]. 中国人口·资源与环境，2013（8）.

[7] 孙鸿烈. 经济发展应与环境保护共赢[EB/OL]. http：//discovery. 163. com/09/0917/15/5JE1R44M000125LI. html.

异常气候所导致的自然危机日益频繁，资源、能源供给日趋紧缺（胡鞍钢，2012）[①]。因此，无论是从世界与国家的宏观角度，还是工业园区的中微观角度，绿色发展都成为未来发展的重要方向。

（二）实践建设方面

绿色工业园区建设较早，主要体现为生态工业园区的兴起和发展。美国作为最早提出生态工业园区的国家，现已形成较完善的绿色发展体系。欧洲的丹麦卡伦堡是世界上最早的循环工业园区之一，荷兰、法国、芬兰、英国等欧盟国家也形成了不同的规划方式建设绿色工业园区。日本于1997年开始建设绿色工业园区，也是以生态工业园区作为其发展模式与方向。由于日本地域狭小，资源有限，政府把建设循环工业园区作为其发展的重要措施，建立了完整的循环工业园区的管理和运作模式，形成了官产学研共管的机制体系，即以地方自治为主体，国家和地方政府共管，企业、科研部门、中介组织积极参与的运行机制。

我国生态工业园区发展比较晚，但发展速度较快并在不断走向成熟。已经形成了广西贵港国家生态工业园区、南海国家生态示范工业园区、鲁北国家生态示范工业园区、郑州上街国家生态示范工业园区等超过40个国家循环经济示范工业园区。

（三）制约江西省工业园区绿色发展发展的因素

江西工业园区的水消耗、能源消耗、土地消耗、原材料消耗普遍偏高，能源集成的效益尚未充分体现，没有形成水集成和物质的集成；第三产业比例偏低，尤其服务业比例明显偏低，生产型企业多，研发型企业少；没有形成良好的生态空间布局，至使绿色发展内规模不经济。

1. 经济水平制约

当经济发展水平较落后，人们的环境保护意识还没有觉醒、没有意识到环境危害后果的时候，即使是发达的资本主义国家，也会以牺牲环境为代价换取经济的发展。由于受经济发展水平的约束，绿色发展可能会延缓经济发展速度、增加企业的生产成本、限制企业生产规模的扩大并减少就业、降低政府财税收入。所以在经济发展和环境保护之间，人们往往会优先选择经济的发展。尤其是江西一些地区缺乏环保与资源持续利用的意识，或即便有经济意识，也不愿自觉遵守经济规则，有时甚至还会与政府的经济政策相冲突。因此，如何在经济发展和经济间寻找一个平衡点，是我们绿色发展面临的迫切需要升级的难题。

[①] 胡鞍钢. 中国创新绿色发展 [M]. 中国人民大学出版社，2012.

2. 技术水平约束

从技术操作上看，经济的实现需要大量的科学技术支撑，主要包括污染治理技术、废物利用技术、清洁生产技术。一方面，由于江西科技水平比较落后，自主研发能力差，尤其是对环境科技不够重视，导致了大量企业仍以牺牲环境为代价来达到其增长目的，使经济战略难以实施。据统计，我国矿产资源总回收率仅为30%，矿产资源综合利用率还不到20%，远低于发达国家50%以上的平均水平。另一方面，我国每年生产新轮胎1.01亿条，产生废旧轮胎近3000万条，却只有400万条得到翻新，占新胎的4%，与欧洲每年的旧轮胎翻新量占新胎10%的数据相比相去甚远[①]。另外，由于污染治理的技术落后，导致排污的费用与其治理费用相比，治理污染的费用更高，所以许多企业宁愿缴纳排污费而不愿进行处理。

3. 理念支撑不够

地方政府缺乏对绿色发展应有的认识，仍然沿用资源—生产—消费—废弃物排放的传统发展模式，以破坏生态资源来维持经济的增长。而生产者和消费者的环境意识对经济会产生重大的影响。但是，在我国无论是生产者还是消费者，环境意识都较为落后。

一方面，生产者因长期受传统发展模式的思想束缚，企业习惯于追逐各项经济指标，没有重视资源的循环利用和环境的保护；另外，为了实现利润最大化，不断推出新产品，过分强调产品的更新换代，从而造成产品使用的短效性（即低使用率），阻碍了经济的实现。

另一方面，消费者缺乏环保消费的理念，放纵消费的习惯使市场产生扭曲，消费者货币的投向引导了社会资源的流向，造成环境的污染，体现在两个方面：一是片面追求物质差异化，人为地缩短产品的使用寿命，在不断购置新产品的同时，淘汰废弃物导致污染环境；二是消费者不愿抑制非环保产品（如一次性用品），为非环保企业提供了市场。消费者的这种过度消费，既刺激了生产，加剧了资源（尤其是不可再生资源）的消耗，也增加了废弃物的排放，加剧了环境污染。

4. 集群主体利益障碍

作为经济主体的企业，在其活动中主要考虑的是成本与收益的关系。一个企业首先要比较由此带来的收益和为此而付出的成本。如果收益大于成本，它就会按经济的原则行事，就会主动与其他企业确立共生和代谢关系；反之，如果收益小于成本，就不会遵循经济的原则。而在绿色发展升级里面，新进企业（增量企

---

① 刘有树，刘兴国. 产业生态：解决企业集群发展弊端的最佳途径[J]. 商场现代化，2006 (1).

业)与原有企业(存量企业)的利益有一个协调的关系。早期进入的企业在建设时期环境标准低,自然成本也就低,而新进入的企业要进入该行业,不仅原有企业抬高了进入门槛,而且环境排放的标准也相应提高了,以在绿色发展升级过程中通过共生和代谢关系,实现资源节约和环境的协调,就要为此付出了更大的成本。这就使新进入的企业在竞争中处于不利地位,继而出现新旧企业利益分割不均的现象。在完全市场机制导向下,将自然出现逆向选择——淘汰新企业。因此,如何协调绿色发展升级中的利益关系,是各级政府值得深入思考的问题。

5. 体制机制落后

在绿色发展升级发展过程中,在我国现阶段不仅存在利益上的障碍,也存在非正式约束、正式约束和实施机制的障碍。虽然目前各级政府都已认识到资源短缺已无法满足传统经济的可持续发展,但却没有从制度上建立奖励和惩罚机制来引导人们的资源和环保意识。

首先,企业为抵御由于制度不健全导致的行业恶性竞争和假冒伪劣产品,过度使用破坏性(一次性)包装而产生更多的废弃物。

其次,我国有些产品包装物价值超过产品的20%,离国际上包装物的价值不应超过产品的7%惯例相去甚远,造成资源极大的浪费。

最后,我国城市生活垃圾回收率极低,且30%来自各种包装物。但是,禁止过度包装又会影响包装业的发展,使行业受到冲击而减少地方政府的GDP,进而影响到地方利益的平衡,因而会受到相关利益者的阻挠。因此政府只有建立起与制度相适应的实施机制才能使绿色发展升级。

6. 法规制度滞后

我国除了《环境保护法》《环境影响评价法》《关于进一步开展资源利用意见》之外,涉及经济的立法主要有4部,即1996年4月1日施行的《固体废物污染环境防治法》;2003年1月1日施行的《清洁生产促进法》;2006年1月1日施行的《可再生能源法》;2008年8月29日通过的《中华人民共和国经济促进法》。这对我国经济发展起到了积极的推动作用,但相对于绿色发展升级的发展来说尚有欠缺。

(1)立法缺位。虽然我国已先后制定了一系列与经济有关的鼓励清洁生产、资源利用及环境污染等相关的法律法规,有的城市也制定了相关的地方法规。但从整体上看,绿色发展所涉及的财政、投资、金融、税收、贸易、资源回收、科技和教育培训等制度方面仍存在空白,需要制定绿色发展的相关法律,通过立法,加强对绿色发展的法律调整,明确绿色发展中各环节的生产者、经营者、消费者的权责,规范绿色发展的运作程序,确保绿色发展得以推行。

(2)缺乏可操作性。现有涉及经济的相关制度大多属于宣告性条文,规定过于原则和抽象,没有具体的操作指标、操作程序及未执行所承担的法律责任等。因此缺乏可操作性,造成了实际执行的困难,使得面对具体问题时找不到可以执行的责任保障条款,这样就导致相关立法不能有效实施。

(3) 环境保护立法滞后。德国、日本等国对绿色发展有着相当明确的法律规定,我国还没有制定相应的法规,虽然在环保法和其他资源法中有关于节约资源、废物综合利用的原则性规定,但都不够系统、不够完整。严重影响经济的低碳循环升级的发展。

我国绿色发展的法律环境比较落后,虽然初步建立了一些有关经济的立法,尽管对清洁生产及废物综合利用做了相应规定,但依然存在法律主体缺位现象,使其面临的诸如技术、经济等社会问题难以有效解决,阻碍了绿色发展升级的发展①。

7. 政策缺乏

好的政策导向,可以形成有效的激励机制,刺激绿色发展的实现,也是发达国家的有效经验。发达国家的实施是污染者付费政策,再生资源的利用者可得到废物生产者的补助资金,这样便激励了相关企业利用再生资源的积极性。

(1) 我国的"谁污染、谁治理"政策实施效果不好,因为在我国如果一个企业使用其他企业的废弃物,不仅不需要向废物的产生者收费,反过来废物产生者还要向使用者收费,使得利用回收资源的企业得不到任何好处,挫伤了该类企业的积极性。

(2) 现有的资源利用的优惠政策难以实施,主要是因为我国的政策导向主要还是企业的经济行为,环境保护处于次要地位,无法发挥集群内企业实施经济的积极性。

(3) 政府用于环保投入资金的比例偏低,且主要是用于治理污染或修复破坏的环境,并没有对环保源头进行治理、没有重视对环保的监督,难以形成废弃物的无害处理以及资源的循环利用。

8. 公地悲剧

探讨生态环境破坏的影响,可以从公地悲剧和反公地悲剧产生的原因入手。Hardin (1968) 的公地悲剧理论阐明了人们过度利用公共资源的恶果②,在公地悲剧内,存在着很多拥有资源所有权者,为了达到某种目的,每个当事人都有权阻止其他人使用该资源或相互设置资源使用障碍,没有人拥有绝对有效的使用权,这就会导致资源的闲置和使用不足,造成浪费,于是发生反公地悲剧。反公地情形一般发生在公共管理的实践中,首先,表现为公共服务和公共产品供给的

---

① 张其仔. 社会资本论 [M]. 北京:社会科学文献出版社,1997.
② Hardin C. The Tragedy of the Commons [J]. Science,1968 (162).

短缺,公共服务部门的多头管理导致部门之间的扯皮、推诿;其次,适应公共服务需求变化的能力弱;最后,就是通过部门利益阻挠公共利益的实现。

三、促进工业园区绿色发展案例经验及启示

(一)南昌高新区绿色发展概况

1. 能源利用现状

南昌高新区生态良好、风景优美、环境优良,其独特的自然生态环境和优越的区位条件,有助于激发科技创新的灵感,成为创意产业和低碳产业的首选之地。作为江西省工业园区的"排头兵",南昌高新区已拥有电子信息、生物医药等十大战略性新兴产业,集聚了一批省内知名移动终端及相关企业,与此同时,绿色发展升级的重点是发展第三产业,助推绿色发展的升级。由此可知,南昌高新区已成为全省绿色发展的主战场。

2. 低碳建筑现状

近年来,南昌高新区认清形势,抓住产城融合机遇,相继引进了绿地城市综合体、紫阳明珠等大型商业综合体和万科、绿地等高档社区。2011~2013年,全区项目建设总量是2011年以前10年建设总和的3倍。在绿色发展中,高新区要求各项目建设使用节能环保建材,利用节能建造技术,推行绿色施工。此外,高新区还专门设置城市管理与环保局,对施工建设过程中的环境问题和污染防治与废弃物处理进行监管。需要说明的是,南昌高新区尚未建立完善的绿色发展政府信息公开制度,在落户企业的建设中,环保工作的考评和监管工作透明度不高,实施主体不明确,对外也未公布具体的政府信息公开工作年度报告。

3. 政策管理现状

首先,南昌高新区重视绿色发展的规划,规划建设了艾溪湖湿地公园和瑶湖森林公园,打造了富有生态内涵的森林绿色发展,于2009年被科技部、环保部等批准创建国家生态工业示范园,次年又荣获"低碳中国突出贡献工业园区"奖和全国绿化先进单位。其次,南昌高新区设置准入门槛,实行环保一票否决制,坚持绿色招商和"无烟囱、无烧煤锅炉"的"两无"标准。此外,南昌高新区优化投资环境,给予一系列政策优惠,支持绿色发展内低碳产业的发展。但是,江西的绿色发展尚处于探索阶段,低碳循环的升级只制定有笼统的引导总则,缺乏具体的实施细则,加之南昌高新区实行政府主导的管理模式,在有关绿

色发展的职能分工和机构设置上缺乏针对性,从而导致绿色发展的实施力度不够,产生的实际效果不明显。

(二) 南昌高新区绿色发展水平评价

本章使用专家咨询法①,参照工业绿色发展升级水平评价标准表对南昌高新区的定性指标进行打分,取所有分值的算术平均值作为该项指标的评价得分值。对于定量指标,则查阅《能源发展"十二五"规划》《江西省"十二五"规划纲要》《江西省统计年鉴》及南昌国家高新技术产业开发区官网获取相关数据按照的评价标准进行打分。所得南昌高新区的评分如表9-1所示。

表9-1 南昌高新区绿色发展评价综合得分

目标层 A	准则层 B	指标层 C	评价得分
工业园区绿色发展水平评价	碳排放 B1 (0.46)	C1 单位 GDP 碳排放强度	70
		C2 CO_2 排放强度降低率	70
		C3 第三产业的 GDP 比重	80
	能源利用 B2 (0.28)	C4 单位 GDP 能耗	80
		C5 单位 GDP 能耗降低率	80
		C6 可再生能源在一次能源消耗结构中的比例	70
	低碳建筑 B3 (0.17)	C7 节能建筑覆盖率	75
		C8 森林植被覆盖率	80
		C9 污染防治与废弃物再利用	70
		C10 低碳交通	65
		C11 产品技术创新能力	70
	政策管理 B4 (0.09)	C12 碳排放信息统计与披露	65
		C13 环境影响评价情况	65
		C14 低碳循环规划	100
		C15 政策法规的完善度	70
		C16 低碳发展激励力度	70
		C17 设置节能机构及管理人员	100

---

① 此处评分环节专家组成员主要包括江西省高校相关领域的学者专家,江西省发改委产业协调处、高技术产业处、资源节约和环境保护处、应对气候变化处领导和工作人员,江西省统计局工业统计处、能源统计处领导和工作人员,南昌高新区管委会工作人员。

南昌高新区绿色发展评价综合得分为 D1 = 71.40×0.46 + 78.78×0.28 + 74.50×0.17 + 75.32×0.09 = 73.34。

从表 9-2 可知，低碳建筑是南昌高新区绿色发展评价中的短板，但能源利用和政策管理为其绿色发展的提高提供了坚强的后盾。此外，碳排放指标得分也相对较低。为此，南昌高新区应该提高自主创新能力，推行绿色施工，优化绿色发展路网建设，建设绿色物流系统，提高低碳循环温室气体排放强度降低率。

表 9-2 南昌高新区绿色发展评价准则层指标得分值

目标层 A	准则层 B	得分	指标层 C	得分
南昌高新区绿色发展评价	碳排放 B1（0.46）	71.40	C1 单位 GDP 碳排放强度	70
			C2 CO_2 排放强度降低率	70
			C3 第三产业的 GDP 比重	80
	能源利用 B2（0.28）	78.78	C4 单位 GDP 能耗	80
			C5 单位 GDP 能耗降低率	80
			C6 可再生能源在一次能源消耗结构中的比例	70
	低碳建筑 B3（0.17）	74.50	C7 节能建筑覆盖率	75
			C8 森林植被覆盖率	80
			C9 污染防治与废弃物再利用	70
			C10 低碳交通	65
			C11 产品技术创新能力	70
	政策管理 B4（0.09）	75.32	C12 碳排放信息统计与披露	65
			C13 环境影响评价情况	65
			C14 低碳循环升级规划	100
			C15 政策法规的完善度	70
			C16 低碳发展激励力度	70
			C17 设置节能机构及管理人员	100

（三）苏州工业园绿色发展发展概况

1. 能源利用现状

苏州工业园作为中外经济技术互利合作的重要项目，在积极抢抓全球产业布局调整机遇的同时，加快转变经济发展方式，实施纳米技术应用、生物医药等战略性新兴产业发展计划。同时，大力提高集约发展水平，坚持集约节约发展，注重生态环境保护和资源有效利用。2014年,万元GDP能耗为0.272吨标准煤,成为我国首批国家生态工业示范绿色发展。

2. 低碳建筑现状

苏州工业园为实现绿色发展,进一步节约资源,保护环境,提高人居环境质量,按照建设资源节约型、环境友好型社会的要求,制定和印发了《苏州工业绿色发展绿色建筑工作实施方案》,规定新建民用建筑从2015年起必须按绿色建筑标准设计建造,其中30%的建筑要达到二星及以上的绿色设计标准,借此稳步推进建筑节能和绿色建筑事业发展。此外,规划建设局、财政局认清建筑节能发展新形势,扩大绿色建筑专项引导资金的支持范围,完善申报标准和流程,更好地发挥引导资金的激励作用,形成有效的绿色建筑和住宅全装修全过程监管体系,为绿色发展升级工作的进行提供更完善的管理制度。

3. 政策管理现状

苏州工业园重视生态文明建设,坚持可持续发展理念,努力提升城市规划建设能力和水准,继而创新城市管理体制。同时,设立规划建设局、城市管理局、环境保护局等专门部门,建立和完善政府信息公开制度,制定和印发专门的实施方案进行引导和激励,对环保工作进行考评和监管,对落户企业进行严格的清洁生产审核和验收,对外公布政府信息公开工作年度报告,努力营造优美环境,发展质量。

(四)苏州工业园绿色发展的评价

通过查阅《能源发展"十二五"规划》《江苏省"十二五"规划纲要》《江苏省统计年鉴》及苏州工业绿色发展官网获取相关数据,由专家评估组[①]进行打分,可得苏州工业园的评分如表9-3所示。

表9-3 苏州工业园绿色发展水平评价综合得分

目标层A	准则层B	指标层C	评价得分
工业园区绿色发展水平评价	碳排放B1(0.46)	C1 单位GDP碳排放强度	80
		C2 CO_2排放强度降低率	75
		C3 第三产业的GDP比重	85

---

① 此处评分环节的专家组成员包括江苏省高校相关领域的学者专家,江苏省发改委产业协调处、高技术处、资源节约和环境保护处领导和工作人员,江苏省统计局工业统计处、能源统计处领导和工作人员,苏州工业园低碳循环管委会工作人员。

续表

目标层 A	准则层 B	指标层 C	评价得分
工业园区绿色发展水平评价	能源利用 B2 (0.28)	C4 单位 GDP 能耗	85
		C5 单位 GDP 能耗降低率	80
		C6 可再生能源在一次能源消耗结构中的比例	80
	低碳建筑 B3 (0.17)	C7 节能建筑覆盖率	85
		C8 森林植被覆盖率	80
		C9 污染防治与废弃物再利用	85
		C10 低碳交通	80
		C11 产品技术创新能力	80
	政策管理 B4 (0.09)	C12 碳排放信息统计与披露	80
		C13 环境影响评价情况	85
		C14 低碳循环规划	100
		C15 政策法规的完善度	80
		C16 低碳发展激励力度	85
		C17 设置节能机构及管理人员	100

苏州工业绿色发展低碳化水平评价综合得分为 $D2 = 79.04 \times 0.46 + 82.79 \times 0.28 + 82.86 \times 0.17 + 86.71 \times 0.09 = 81.42$。

表 9-4 苏州工业园绿色发展水平评价准则层指标得分值

目标层 A	准则层 B	得分	指标层 C	得分
苏州工业园绿色发展水平评价	碳排放 B1 (0.46)	79.04	C1 单位 GDP 碳排放强度	80
			C2 CO_2 排放强度降低率	75
			C3 第三产业的 GDP 比重	85
	能源利用 B2 (0.28)	82.79	C4 单位 GDP 能耗	85
			C5 单位 GDP 能耗降低率	80
			C6 可再生能源在一次能源消耗结构中的比例	80
苏州工业园绿色发展水平评价	低碳建筑 B3 (0.17)	82.86	C7 节能建筑覆盖率	85
			C8 森林植被覆盖率	80
			C9 污染防治与废弃物再利用	85
			C10 低碳交通	80
			C11 产品技术创新能力	80

续表

目标层 A	准则层 B	得分	指标层 C	得分
苏州工业园绿色发展水平评价	政策管理 B4 (0.09)	86.71	C12 碳排放信息统计与披露	80
			C13 环境影响评价情况	85
			C14 低碳循环规划	100
			C15 政策法规的完善度	80
			C16 低碳发展激励力度	85
			C17 设置节能机构及管理人员	100

从表 9-4 可知，苏州工业园区绿色发展水平评价的各项准则层得分比较均衡，特别是低碳建筑和政策管理两方面表现突出。为进一步提高自身的低碳化水平，苏州工业园区应进一步优化产业结构，做好绿色发展升级改造工作。

(五) 南昌高新区与苏州工业园区对比分析

通过结合表 9-1、表 9-2 和表 9-3、表 9-4 的结果进行如下对比说明：

1. 碳排放准则层

碳排放准则层：苏州工业园 2015 年服务业增加值占 GDP 比重高达 40.8%，而南昌高新区仍以生物医药、新材料、电子信息及应用软件、精密机械制造及光电一体化四大支柱性产业为主，故而在"第三产业的 GDP 比重"这项指标上，苏州工业园要高于南昌高新区，与之有直接联系的其他两项指标得分也相应偏高。虽然"第三产业的 GDP 比重"这项指标在准则层中所占比重仅为 0.139，但与之相关的"单位 GDP 碳排放强度"所占比重却高达 0.528，最终导致南昌高新区在此项准则层上的得分差值将近 9 分。因此，南昌高新区要做好长期规划，继续发展 2.5 产业，提高第三产业在绿色发展产业结构中的比例，降低单位 GDP 碳排放强度。由于碳排放准则层在评价模型中所占的权重最大，因此其也是低碳循环提高自身绿色发展的努力方向。

2. 能源利用准则层

能源利用准则层：两者在"单位 GDP 能耗降低率"指标上得分持平，在"单位 GDP 能耗"指标得分相差不大，虽然在第三项指标上得分相差高达 10 分，但由于此项指标在准则层中所占权重仅为 0.122，最终两大绿色发展在综合评分上仅相差 4 分。这反映了两大工业园区在转型升级的过程中，在新能源利用和开发以及节能降耗两项工作上都取得了较好的成效。

3. 低碳建筑准则层

在"森林植被覆盖率"指标上，两个工业园区都超过了 20%，故得分相同；

由于苏州工业园属于中新合作项目，加之其营业总收入是南昌高新区的两倍，故而在资金、技术上具有较大的优势，从而导致在后三项指标上，苏州工业园所得分值均高于南昌高新区；"节能建筑覆盖率"指标在准则层中所占权重最大，为0.49，由于两个工业园区在该项指标上得分相差较大，最终导致南昌高新区在此项准则层的得分低于苏州工业园，差值达8分多。

4. 政策管理准则层

南昌高新区和苏州工业园区均设有专门的部门进行绿色发展方面的规划，故两大绿色发展在"绿色发展升级规划""设置节能机构及管理人员"两项指标上得分相同；在其他四项指标上，苏州工业园的得分均高于南昌高新区；在"碳排放信息统计与披露"和"环境影响评价情况"两项所占权重较高的指标上，苏州工业园完善的信息披露制度和扎实的环评工作，使其在专家评分中所得分值远高于南昌高新区。最终，南昌高新区在此项准则层上的得分远低于苏州工业园，差值高达11分。需要说明的是，由于政策管理准则层在整个评价模型中所占的比重不大，仅为0.09，从而使得两大绿色发展的升级在综合得分上不至于相差太大。

通过对比分析可知，南昌高新区的绿色发展水平不仅在整体上不如苏州工业园，而且在各准则层上也相对较低，特别是在碳排放和政策管理两方面，与苏州工业园相差较大。为此，南昌高新区在借鉴苏州工业园绿色发展经验的同时，必须在碳排放和政策管理两项准则层上下足功夫，在保护自然生态环境的前提下，抓住产业转型机遇，大力促进绿色服务业的发展，大幅度降低单位GDP碳排放强度。此外，南昌高新区要克服自身劣势，积极发挥政策的引导支撑作用，尽早建立碳信息交流平台，加快培养低碳管理人才，促进自身的低碳化发展，缩小与苏州工业园的差距。

四、促进工业园区绿色发展的路径选择

（一）软件支撑

绿色发展是一种新兴的产业发展模式，要建立有效的文化环境支撑，并利用相关企业间的物质和能量的互动来得以实现，通过集群内集中式供热、污水处理和垃圾处理，促进企业间的物质集成、能量集成和信息集成，使之建立起的产业

第九章　绿色发展与工业园区转型升级

链，对于最后的剩余物进行集中、无公害化处理后再排放，提高再生资源利用率①。

1. 形成生态文明的文化环境

工业园区绿色发展需要环境文化支撑，培育相关的环境文化意识是绿色发展的文化支撑。公众是环境污染和破坏的直接受害者，公众参与环境保护的程度，直接体现着一个国家环境意识、生态文明的发育程度，公众参与绿色发展的规划设计有助于推进环境决策的民主与科学化，凝聚社会各界的智慧。环境文化强调资源是有限的，人类是自然生命系统中的一部分，自然关系制约着人类关系，所有先进文化都存在于自然文化中，必须大力培育的文化，提高全民族的环境意识和公德水平，改变传统的生产和消费方式。要充分利用内部宣传栏、群内刊物、培训等形式宣传，开展以与环境文化的竞赛、考察学习、参加相关主题的研讨会、利用媒体等形式树立绿色发展内的形象。通过在群内树立绿色集群的形象，进而使企业树立绿色产品的形象。

此外，欧盟及其成员国为了鼓励绿色生产和绿色消费，建立完善了多元化的回收方式、进行职业培训、鼓励公众参与、培育行业协会、推广产品标志与循环包装标志、防止废物再生利用的垄断制度等一系列措施推动的发展也是值得借鉴的。

2. 建立政府扶持制度

由于绿色发展需要大量资金投入，很多产业经营都是微利甚至不盈利，因此政府必须加以扶持。欧盟国家对绿色发展的扶持主要措施为融资帮助、政府绿色采购、财政绿色补贴、环保专项基金支持、贴息贷款、增值税和所得税减免，鼓励绿色消费，照顾性地分配污染物排放总量指标，建立科技研究和中小企业发展基金，鼓励废物回收与再生企业投资、建设与运营的市场化，鼓励企业的股票上市，优先发行债券和彩票等。

3. 规范市场运行制度

为了解决企业难以在全国各地亲自履行回收义务的问题，一些国家的行业自律组织和其会员经协商组建了许多回收与再生利用的专业公司。如 1994 年，瑞典产业协会和一些大包装公司组建了瑞典纸和纸板回收公司、瑞典塑料循环公司、瑞典波纹纸板回收公司和瑞典金属循环公司。其收入主要来自相关会员企业交纳的有关费用和包装再利用的销售收入。

4. 形成有效政策环境

绿色发展模式的建设需要在多个企业间构建生态产业链，其最有效的制度保

---

① 薛东峰. 南海生态工业园区的生态规划［J］. 环境科学学报，2003（23）.

障就是政策与组织的一体化,要鼓励相关主体积极参与,包括政府、企业、私人部门、社会组织、行业协会等。政府在推行绿色发展模式时,扮演的是一个参与者的角色,在推进绿色发展模式中应当有所作为。

首先,政府必须在绿色发展中发挥协调和指导作用。给予把列入政府的绿色发展投资计划进行资金补贴或贴息贷款;发挥对科技创新的引导作用,加大推行绿色发展的支持力度,如在财政、税收、价格及信贷等方面给予支持①。

其次,建立相应的奖励系统。建立生态和环境保护的补偿机制以及生产者污染责任延伸制度和消费者付费制度;对按原则设计的创新性清洁生产项目和使用技术的企业进行奖励,并通过宣传教育等手段提高整个社会对绿色发展的认识,促使生态理念贯穿经济、生产和生活的各个领域。

再次,地方政府可设立环保产业或发展基金,资助绿色发展模式,并努力争取从国际机构获得诸如减少温室气体排放和解决其他全球性污染问题的项目资助。

最后,在推行绿色发展过程中也不能忽视社会中介组织的作用,要借助咨询、回收、租赁、行业协会等社会中介组织来完善集群内的系统。在我国,中国工程院、中国环境科学院、中国科学院、清华大学等单位都积极参与绿色发展的规划编制以及技术开发研究中,这些科研机构已经为我国绿色发展升级的发展做出了重要的贡献②。

总之,绿色发展模式是一项复杂的系统工程。它需要政府、企业、科学界和社会公众等的不懈努力和共同参与。

5. 法律制度环境

绿色发展是新型工业化道路的最高形式。要实现绿色发展的升级,必须完善与相关的法律法规制度,形成严格的保障体系。为此,一些发达国家把绿色发展确定为全国战略,并在立法上加以确认、保护和促进③。建立法律义务及责任制度。为了保障本地区的环境和资源安全,防止资金因进口而大量流失到其他中国家,欧盟的大多数成员国在法律中宣告了资源的循环利用的意识,并规定了相关的强制实施机制。有些国际条约甚至明确了成员国的义务和责任④。

---

① 张晓盈,钟锦文. 环境税收体系下的中国碳税设计构想[J]. 武汉大学学报(哲学社会科学版),2010(6).
② 诸大建等. 中国发展循环经济的战略选择[J]. 中国人口资源与环境,2005(15).
③ 赵波,胡振鹏. 中部地区省级生态工业园区评价指标体系研究——以江西生态工业园发展为例[J]. 理论探讨,2007(6).
④ 闫来英,蔡飞. 公地悲剧理论下的鄱阳湖生态安全恢复[J]. 安徽农业科学,2008(34).

(二) 硬件支撑

设施共享是绿色发展模式的特点之一，实现公共基础设施共享可减少资源的消耗，提高设备的使用效率，避免重复投资。对于一些资金尚不充足的中小型企业尤其重要。公共基础设施包括：给排水系统、能源供应系统、技术共享系统、信息共享系统、交通及仓储等所有服务于群内企业的公共支撑系统。物质集成要三个层次来体现的思想。第一，在企业内部，实施清洁生产；第二，在绿色发展内，使废物作为潜在的原料或副产品循环使用，通过物质、能量和信息交换，优化绿色发展内的物质使用效率，同时降低有毒物的使用；第三，在绿色发展外，利用各类需求信息，形成周边的辐射区，使经济循环绿色发展发挥产业链接的作用，拓展物质和能量循环使用范围。

工业园区绿色发展升级框架设计规划示意图如图9-1所示。

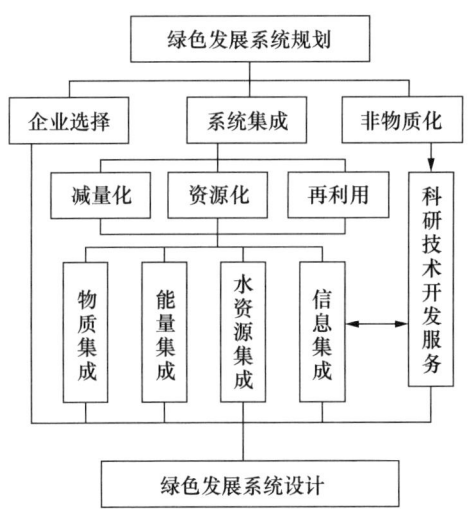

图9-1 工业园区绿色发展升级框架设计规划示意图

1. 水系统集成

物质集成是根据企业间的上下游关系，运用过程集成技术，调整物质流动的方向、数量和质量，完成基于绿色发展升级的规划设计，是建立在城市和区域规划、集群规划和环境规划方法的基础上的。

绿色发展升级规划中要纳入清洁生产、生态效率、工业代谢、副产品交换、生态设计、生命周期分析、联合培训计划、公众参与等思想和相应的方法。绿色发展升级网络的构建，要考虑资源（包括水、油和矿产等）回收利用或梯级使用,最大限度降低对资源的消耗。因此,在绿色发展内部,供水系统要使水资源重复使用统筹规划。由于水集成的目的是节约水资源,因此要尽量增加其使用途径,使废水通过减量化、直接以再生回用、再生循环等方式进行集成。可以将水分成各种等级加以使用,如超纯水(用于半导体芯片制造)、去离子水(用于生物或制药工艺)、饮用水(用于厨房、餐厅、喷水池)、清洗水(用于清洗车辆、建筑物)和灌溉水(用于草坪、灌木、树木等景观园艺)等。由于下一产业链的企业对水质的要求较低,使处理后的水回收利用,上一产业链上企业使用过的循环水也可以提供给下一产业链上对水质要求较低的企业使用。

2. 能源集成

绿色发展升级中要实现能源集成,不仅要提高低碳循环内各企业能源效率,而且绿色发展内部还要实现能源的总体优化和利用。第一,在集群内部利用工业锅炉集中供热和供电,提高燃料的利用效率,提高供热的质量,减少热能损失,降低成本、提高经济效益;第二,发展以煤气为基础的联产技术,实现煤的高效、清洁使用,改变企业对煤的过度依赖;第三,优化能源结构。尽可能以清洁能源代替煤炭能源,努力提高能效;第四,最大限度地使用可再生资源(包括太阳能、生物能、风能等)[①];第五,在绿色发展内根据不同产业、工艺、产品对所用能源的质量要求,规划和设计能源梯级使用流程,使能源得以在产业链中逐级充分利用,提高能源的利用效率。

3. 技术集成

技术集成是绿色发展升级的关键因素。而核心企业能够为技术创新与产业升级积累较丰富的资本与经验,使其在变化的市场条件下培育出动态的适应能力。绿色发展升级的核心企业尤其是要进行各类技术创新;通过绿色发展的科技创新,促进能源的循环利用,降低污染和消耗,开发出能循环使用的新能源,把污染物的排放消除在生产过程中,以实现生产过程的少投入、高产出、低污染的循环系统;使物质和能量逐级传递,实现闭路循环。绿色发展中的核心企业,具备了在生产或产品价值链中的组织能力,也就使其具备了在全球价值链分工体系中争夺高端资源的实力;使劳动密集型的产业向资本、知识密集型产业转移的内在动力,使其他企业在面临劳动力成本更低区域的竞争时,迫使其接受技术升级、削减成本[②]。进一步推动绿色发展的转型升级。

4. 信息共享

在绿色发展内建立信息共享机制,配备完善的信息交换系统,是保持绿色发

---

① 钟锦文,张晓盈. 美国碳排放交易体系的实践与启示经济研究参考[J]. 经济研究参考,2011(28).
② 曹茂侠,伍世代. 福建省农业循环经济发展的 SWOT 分析与对策[J]. 现代化农业科技,2009(7).

展活力的重要条件。要实现绿色发展内企业之间物质循环和能量集成,首先要了解企业间彼此供求信息,由于绿色发展的升级是一个渐进的过程,需要大量的信息支持。因此有必要发挥政府的信息建设和媒体的参与作用。这些信息包括群内有害物以及废物的组成、废物的流向等,相关产业链上的企业(包括其辐射产业)的生产信息、市场信息、技术信息、法规信息、人才信息、其他相关领域的信息等。

5. 设施共享

设施共享是绿色发展优化升级的特点之一。首先,交通工具的共享,如班车、运输和交通工具等。有效的交通设施是产业群集得以成功升级的关键,集群内每个企业都希望能方便地得到原材料和把产品运到市场或客户中,并希望员工上下班不出现任何交通问题。交通系统的规划要考虑对环境的影响和最优材料的使用。由群内管理部门统一规划的群内公共交通系统可以减少群内雇员对私人汽车的需求以及带来的停车问题,群内管理部门可以为群内企业提供交通综合信息服务,如共享上下班交通车,通过信息中心调度等。其次,仓储设施的共享,可提高群内成员间的闲置仓库利用效率。再次,提高群内企业闲置设备的利用效率。最后,共享消防设施、绿地以及相关培训等。

五、促进工业园区绿色发展升级的对策建议

绿色发展的升级是解决目前制约经济增长的重要方式,微观层次上,企业内部的经济循环模式解决较好,而社会的实现需要解决宏观的、整体的多方面问题。发达国家在绿色发展升级建设中,政府起了重要作用。如成立专门的研究机构、政府提供产业园的资金支持等。结合我国的实际情况,分析认为绿色发展的升级需要政府通过产业、财税、投资政策以及考核制度进行引导,形成激励、约束及创新机制①。

(一) 产权关系整合

公地悲剧发生在对公共资源的使用过程中,由于这种公共资源的非排他性以及由此而产生的产权不清晰,从而产生了个人与社会成本之间的矛盾。园区的居民、地方政府对这种公共资源的过度使用会出现的现象就是:个人使用公共资源

---

① 张晓盈,钟锦文. 碳税的内涵、效应与中国碳税总体框架研究 [J]. 复旦学报(社会科学版),2011 (4).

时所产生的成本转化成为了社会成本,由整个社会承担,这就是反公地悲剧的表现形式。加之委托—代理问题也存在于国有资产管理机构中。所以,有必要从产权理论的角度遏制这类腐败现象的发生,并正确认识在产权整合过程中的问题。因此,在建立绿色发展模式的管理体制时,必须建立有效地对地方政府管理人员的激励和约束机制。

首先,整合产权。管理体制存在的一个突出问题是所有权由不同的政府机构行使。在交易费用日益高升的情况下,由政府出面整合产权要比市场整合有效得多①。因此,必须重新调控公共资源的管理,要结合经济社会发展现状,并结合利益相关者的利益,按照生态环境的原则要求,建立统一的所有权代表,这种治理机构能够利用其总体性的职责来协调的各种关系,目的是通过整合产权以解决反公地悲剧问题。

其次,引入新的资源管理模式。避免因产权不清晰而产生的寻租问题,就要找到总体利益、地方利益和个体利益之间的最大公约数,从而实现各方利益的共赢。政府可以将环境保护标准通过资源保护契约条款加进绿色发展内的公司经营的社会目标,避免以往由于过于强调国家的总体利益,忽略地方和居民利益而导致的政策执行时受到地方的变相阻挠和反对的现象。

(二) 政策环境营造

绿色发展是在产业链、价值链上企业的空间聚集的优化,这种发展必须要有适应企业生存发展的环境作为支撑。绿色发展需要在多个企业间构建生态产业链,其最有效的制度保障就是政策与组织的一体化,要鼓励相关主体积极参与,包括政府、企业、私人部门、社会组织、行业协会等。

政府在绿色发展中,应当扮演一个参与者的角色,在推进绿色发展升级过程中有所作为。

1. 提高行政效率

政府必须在建设中发挥协调和指导作用。积极推进政府自身体制创新,增强服务意识,提高服务质量,规范行政行为,保证集群内企业之间的长期合作关系。

2. 建立相应的奖励系统

通过建立生态恢复和环境保护的经济补偿机制,以及生产者污染责任延伸制度和消费者付费制度,以激励绿色发展内企业自愿发展。要设立贷款及税收优惠政策及各种奖励政策,对实行废弃物资源化的企业,给予一定的政策优惠,对不

---

① 张晓山,李周,杜志雄. 新农村建设研究报告 [M]. 哈尔滨:黑龙江人民出版社,2007.

能达到要求的企业征收相关费用或税收，以鼓励企业使用环保设备和再生资源①。

3. 地方政府可设立环保产业发展基金

资助绿色发展的升级优化，并努力争取从国际机构获得诸如减少温室气体排放和解决其他全球性污染问题的项目资助。

4. 营造有生态产业聚群的文化氛围

由于产业聚集与当地的文化背景有着十分重要的联系，所以绿色发展升级需要有与之相适应的文化栖息。营造良好的、容忍失败和挫折的文化氛围；重视信任与合作文化的建立，促进人员在区内的合理流动。

5. 地方政府应推进制度规则的建立和完善，严格执法

保证交易各方的合约得到有效执行，加强诚信体系建设，使绿色发展内的企业认识到诚信的重要性，建立征信制度和全社会共同遵守的诚信准则。

6. 在绿色发展模式推广过程中也不能忽视社会中介组织的作用

绿色发展要借助咨询、回收、租赁、行业协会等社会中介组织来完善集群内的系统②。

总之，建立绿色发展模式是一项复杂的系统工程，它需要政府、企业、科学界和社会公众等的不懈努力和共同参与。

（三）价值链的网络支持

构建价值链可以降低企业成本，是企业竞争力的源泉，群内企业对利润的追逐必然推动价值链的发展。加拿大、美国等实践表明，废弃物的综合利用可以形成生态产业链，构建废物回收利用网络，进而形成绿色发展，是在宏观层次上的体现。换言之，谁拥有价值链的稀缺资源，谁就具有了核心竞争力。因此，绿色发展的竞争优势不仅是在波特所指的市场中，而且还存在于价值链中。

网络是绿色发展形成竞争力的基础，发达的网络可使绿色发展企业协同效应达到最大化。因此地方政府要为绿色发展内的企业创造共同行动的机会，促进企业之间、企业与政府之间建立信任关系；同时还要积极与绿色发展内的企业家进行交流沟通，以判断绿色发展内各参与者的能力及他们对共同行动的责任感。当地政府要提高产业间的相互关联度，就要使绿色发展要根植于当地网络，要加强信息网络的基础设施建设，形成完善的网络体系；通过调整企业的各种联系，建立集群内企业的横向和纵向合作；通过建立统一的批发零售机构，实现原材料的集中采购，在引进新设备时，将大的订单加以集中，共同使用公共生产设施，共

---

① 朱建军. 江西省旅游业发展"十一五"发展纲要 [EB/OL]. http://www.jxdpc.gov.cn/ghjh/bm-hygh/20061024/145338.htm, 2006 – 10 – 26.

② 张晓盈. 低碳循环打造江西区域竞争力浅析 [J]. 价格月刊, 2007（3）.

同开发新技术。

地方政府在信息网络建设方面要有所作为。一方面，运用电子商务建立信息咨询服务，加快信息化基础建设，大力提高绿色发展信息化程度。由于地区的经济发展比较落后，缺乏从信息技术中获取技能的能力。所以当地政府应当提供与信息技术要求相适应的硬件设施和技能，并加强与国外有关机构的信息咨询系统的联系。

另一方面，绿色发展模式的有效运行，必须有价值链支持。要求通过资源的循环利用和节约，实现以最小的资源消耗、最小的污染获取最大的经济利益。价值链就是通过劳动把价值转移到价值链中，并使其增值。一个价值链包括物质、能量、信息和人力资源等要素流动，而这些要素的流动又离不开价值的流动，价值链伴随着物质流和能量流的过程。

第一，构建主导产业链。主导产业链是绿色发展的核心链条，维系着生态产业链的稳定和发展，绿色发展是离不开主导生态产业链的。优选突出地方产业优势的主导产业链，在分析其工艺流程及其工业代谢的基础上进行产业链分析①。主导产业链是对环境影响较大且带动和牵制其他企业、行业发展的重点企业。因此，在绿色发展模式建设中，要选出突出地方产业优势或反映绿色发展内产业建设主题的主导产业链。

第二，引入产业支链上的相关企业。以主导产业链的副产品和废物为突破点，有针对性引入支链、补链的企业，把主导产业链的副产品和废物作为支链、补链企业的原料，延伸整个产业链；引入的支链企业作为产业链上的一个节点，其生产规模应当与其产业对接的企业相匹配，并能建立长期合作关系，从而稳定产业链，提高绿色发展的整体竞争力。

第三，融入全球价值链。由于国际贸易越来越多地发生在网络中独立的企业之间，而不是采取保持距离的交易或企业内部交易的形式进行。全球价值链是诸多企业相互连接而成的一个有序的网络集合，彼此之间连接在一起。换言之，全球价值链是由企业连接构成专业价值网络，它是指从链条的节点向四面八方发出射线，而不是指链条中的连接；全球价值链进行着一系列相关活动，为的是把一项产品或服务经过各个阶段，最终交付给最终消费者使用后仍对其进行废物的最终处理。

（四）公共体系建设

绿色发展模式得以推行，必须具备技术水平的提高、新市场的开发、培训技

---

① 胡振鹏等. 循环经济园区发展的技术经济分析［J］. 长江流域资源与环境，2007（3）.

术人员等条件。因此,当地政府应当为绿色发展内企业提供公共支撑体系,以确保绿色发展的有效升级。

1. 提供金融服务

融资困难是中小企业普遍存在的问题,银行对中小企业普遍存在着"惜贷"现象。所以当地政府要建立促进绿色发展的金融服务体系,为集群内的企业提供资金上的政策支持,通过建立企业的担保基金,为企业筹措资金,建立专门的信用保险机构,为中小企业提供更有效的融资担保等。

2. 为拓展国际市场提供有效服务

当地政府应当通过举办各种出口展览,为集群内企业的促销活动提供资金或税收优惠;在反倾销方面,政府、绿色发展的协会、企业要密切合作,积极应诉;在国际合作上,应加强与发达国家绿色发展接轨,学习其先进的技术和管理经验。

3. 提供技能培训服务

工业园区内的企业技术水平偏低,专业技术人员的缺乏导致群内企业管理创新能力偏弱,而企业所具有的技术也主要体现在项目的执行上,当国内劳动力的成本优势逐渐丧失时,面对国际竞争显得无能为力。所以为了使绿色发展的升级——实现绿色发展模式优化,必须对集群内的技术人员进行培训。

(五) 创建集群品牌

对欠发达地区的绿色发展升级来说,集群内的中小企业缺少打造名牌产品的实力,而绿色发展内的区域品牌具有共享性的特征,是集群内企业产品走向市场的有效方式①。由此地方政府要做到以下几点:

1. 加强引导

地方政府和绿色发展内的行业协会要加强引导,不断提升集群内企业的内涵,塑造、维护和提升区域品牌形象。

2. 加强组织协调

在工业园区内,各企业是分散的利益主体,利益上往往是不对称的,难以在塑造和维护品牌上采取统一行动。地方政府要使各企业转变经营理念,充分认识区域品牌的重要性,增强培育品牌的自觉性。

3. 加强知识产权保护

要引导中小企业的知识产权保护意识,提供品牌注册、变更的各种便利服务,推广使用统一的区域品牌。

---

① 张晓盈. 基于循环经济的低碳循环发展模式研究 [M]. 北京: 经济管理出版社, 2015.

4. 加强市场监管

政府管理部门要把品牌与区域经济发展加以紧密联系，严厉打击各种破坏品牌形象的行为。

5. 发挥行业协会作用

作为准政府组织，行业协会在塑造和维护区域品牌中具有十分重要的作用，应该协调各企业联合制定共同的产品质量、服务质量标准，建立行业自律制度。

6. 加强市场动态监测

把握市场同类产品或服务的发展趋势，组织企业定期研讨，不断提升品牌内涵，提高集群品牌的知名度，扩大产品或服务的市场覆盖面，监测市场动态，及时发现破坏集群品牌形象的行为并予以惩处。

（六）优化环境意识

绿色发展的升级发展需要环境文化支撑，培育相关的环境文化意识是绿色发展优化的文化支撑。公众参与环境保护的程度，直接体现着一个国家环境意识、生态文明的发育程度，环境文化强调资源是有限的，人类是自然生命系统中的一部分，自然关系制约着人类关系，所有先进文化都是存在于自然文化中，必须大力培育的文化，提高全民族的环境意识和公德水平，改变传统的生产和消费方式。

环境文化既是绿色发展的先导，也是绿色发展的基础。环境作为一种公共财产，任何人都有权利参与管理；公众又是商品的消费者，其消费行为对环境保护有着巨大的影响。随着人们环境意识的提高，就会越来越趋向于选择无公害商品，这就迫使厂家在产品开发和生产中必须考虑环境的影响，否则产品就会被市场抛弃。环境文化在绿色发展中具有重要的作用。第一，环境文化的核心是环境意识，没有环境意识，作为绿色发展的内生要素的资源环境价值就不能体现出来，绿色发展就无法升级；第二，在良好的环境文化中氛围中，对地方官员绩效的考核纳入绿色考核指标，这必然加强地方官员的环境责任，这对于绿色发展的升级具有决定性的意义。

（七）完善法律法规制度

绿色发展模式的升级是新型工业化道路的最高形式。要实现绿色发展的升级发展，必须完善与之相关的法律法规制度，形成严格的保障体系。建立和完善相关的法律制度，可以借鉴日本和德国等发达国家的经验，它们都相继通过了一系列环保法规，对不同行业的清洁生产、废弃物处理和资源的再生利用等从立法上作了具体规定。根据欧盟的立法经验，结合中国环境法基本原则和体系的发展现状，通过完善绿色发展的立法体系，促进群内企业走上健康、有序的发展轨道。

首先，制定法律义务及责任。尽快明确生态环境保护所涉及的低碳循环内各利益实体的权利与责任问题、利益分配问题、效率与公平问题，明确绿色发展区内生态环境和自然资源的产权关系，完善集群内交易的流通机制，建立污染者付费制度，建立有效的生态环境监管机制，规范政府、相关部门、企业和个人在环境保护中的责任与义务，并以国家法律作强制力保证，为提供法律上的支持。

其次，建立市场运行制度。行业自律组织和其会员经协商组建了许多回收与再生利用的专业公司，相关会员企业交纳的会费和包装再利用的销售收入作为该公司的主要来源，以解决企业难以亲自履行回收义务的问题。

第十章 江西工业园区转型升级政策建议

工业是最典型的实体经济,对夯实区域经济的基础和骨架至关重要,而工业园区就成了经济转型升级主阵地。本书前面章节分别从产业集群、产城融合、服务平台、科技创新、绿色发展五个方面分析了江西工业园区转型升级的主要内容,本章将从政府层面、工业园区层面和企业层面三个角度提出推进江西工业园区转型升级的政策建议。

一、政府层面

(一)舍弃短期利益,换取工业园区转型升级的长期综合收益

工业园区转型升级的过程一般较长,属于投产周期长、见效慢的工程。一方面,在工业园区转型升级的过程中,地方政府可能需要舍弃一段时期的产业发展、舍弃一时的GDP增长甚至要舍弃一些就业岗位。这是转型升级中不可避免的阵痛,不舍弃就不能得到转型升级后的综合收益。另一方面,除了舍弃一段时间的收益,还要舍得投入,这种大投入应该要综合考虑短期利益与长期利益、经济利益与非经济利益、政府利益与民众利益、企业利益与社会利益等。虽然在推进工业园区转型升级过程中的短期投入较多,成本较大,但只要成功转型后的综合收益、长期收益更大,那么这种投资就是值得的。

(二)编制高标准规划,优化工业园区转型升级的布局

打造优越的投资载体,有利于提升工业园区在引领产业发展、功能布局、环境提升等方面的核心竞争力。编制高标准规划需要全面协调和统筹融合国民经济

与社会发展"十三五"规划、城市建设规划、土地利用规划和环境保护规划，加快推进各功能区的规划整合。首先，产业空间资源的系统整合，实现产业空间功能的升级配置，提高空间要素在价值链上的效率，进而提升经济效率。其次，通过产业空间资源的结构整合，实现产业空间的进一步拓展，从而带动产业结构的转型与升级，最终实现经济增值的提升。最后，通过调整土地容积率提升整个区域的用地功能，挖掘部分工业园区已建、未建和闲置土地的产业空间潜能，适度置换传统工业厂房，建设现代智能楼宇，发展以研发、管理、营销、服务等为主的生产性服务业态，使土地空间发展模式由平面式向立体式发展转型。

（三）厘清权责利，发挥政府在转型升级中的引导作用

在推进工业园区转型的进程中，政府的职能也在发生变化，从全能型政府向有限型政府转变、从管理型政府向服务型政府转变。政府应该将"有形的手"尽可能地抽离出直接经济活动，把精力集中于经济调节、市场、社会管理和公共服务上。政府的主要任务就是通过制订规划、设计政策、设定标准、维护秩序等引导工业园区和工业园区内企业进行转型升级，要利用市场这一调节杠杆，通过政策优惠，税收减免等措施引导中小企业发展，引入竞争机制激活企业前进的动力，让企业由"被逼转型升级"变为"我要转型升级"。并不是代替企业作决策或者干预企业决策，而是给予企业最大的自主权力，让企业自己决定自身的发展道路。

（四）制定激励政策，发挥企业在转型升级中的主体作用

工业园区转型升级的主体是企业，而企业转型升级的主要途径就是创新，包括技术创新和商业模式创新。所以政府要加大对企业创新的支持力度：一是加强对产、学、研合作活动的推动；二是根据企业的不同成长阶段，培植相应的资源；三是出台相应的创新鼓励政策，对创新行为进行税收减免等，在一定程度上减少企业的创新成本，提高企业对创新收益的预期，从而激发企业的创新热情实现转型升级。此外，在企业转型升级的过程中，对知识产权的保护尤为重要。企业投入大量资金对产品进行研发设计，对技术进行改良提升，使其新生产的产品具有更强的竞争力。若知识产权保护不力，新研发的产品或技术被随意剽窃和复制，会极大地打击企业转型升级的积极性。所以应该注重企业的知识产权保护，对于剽窃他人知识产权的行为，应严查到底，以强力的司法进行惩处。

二、工业园区层面

（一）树立新常态思维，引领工业园区转型升级总思路

在新常态下，资源能源浪费以及产能严重过剩带来的市场无序竞争等问题，倒逼工业园区寻求供给侧改革与转型升级之路。工业园区转型升级方向主要有六个方面：一是加快从注重发展工业向先进装备制造业、高新技术产业和现代服务业协同发展转型，更加注重结构调整和优化升级；二是由外延扩张型向质量效益型转变，从产业价值链的低端向高端的跃升，我们不能再走数量扩张和价格竞争的老路，要逐步转向质量型、差异化为主的竞争；三是由单个孤立企业向产业集群转型，围绕主导产业上下游进行招商引资和综合配套，并依托龙头企业形成产业链，提高产业聚集度、集中度和关联度；四是由建设单纯工业园区向工业区与新城区联动转型，同步推进多功能、综合性产业区和现代化、生态型新城区建设；五是由传统管理型向现代管理型转变，发挥政府主导和政府牵头的作用，形成政府主导与市场运作相结合的方式来管理工业园区；六是由粗放型发展方式向集约型发展方式转型，大力发展低碳经济和循环经济。

（二）做好精准定位，集聚工业园区转型升级生产力

定位也是第一生产力，如果工业园区能够做出精准定位有利于节约资源和降低成本，进而形成生产力。做好工业园区精准定位：一是工业园区主导产业的定位，这是最重要的。工业园区现代产业体系包括主导产业、配套产业和支撑产业三个方面，其中最需要定位的就是主导产业。主导产业确定后，配套产业和支撑产业也就能够定了。二是重大项目或项目群定位。通过一个或几个重大项目或项目群的形成，分工协作、形成合力，带动整个产业的发展。三是品牌形象定位。工业园区设计独特的文化精神、标识、宣传口号和节会活动等品牌形象，打造品牌工业园区、品牌产业、品牌企业、品牌产品和品牌企业家，提升品牌竞争力。此外，省内大多数的工业园区定位随意变更，可能因为领导换届就改变了工业园区的定位。所以在做好了工业园区的定位之后，能够连贯延续执行也是非常重要的。

（三）加强监管服务，突破企业转型升级制约"瓶颈"

加强监管服务，突破企业转型升级在土地、资金、人才和技术方面的制约

"瓶颈"。在土地方面，对园内企业用地进行严格清理，对未达标准的企业进行清理整顿，并限期整改，在规定期限内仍达不到标准的，强制搬出工业园区；对圈而不建、征而不用的土地严格清理或依规收回，或通过合作再利用、租赁再利用、回购再利用等方式，腾出空地，换出资源，重新安排给急需用地的项目。在资金方面，工业园区需要建立多元筹资机制，加强银企合作，规范发展担保公司，创新金融服务，覆盖贷款风险，加大企业贷款力度。积极引导社会资本投资方式，加大对社会担保公司为中小企业担保的奖励额度，引导社会资本投入潜力较大的产业。在人才方面，工业园区主要制定引进人才的优惠措施，建立高层次人才库、人才交流培训中心，配套硬件设施，切实解决人才的居住问题以及子女入学问题，这样才能吸引人才和留住人才。在技术方面，避免企业个体重复建设，建议在整个工业园区建立技术公关资源共享平台，以解决产业提升中的共性问题，解决中小企业依靠自身力量难以突破的技术"瓶颈"。

（四）优化发展环境，营造企业转型升级良好氛围

发展环境既包括现实的生产硬环境，也包括行政、制度软环境。在硬环境方面，统筹、细化、优化工业园区功能布局，建立工业园区专业化、现代化物流中心；加大对工业园区文化体育、教育卫生、公交、金融、购物等民生配套建设的投入；加强工业园区与城区的基础设施对接，完善工业园区功能。在软环境方面，成立高规格的工业园区企业转型升级推进领导小组，建立推进工业园区企业转型升级联席会议制度，强化组织推动；制订"互联网+"行动计划，帮助企业建立网络平台，开展电子商务，实现企业采购、销售、研发活动、购并和资本流动的信息化，极大地降低经营成本，全面提高工业园区工业企业的管理水平和在产品市场中的竞争力，为工业园区的发展抢得先机；创新工业园区信息化推进机制，建立健工业园区企业信息化推进服务体系，以服务能力建设为中心，实施行业信息化服务工程，为工业园区管理机构进行网上联合审批、通告通知发布、网上登记、报表申报、年检年审等业务提供网络服务。

三、企业层面

（一）采取差异化战略，开辟消费新领域

根据市场供求状况和发展趋势分析，商品生产重合度过高是导致商品市场供过于求的最主要因素，采取差异化战略是企业在同质竞争中获得优势的生机。一是产品质量的差异化。如果企业致力于产品设计或者品种的差异化，就意味着更多的成本投入，并不是所有企业都能够承担的。若企业在产品质量上下功夫，能够向市场提供竞争对手不可比拟的高质量产品，形成同行产品中的高质量形象，依然能够产生较高的产品价值，进而提高销售收入，获得比对手更高的利润。二是产品特性的差异化，如果通过研发设计出的产品具有其他产品不具备，且正是消费者所需要的某些特性，这样就会让消费者产生别具一格的形象，能够赢得广大顾客的偏好，使企业获得竞争优势。

（二）升级产业链，抢占价值链高端

企业通过产业链的延伸和升级，抢占价值链高端进而实现转型升级。一方面，通过延伸产业链，形成商业生态圈。企业将自身现已存在的产业链尽可能地向"微笑曲线"的两端拓展延伸，向上游延伸使得产业链进入基础产业环节和技术研发环节，向下游拓展则进入市场拓展环节，形成一个商业生态圈。商业生态圈中每一参与元素都是重要的，其生存成长都需要其他元素的价值贡献，所有元素共同建立一个价值平台，创造价值，并从中分享利益。另一方面，通过升级产业链，融入全球价值链的高端。我国提出"一带一路"等国家战略，着力打造全方位对外开放新格局，为企业提供了巨大机遇。企业积极承担国家战略和顺应全球大势，加快"走出去"步伐，以开放包容的思想融入世界，变"中国是世界的工厂"为"世界是中国的工厂"。从最简单代工生产模式（OEM）逐渐演变为具有自主的设计能力再加工（ODM），再发展到自行创立产品品牌，生产、销售拥有自主品牌的产品（OBM）。

（三）勇于融合创新，占领市场先机

通过多种方式形成集成创新和融合创新优势，企业将实现竞争力的新飞跃。一是技术创新，既包括开发新技术，新技术的诞生往往可以带来全新的产品；也包括将已有的技术进行应用创新，这种创新并不能带来产品的改变，而仅仅带来成本的降低、效率的提高，如改善生产工艺、优化作业过程从而减少资源消费、能源消耗、人工耗费或者提高作业速度。二是运营模式创新，深入变革企业生产模式、管理模式、流程模式、交易结构等，从而在用户层面、企业层面、产品层面搭建起完整的价值链；运用"互联网+"手段创新合作方式，通过网络招标、谈判，把企业自身没有优势和附加值低的业务外包给其他企业，给一些在这个业务具有竞争优势的小专精专业化企业，这样能够实现优势互补，提高自己的竞争力和盈利能力；此外，企业可以尝试建立网上商店、网上订货等电子商务网站或

者委托专业电子商务网站从事网上营销订货活动。

(四) 尝试联合兼并，扩充技术力量

相对而言，独立的中小企业个体一般存在弱、小、散的特征，生产技术较弱、经验规模较小、企业布局较散。企业可以尝试通过联合兼并的方式强化产业集中度，扩充技术力量和生产能力，实现低成本扩张，达到规模经济，从而降低成本，提高盈利能力。在企业联合方面，企业与合作伙伴或竞争对手在互信基础上达成或建立起来的有关资金支持、物质供应、技术开发、市场营销、人才培训等方面的协作与互助。在企业兼并方面，企业可以考虑对一些彼此在空间上比较接近，生产工艺较相近，或者是产品之间相关，或具有厂房、设备、土地等资产优势的中小企业进行兼并，组建企业集团，使企业由小变大，由弱变强。企业兼并集中不仅有利于提高企业自主创新能力、开发技术和市场的能力，还可以促进企业之间的分工协作，实现资源与信息的互补，从而使单个企业节约资源，获得规模经济效应。

(五) 打造自主品牌，提高产品附加值

如果企业没有自主品牌，仅仅是处于产业价值链低端的代工型企业，在国际市场上就没有定价话语权，而且受经济下行压力影响较大。通过前期的企业运作帮助积累了资本、管理经验、人才、技术和资源，企业应该创立属于自己的品牌，通过品牌效应提高产品附加值。企业要打造自主品牌，首先就是强化企业家的品牌意识，树立品牌观念。企业家思想上要重视，始终将品牌塑造作为实现企业发展目标的主要任务之一，制定以质量为核心的品牌发展规划，并把品牌观念体现到企业的组织建设中去，使企业的机构设置和人员选拔为品牌塑造准备条件；其次是把品牌塑造的观念灌输给每位员工，整个企业上下统一思想意识，并落实到其日常行动上；最后是加强品牌宣传，积极借鉴国际上成功的品牌建设经验和运作方式，实施品牌经营战略，不断提升品牌贡献能力。

附录　景德镇国家高新区转型升级战略研究

我国经济发展迈入新阶段，呈现以中高速、优结构、新动力、多挑战为主要特征的新常态。从国际看，全球经济结构调整深度推进，以互联网技术、智能技术和大数据技术为代表的第三次工业革命已经来临，发达国家再工业化和智能化不断取得新进展，产业转移的区域竞争更加激烈。从国内看，依靠要素成本优势驱动、大量投入资源和消耗环境的经济发展方式确实难以为继，产能过剩、要素成本上升、创新能力不足等一系列问题靠过去的办法难以根本解决，要求我们必须认真学习领会习近平总书记系列重要讲话精神特别是新常态的系列论述，主动适应新常态，遵循经济规律、自然规律、社会规律，实现科学发展、可持续发展、包容性发展，需要经济发展方式从规模速度型粗放增长转向质量效率型集约增长，经济结构从增量扩能为主转向调整存量、做优增量并存的深度调整，经济发展动力从传统增长点转向新的增长点。从江西看，工业化进程同时处在快速追赶阶段与第三次工业革命的窗口机遇期。省委十三届十次全会强调新常态下要加快推动转型升级，只有在转型升级上先人一步、快人一拍，才能顺利度过这一轮结构调整的阵痛期，在区域发展竞争中赢得主动、占得先机。在这样的背景下，景德镇高新区提出跨越提升发展战略是高新区在新常态下坚持发展，主动作为的有力表现，也是抓住机遇发挥后发优势的必然要求。不仅对高新区本身具有重要的方向指引作用，对于当地的提升发展同样具有重要的引领和示范作用。

一、景德镇高新区的发展现状与问题

（一）景德镇高新区发展的现状

景德镇国家高新技术产业开发区，简称景德镇高新区，位于景德镇市西城区，于1994年依据江西省政府文件《关于建设景德镇高新技术产业开发区的批复》（赣府字〔1994〕336号）设立，并于2010年，由国务院批复升级为国家高新技术产业开发区，是江西省4个国家级高新技术产业园区之一。景德镇高新区经过20多年的发展，先后荣获国家创新型产业集群试点单位（培育）、国家新型工业化直升机军民结合产业示范基地、"江西省生态工业园""江西特色产业示范园区""江西省先进园区"等称号。2014年10月，景德镇直升机战略性新兴产业区域集聚发展试点方案正式获得国家发改委等部委批复通过，成为景德镇市经济发展的亮点。

1. 工业经济稳中快进，产学研结合能力显著提升

截至2015年12月，景德镇高新区全区完成工业增加值106.98亿元，实现主营业务收入486.85亿元；招商签约资金55.60亿元；固定资产投资达79.03亿元，财政总收入9.7亿元；出口交货值26.74亿元。园区现有主营业务收入过百亿的企业1家，过50亿元的企业2家，过10亿元的企业5家。园区积极创新驱动，促进产学研相结合，一方面，积极对接中国科学院宁波材料技术与工程研究所，力促其来景设立分支机构服务景德镇工业经济，为加快全市人才引进及高科技材料发展提供重要支持；另一方面，推动中国科学院上海硅酸盐研究所与景德镇市焦化工业集团有限责任公司产学研战略合作，组建了江西高环陶瓷科技股份有限公司，并力争在5年内将其打造成年产1000万立升蜂窝陶瓷产品的上市公司。

2. 基础设施配套不断完善，投资环境进一步优化

高新区的基础设施日渐完善，现已建成110千伏变电站3座、天然气配气站2座、5000吨自来水加压泵站1座，日处理能力达4万吨的污水处理厂1个。8条园区主干道路网主骨架已拉开，道路总长约10.4千米，飞虹大桥及飞虹大道已于2015年9月主体工程开工建设。基础设施配套不断完善的同时，高新区管委会全权审批中外投资者在区内的投资项目，并为投资者提供咨询、评估、审批、办证"一条龙"优质服务，投资环境进一步优化。在第六届中国工业园区招商引资高层论坛暨中国最佳投资环境工业园区公益评选中，高新区曾获"中国十大最佳投资环境工业园区"荣誉称号。

3. 招商引资取得显著成效，产业集聚雏形初步形成

近年来，高新区在加快基础设施配套建设，不断完善投资环境同时，加大招商引资力度，围绕航空、家电和汽车等主导产业引进配套企业，延伸产业链条，通过采取专场招商会、网上招商等多种形式，积极承接沿海地区产业板块转移，招商引资显著成效。园区产业集聚雏形初现，基本形成了以昌飞、江西直升机投资公司为代表的直升机产业；以汽车零部件产业基地为龙头的汽摩配产业；以华

意压缩机、美菱制冷为代表的家电产业三大主导产业。直升机产业作为国家创新型产业集聚拥有四家整机生产企业，整机装配生产能力达到 700 架，航空配件类企业现已超过 20 家；家电产业作为全省特色产业集聚，拥有全球规模最大的压缩机生产企业，年产压缩机超过 4000 万台，其二期 600 万台的商用压缩机生产项目年底将实现建成投产；汽车零部件产业集聚内现有企业 20 余家，依托北汽新建 45 万辆整车生产项目，将大力推进汽车零部件配套项目的建设。

4. 中介服务体系日趋完善，融资环境快速优化

景德镇高新区建立了较完善的中介服务体系，不仅建有高技术创业服务中心等中介服务机构，积极为企业开展科技服务和成果转化；还成立高新区企业服务中心帮助企业排忧解难，以及建立了区领导班子成员和党员领导干部挂点企业联系制度，用于指导企业开展教育实践活动。此外，不断优化融资平台，以大融资推动大投入，大投入推进大发展：一是拓宽投融资渠道，积极与泰豪集团、江铜集团、航空基金公司等金融机构和大财团进行沟通接洽，积极争取国家、省里对航空产业的政策支持和资金扶持。二是创新融资平台，2014 年 3 月，市国资公司、市高新区共同出资组建了新的合盛投资公司，进行市场化运作。三是推进"政银企"对接，落实财园信贷通，用于帮助区内技术有优势、产品有市场、发展潜力较大、社会诚信良好，但抵押担保不足的中小微企业，获得合作银行无抵押、无担保的流动资金贷款。

（二）景德镇高新区发展存在的问题

20 多年来，景德镇国家高新区建设取得一定成绩，经济总量在全省 36 个重点园区中排名居中。据最新数据统计，2015 年 12 月，高新区的工业增加值为 106.98 亿元，在全省工业园区中排名第 17；主营业务收入为 486.85 亿元，在全省工业园区中排名第 16。截至 2015 年 10 月，江西共有国家级高新区 7 个，下面对南昌高新区、景德镇高新区、新余高新区、鹰潭高新区、抚州高新区、赣州高新区和吉安高新区 7 个国家级高新技术开发区进行详细比较，分析景德镇高新区建设发展中存在的差距和不足。

1. 园区经济总量规模的差距

我们在比较园区经济总量规模时，主要选取了园区的主营业务收入、工业增加值、利税总额和出口交货值等指标。从工业增加值看，截至 2015 年 12 月，景德镇高新区的工业增加值为 106.98 亿元，在 7 个国家级高新区中排名第 3，比南昌高新区和新余高新区分别低 251 亿元和 37.24 亿元（见表 11-1 和图 11-1）。从高新区主营业务收入占全市规模以上主营业务收入的比重看，景德镇高新区以 39.47% 排名第 2，仅次于新余高新区的 45.07%，比排名最后的赣州高新区高出

30.89个百分点,说明景德镇高新区对推动景德镇市经济发展的贡献更大。从主营业务收入看,景德镇高新区以486.85亿元排名第4,和排名第1的南昌高新区相差521.49亿元(见表11-1和图11-2)。2015年景德镇高新区实现利税总额37亿元(排名第6),出口交货值为26.74亿元(排名第5)。综合来看,景德镇高新区的经济总量规模和江西其他国家级高新区存在一定差距,追赶之路任重而道远。

表11-1 2015年江西省7个国家级高新区主要经济指标的比较

指标\名称	工业增加值（亿元）	占全市规模以上工业增加值比例（%）	主营业务收入（亿元）	利税总额（亿元）	出口交货值（亿元）
南昌高新区	357.98	24.66	1008.34	166.01	104.71
景德镇高新区	106.98	39.47	486.85	37.00	26.74
新余高新区	144.22	45.07	648.01	45.96	74.81
鹰潭高新区	85.09	23.73	536.48	44.52	17.08
抚州高新区	104.96	28.82	367.26	37.82	23.65
赣州高新区	64.66	8.58	267.12	22.73	43.67
吉安高新区	70.55	9.66	310.05	37.34	58.00

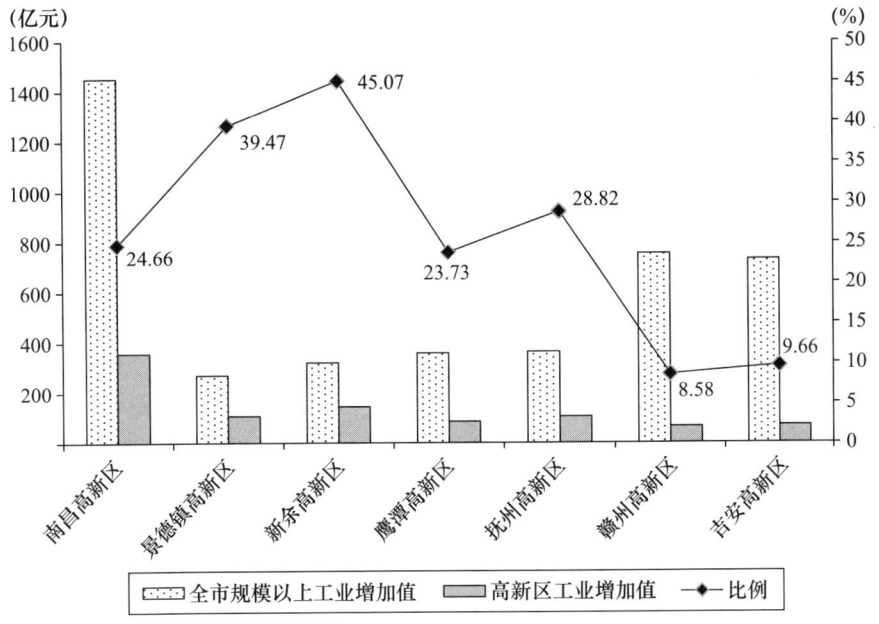

图11-1 2015年江西省7个国家级高新区工业增加值比较

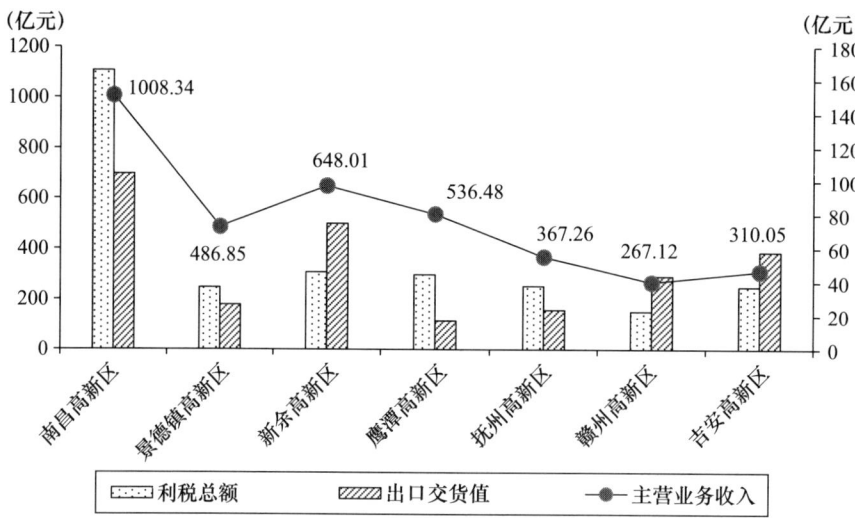

图11-2 2015年江西7个国家级高新区主营业务收入、利税与出口交货值比较
资料来源：景德镇高新区统计资料。

2. 产业结构的比较

所谓高新技术开发区，就是指知识密集、技术密集的高新技术的产业开发区，高新技术产业会给园区带来高于一般的经济效益和社会效益。但是景德镇高新区的高新技术产业并不突出。从7个高新区的主导产业的情况看，景德镇高新区以航空制造业、汽车零部件产业、家电制造业为主，其中汽车零部件产业、家电制造业（主要是制冷压缩机生产）高新技术含量并不高。航空制造业属于市场需求潜力大、技术含量高、能够有效带动区域产业升级的高端制造业，但是尚处于培育期，需要一定时间成长。然而南昌高新区、新余高新区主导产业定位就以高新技术产业为主，南昌高新区有电子信息、生物医药、新材料，新余高新区有新能源、光电信息等（见表11-2）。

表11-2 江西省7个国家级高新区主导产业比较

名称	主导产业
南昌高新区	电子信息及应用软件、光机电一体化、生物医药、新材料
景德镇高新区	航空制造业、汽车零部件产业、家电制造业（主要是制冷压缩机）
新余高新区	新能源、钢铁和装备制造、新材料和化工、光电信息、生物医药食品
鹰潭高新区	铜基新材料、绿色水工、大健康、电力电子、新能源、创意制造
抚州高新区	生物医药、汽车产业、纺织服装、轻工建材
赣州高新区	有色金属矿产品加工、食品加工、轻纺化工、电力能源、新型建材
吉安高新区	电子信息、食品加工、精密机械制造、新能源新材料

3. 招商引资规模的比较

综合比较 7 个高新区的招商引资情况,发现景德镇高新区投产企业数量、招商到位资金和户均招商资金总体排名靠前,相对较具优势。据统计,截至 2015 年 12 月,景德镇高新区投产企业数量达到 101 个;招商到位资金有 80.42 亿元(排名第 4),分别占南昌高新区和新余高新区的 60.56% 和 73.15%;每户企业平均招商资金为 6625.15 万元/户(排名第 1),是排名最末的赣州高新区(1698.06 万元/户)的近 4 倍(见表 11-3)。此外,从提供就业岗位的角度看,景德镇高新区吸纳工业就业人数为 23373 人(排名第 7),人均创造工业增加值为 45.77 万元/人(排名第 1)。

表 11-3　2015 年江西省 7 个国家级高新区招商引资情况比较

指标\名称	投产企业数量（个）	招商到位资金（亿元）	户均招商资金（万元/户）	户均工业增加值（万元）	工业从业人员（人）	人均工业增加值（万元/人）
南昌高新区	352	132.80	2789.07	10169.89	103476	34.60
景德镇高新区	101	80.42	6625.15	10592.08	23373	45.77
新余高新区	180	109.94	4934.78	8012.22	51089	28.23
鹰潭高新区	107	40.75	3621.13	7952.34	29773	28.58
抚州高新区	183	67.81	3022.95	5735.52	32018	32.78
赣州高新区	111	24.59	1698.06	5825.23	24396	26.50
吉安高新区	117	80.61	3902.56	6029.91	35707	19.76

4. 园区规划面积的差距

高新区的用地功能随着高新技术的应用以及信息流的存在,早已不同于传统社会的用地功能,高新区用地必须满足三个层面的用地需求:一是产业用地需求;二是派生产业用地需求;三是商服用地、公共服务设施用地等用地需求。景德镇高新区的辖区面积为 50 平方千米,并没有建制镇,园区的规划面积仅有 15 平方千米(排名第 6),如果根据《景德镇市城市总体规划（2012~2030）》的规划调整后,高新区组团范围可以扩大到 30.847 平方千米,不过目前《景德镇高新区组团分区规划》仍在等待景德镇市政府的批复通知。但是和江西其他国家级高新区相比,新调整后的景德镇高新区的规划面积依然偏小,还不足新余高新区规划面积的 1/3,发展空间非常有限(见表 11-4)。

表11-4　江西省7个国家级高新区辖区与规划面积比较

指标 名称	创建 年份	升级为国家级 的年份	辖区范围		园区规划面积 （平方千米）
			面积 （平方千米）	具体辖区	
南昌高新区	1991	1992	231	下辖2镇1管理处：昌东镇、麻丘镇和艾溪湖管理处	180
景德镇高新区	1994	2010	50	无下辖乡镇	15
新余高新区	2001	2010	266	下辖1镇2办事处：水西镇、孔目江街道办事处、马洪办事处	100
鹰潭高新区	2001	2012	60	下辖白露、龙岗2个街道办事处	30
抚州高新区	1992	2015	158.6	下辖崇岗镇、钟岭街道和城西街道	40
赣州高新区	2001	2015	—	无下辖乡镇	52
吉安高新区	1993	2015	—	无下辖乡镇	12.7

资料来源：高新区网站统计资料。

通过综合比较景德镇高新区与南昌高新区、新余高新区、鹰潭高新区、抚州高新区、赣州高新区和吉安高新区7个国家级高新技术开发区在经济总量规模、产业结构、招商引资规模和园区规划面积等方面的差距，我们发现：①景德镇高新区总量规模较小，主营业务收入、工业增加值、利税总额和出口交货值分别只占排名第1的南昌高新区的48.28%、29.88%、22.29%和25.54%。②园区的汽车零部件产业、家电制造业等主导产业的高新技术含量不高，不过现在正在培育的航空制造业属于技术含量高、能够有效带动区域产业升级的高端制造业，是景德镇高新区的未来增长极，前景无限。③虽然高新区投产企业数量、招商到位资金和户均招商资金总体排名靠前，但仍然需要加大努力。④高新区的规划面积偏小，还不足新余高新区规划面积的1/3，发展空间非常有限。总而言之，景德镇高新区要实现跨越提升发展，既受到自身基础薄弱的限制，又受到土地等外在因素的制约，跨越式发展之路任重道远。

二、园区发展存在的困难

(一) 入园企业总体实力不强

近年来,景德镇高新区虽然引进了景德镇市开门子药用化工有限公司、江西中航光学设备有限公司、景德镇现代创业科技发展有限公司、江西景源电器有限公司等多家投资亿元以上的项目入园,但由于产业链不够完善,具有带动性的大项目仍然不多,产业的集聚能力、辐射作用得不到充分发挥。除了航空、家电和汽车产业企业集聚初现之外,区内部分大企业并没有形成以龙头产业为主的产业群,注册和投产的小企业尽管数量较多,但还没有起到协作配套的作用,特别是与当地企业产业链条连接和延续不紧。有的企业虽然有一定的科技含量,但相应的体制、管理、人才、资金等方面得不到有效保障,企业的持久发展问题突出。园区也在大力招引和发展高新技术企业,目前经国家相关部门重新审核认定的高新技术企业有4家,但与先进地区工业园区相比,入园企业项目整体规模、水平、科技含量还存在一定的差距。

(二) 不同层次人才均较短缺

当前高新区人才市场无法满足企业用工需求,一方面,机械产业需求的切割工、冷作工、电焊工、钻工、镗工、专业起重工等技术工人的储备、培养不足;另一方面,信息化人才特别是复合型骨干人才匮乏,即既懂业务和管理,又懂信息技术的复合型人才。从调查情况看,园区内的绝大部分企业信息化人才特别是复合型人才严重匮乏,企业普遍存在管理人才和营销人才"饥渴感"。人才短缺是制约企业发展的"瓶颈",而且随着时间的推移,这一问题将日益突出。根据省里相关文件规定"运动员和裁判员"不能兼顾的原则,园区人力资源和社会保障部门并不能专门组织就业、技术培训,所以园区企业只能采取自主培训的方式,现在主要通过网络招聘、提高待遇吸引人才、营造良好的就业环境留住人才。大多数企业也在人员培训和吸引人才方面已有了计划,但投入小,实施的力度并不大,效果也不理想。

(三) 开发建设资金紧缺且来源渠道单一

近年来,高新区基础设施投资大,资金不足将成为制约园区拓展的"瓶颈"

因素。在《景德镇市城市总体规划（2008～2030年）》中高新区片区规划用地面积约23.56平方千米，现根据新一轮《景德镇市城市总体规划（2012～2030年）纲要》，高新区片区规划用地面积将要调整为30.87平方千米。据估计，高新区每亩土地的征地、拆迁以及土地平整成本一般为20万元左右，而2015年高新区的财政收入为9.7亿元，拓展的区域以及今后基础设施的进一步完善需要投入更多的建设资金，现有的资金远远满足不了开发建设的需要。而且园区建设资金来源比较单一，除了国家开发银行贷款外，主要以园区土地开发收益来保障建设资金，亟须尝试引入社会资本参与园区的建设工作。

三、高新区跨越提升的发展思路和目标

（一）跨越提升战略的背景

1. 国际视野

金融危机后经济全球化更加深入推进，创新要素在全球范围内加速流动，产业和技术分工在更深的层次和更广的范围展开。国际产业转移也出现新的特点，发达国家再工业化导致制造业转移不断减少，技术转移和服务转移日趋活跃。同时，金融危机也正在催生重大科技革命和技术变革，以新能源和低碳为主要内容的绿色经济正在重塑各国家和地区的经济竞争力，而信息技术、高端制造业仍然是全球科技创新的重点领域，4G、物联网、智能电网、新材料等技术领域得到广泛重视。景德镇高新区要打破对传统产业和传统发展模式的路径依赖，积极融入到产业全球化的浪潮中，拓宽对外交流渠道，强化对国际创新要素的吸引，加快谋划和布局战略性新兴产业，推动产业结构的调整和升级，培育新的经济增长点。

2. 国内园区情况

我国有国家级经济技术开发区218家，国家级高新技术产业开发区129家。多年来，各类国家级开发区经济快速发展，GDP、工业总产值、工业增加值、税收、进出口、吸收外资等主要经济指标大幅度增长，远远高于全国和所在地区的增长水平，国家级开发区的建设带动了全国各地各级开发区的迅猛发展。近年来，大部分园区都试图通过聚焦研发资源、高端人才、金融服务以及创新载体等方式，升级制造业，发展高端服务业，主攻战略性新兴产业，培育新型业态和新兴商业模式等方式，促进园区发展方式的转型。例如，北京中关村、深圳高新区

等东部沿海高新区等把转变发展方式放在了经济发展的重要位置,实现了经济发展形态的转变。在景德镇市委市政府的高度重视和高位推动下,景德镇高新区在2008年时就提出了跨越发展目标。

3. 省内发展地位

世界认识中国,从陶瓷开始;世界认识陶瓷,从江西开始;世界认识江西从景德镇开始。景德镇作为江西乃至华东地区重要的工业基地、国家重点军工研发生产基地,又是地处"一路一带"和长江经济带的重要支点,东面为杭甬经济圈连接上海,南面为福州和闽南厦漳泉经济圈,西面为武汉经济圈,北面为南京合肥经济圈。景德镇距省会南昌179千米,可以充分发挥承东启西,辐射周边的区位优势,加之景德镇产业优势和技术人员优势,现已成为承接发达地区产业转移最便捷的地区之一。从景德镇高新区近年的发展比较来看,2007年园区工业增加值为11.62亿元,全省合计为1135.82亿元,景德镇高新区占全省的1.02%;2012年高新区工业增加值为60.32亿元,全省合计为3465.58亿元,景德镇园区占全省的1.74%,工业增加值在数量上、比重上增长了,园区的发展取得了量的突破。有学者根据2012年全省11个国家级园区①的经济效益、资源利用效率、发展潜力和生态效益等方面的评价比较,景德镇高新区的综合排名在第6位,但综合近年发展情况来看,景德镇取得了一定成绩的同时,但综合实力方面还有待进一步提高。

(二)跨越提升面临的发展机遇

1. 国家和区域发展战略为景德镇高新区提供了良好外部机遇

当前国家推进长江经济带、长江中游城市群、"一带一路"等重大战略,发展重心继续向中西部转移。省委十三届十次全会强调,江西要紧紧抓住国家发展"一带一路"、建设长江经济带的重要契机,更加积极主动地融入全国乃至全球经济大格局。对于景德镇高新区而言,迎来了做大经济总量、融入区域合作的历史性机遇,我们要有时不待我的紧迫感,加紧进行战略研究和谋划,努力在对接国家发展战略中赢得更多主动权。此外,景德镇市还被纳入国家中部崛起战略,比照实施振兴东北地区等老工业基地有关政策以及鄱阳湖生态经济区发展战略。2014年10月,景德镇直升机战略性新兴产业区域集聚发展试点方案正式获得国家发改委等部委批复通过。上述相关区域经济发展战略和扶持政策将直接受益于景德镇高新区的建设和发展,为高新区跨越提升发展提供了良好外部机遇。

---

① 马琳(2013)研究指出,江西11个国家级园区综合排名依次是:南昌高新技术产业开发区、南昌小蓝经济开发区、萍乡经济技术开发区、鹰潭工业园区、新余高新技术产业开发区、景德镇高新技术产业开发区、上饶经济开发区、南昌经济技术开发区、井冈山经济技术开发区、赣州经济技术开发区、九江经济技术开发区。

2. 国家对自主创新的高度重视为高新区发展带来了新的机遇

提高自主创新能力，建设创新型国家是国家发展战略的核心、提高综合国力的关键。高新区是推动科技产业发展的重要形式，对高新技术产业与知识经济的发展以及欠发达地区赶超产生了重要的影响。党的十八届三中全会明确提出，要建立健全鼓励原始创新、集成创新、引进消化吸收再创新的体制机制，健全技术创新市场导向机制，建立产学研协同创新机制，强化企业在技术创新中的主体地位，发挥大型企业创新骨干作用，激发中小企业创新活力，推进应用型技术研发机构市场化、企业化改革，建设国家创新体系，将创新提到了国家战略的层面。同时国家采取一系列政策措施，持续支持自主创新，鼓励和引导建立以企业为主体、市场为导向、产学研相结合的技术创新体系，促进科技成果向现实生产力转化。高新区是促进技术进步和增强自主创新能力的重要载体，这些政策措施将给高新区和高新技术产业的发展带来前所未有的契机。

（三）跨越提升的发展思路与原则

1. 总体思路

根据景德镇高新区现有的优势和面临的机遇挑战，结合市委市政府的要求，高新区跨越提升发展战略的总体思路如下：产业体系是核心——产城融合是基础——平台建设是动力——管理体制创新是关键。

（1）发展定位。按照合作开放，园区先行；政策叠加，互利共赢；优化布局，集聚发展；改革创新，拓宽视野的原则，将景德镇高新区打造成为中西部沿长江区域经济支撑带的重要分支、赣东北地区高新技术创新型生态科技新城和江西省高端装备产业区和江西景德镇航空产业城。坚持高端引领、集聚发展、集约发展、错位发展、绿色生态的产业导向，合理安排产业布局，做到技术创新与体制创新、孵化培育与招商引进相结合，营造人文科技生态适宜环境，努力积聚创新资源，切实增强自主创新能力，培育发展高新技术产业集群和创新集群，推进创新型园区建设，把景德镇高新区建成全省技术创新网络的重要节点和区域的创新中枢，全市体制机制创新的先行区、高新技术产业的集聚区和生态文明示范区，为建设资源转型城市和新型创新城市提供强有力的产业支撑。

（2）发展思路。

1）产业体系是核心：以高新技术产业为核心，重点培育和发展直升机制造及通航产业、汽车制造及配套产业、制冷压缩机及家电制造产业三个主导产业，构建几个特色产业园的产业布局框架。引导和促进产业、技术、人才和资本等创新要素聚集和优化配置，培育拥有自主知识产权的高新技术产业群体，带动相关产业集群的发展，实现园区创新驱动发展。

2）产城融合是基础：要求产业与城市功能融合、空间整合，以产促城，增强城市发展活力，以城带产，引领产业高端发展，产城互动发展。

3）平台建设是动力：强化组织、机制和服务创新，构建从企业初创、成长到产业化不同发展阶段"接力式"创新服务环境，重点加强协同创新中心等科技研发和攻坚平台、中小企业融资平台、各层次人才建设平台等公共服务平台建设，建立健全企业创业创新、投融资和人才培养机制和体系，大力扶持科技型中小企业。本文对平台建设的研究重点在于科技创新、科技金融和人才培养平台建设。

4）管理体制创新是关键：主动适应社会事务专业化细分的新常态，转变政府职能，简政放权，下放经济社会管理事项；勇于创新管理机制，促进园区管理体制向政企混合型管理模式转型，简化事前审批（行政许可），强化事后监督，重视履行社会管理和公共服务职能，提高政府效能和管理效率。

2. 发展原则

（1）坚持突出特色，统筹产业空间布局。紧密结合全市产业基础和科研优势，充分利用资源环境条件，培育航空、汽配和家电等优势产业以及陶瓷新材料等特色产业。坚持产业集聚、功能互动、自然条件支撑三者协调一致，合理划分园区功能，围绕"龙头"项目，做好区域产业配套衔接，促进特色产业园区发展。

（2）坚持高水平发展，重视产业集成性和成长性。鼓励自主创新，扩大对外开放，推动区域产业结构升级。坚持产业集群化方向，发展产业关联度高、市场潜力大、高附加值和产业链上缺失的产业和项目，促进产业融合，不断催生新技术，扶持高成长性企业发展，支持中小企业创新创业。

（3）完善创新机制和环境，探索创新发展模式。营造适宜创新创业的政务环境、人文环境和科技创新土壤，集聚创新要素，健全科技创新体系，发挥创新集群对高新技术产业发展的引领和支撑作用。

（4）加强生态文明建设，把环境保护放在首位。强化资源集约利用，构建循环经济体系，树立产业发展零排放的目标理念，发展高端、绿色和轻型特色产业，严格项目入园环保门槛，促进生态科技园建设。

（四）跨越提升的发展目标

1. 产业发展目标

根据十八届五中全会和江西省"十三五"规划建议的精神，预计景德镇高新区未来5年的经济发展速度保持在10%左右的中高速增长率。到2020年，力争实现工业增加值实现年均增长12%以上，突破110亿元；税金总额实现年均增长20%以上，争取突破40亿元以上；园区工业总产值超10亿元企业达到12家，超亿元以上企业达到120家，高新技术企业达到100家以上；战略性新兴产业占全区工业比重提升到60%左右；进入全省重点园区十强。在产业集聚发展方面，以技术创新为发展方式，稳固压缩机全球第一的市场地位；以规模集聚为发展基础，延长汽车零配件产业链；以市场占有为发展目标，抢占直升机新兴市场份额；争取到2020年，将高新区打造成为全国重要的机电产业基地。到2025年，工业增加值突破200亿元；税金总额争取突破100亿元以上；园区工业总产值超10亿元企业达到17家，超亿元以上企业达到170家，高新技术企业达到150家以上；战略性新兴产业占全区工业比重提升到70%左右；争取到2025年，将高新区打造成为全国领先的机电和航空产业集群示范基地。

2. 园区建设目标

2015年12月，园区开发面积4.62平方千米，高新区实现招商签约资金55.60亿元；完成招商实际到位资金80.42亿元；完成固定资产投资79.03亿元。到2020年，园区开发园区面积新增2.5平方千米以上，主干道路网全面完善，各产业园基础设施配套基本完善。引进项目投资强度力争达到300万元/亩以上。节能减排、循环经济、资源集约利用等方面走在全省前列，万元增加值能耗控制在1.3吨标准煤，万元增加值水耗控制在30立方米；二氧化硫排放总量、化学需氧量排放总量在上年基础上每年削减5%。园区突出"航空立区、产城融合"，打造以"直升机+"为主要特色、产出超百亿元的航空小镇（规划面积为10平方千米），努力建设国际领先、国内一流的通航运营区域，全力打造直升机产业发展高地。

3. 技术创新目标

重点推进孵化体系、服务体系和研发体系建设。到2020年，园区内企业争取获自主知识产权成果累计200项以上，获国家省部级重大计划立项累计30项以上；企业R&D投入占销售收入的比重6%以上；新增公共技术服务平台3个以上、新增博士后流动工作站3～5个；绝大部分重点骨干企业拥有独立研发机构，其中国家级重点实验室、工程技术中心达到3家以上，企业申请专利数年增20%；新增孵化场地面积2万平方米以上，入孵中小型科技企业累计达到200家，孵化毕业率超过20%，科技对经济增长贡献率保持在60%以上。

四、产业体系与高新区跨越提升发展

（一）高新区产业体系发展中存在的问题

1. 装备制造业产业基础仍不扎实

装备制造业带动性强、波及面广，其技术水平不仅决定了各产业竞争力的强弱，而且决定了今后运行的质量和效益，装备制造业在经济增长方式转变过程中具有至关重要的作用。现在景德镇高新区的装备制造业产业门类分散，龙头企业带动能力未充分体现，产业辐射功能得不到发挥；航空配套企业技术含量不高，规模有限，牵动效应不明显；本地配套产业链没有形成，企业间相互依存度低，缺乏根基于工业园区的发展基础。

2. 制造业服务化发展滞后

园区生产性服务业是园区为进驻企业提供"内化"或"外化"生产性服务的独立产业，主要包括：园区内经营生产性服务业的企业为生产企业提供的服务；城市中心的生产性服务业辐射至园区内，为园区生产提供生产服务。除交通运输业、部分金融业外，更多的是第二产业的延伸、扩展和分离。发达国家服务业中生产性服务业占了近六成，制造业服务化不仅是工业调整结构显著提升增加值的有力措施，而且是大力发展生产性服务业的重要途径。景德镇高新区商业、服务业所占比重严重偏低，生产服务业发展滞后，制造业服务化发展不足，中介服务机构缺乏；各类教育和培训滞后、金融、法律等配套服务发展滞后。

3. 企业自主创新能力不足

高新区的企业自主创新能力不足，依靠自主创新实现企业持续发展的中小企业为数不多，大部分中小企业产业技术水平低，新技术扩散慢，产品附加值低，并造成对能源资源的浪费，对生态环境的破坏。企业自主创新能力不足的首要原因是创新意识不强，由于创新需要较大投入，而投入难以很快得到相应回报，因此中小企业更愿意把资金投入到周期短、回报率高的项目中，以获得近期现实的经济利益，缺乏自主创新的内在动力。其次是企业的创新基础薄弱。由于企业规模小、资本少、融资难，中小企业技术创新的物质基础十分薄弱，相当多的中小企业缺少自主知识产权，处于产业链的低端，所生产的产品技术含量和附加值低，缺乏竞争力。

4. 部分项目存在空心化隐患

高新区为了吸引投资和增强竞争力，采用了大多数园区惯用的诸如税收、土地和资金扶持等多项政策优惠，但是又没有规定过多的约束机制，导致一些企业能够利用漏洞在完成登记享受优惠后就不再进行实质性直接投资，而选择在园区外进行商业活动。或者是部分企业选择继续经营，但缺乏实际产业内容支撑。例如，一些企业并没有发展工业旅游的规划安排，但却在厂区内建设有同生产经营关系不大的较大面积观赏水面、绿化山体及休闲、培训、服务设施，导致土地综合利用率低下，投资项目存在产业空心化隐患。

（二）创新产业体系助推园区跨越提升发展的对策

1. 确定主导产业，明确园区产业特色

本书基于速度—效益模型，为高新区确立了航空制造业和汽车与零部件制造业两大主导产业。航空产业具有市场需求潜力大、动态比较优势强、能够有效带动区域产业升级的特点，高新区发展该产业的基础优势明显，科研基础实力强，但发展的困难也不小，技术人才流失严重，目标市场待培育，产业政策落实不到位等，其中最大的困难是如何与昌飞集团和602所的合作，如何依托昌河集团力量发展区内航空产业。航空产业将是高新区未来（5~10年）产业的增长极，但不是现在产业发展的增长点，因此不能因为对它的培育而弱化对目前区内传统优势的关注和扶持。

汽车与零部件制造产业的市场需求大，产业关联性强，技术更新快。对于高新区而言，景德镇市与北汽集团的合作将是一个重大利好，但其中的问题也必须正视，一是该产业竞争激烈，业内洗牌不可避免，因此，进入该产业要有充分的风险意识，要避免路径选择性的失误；二是该产业区域竞争激烈，大有小蓝国家级经济技术开发区汽配产业，小有遍布全省的各类汽配企业集群，如何在已有众多布局的汽配产业中寻找市场空间，走出一条既能配合北汽集团，又能多方位对接整个汽配市场道路至关重要；三是该产业技术淘汰快，把好招商引资过程中企业技术路径关，引导落户企业加强技术投入、紧跟技术前沿，将对汽配产业今后的健康发展产生有益帮助。因此对于该产业集聚的培育应尽快着手，争取2~3年后成为园区主导产业。

2. 努力培育新兴产业，为园区打造未来增长极

高新区具有培育陶瓷新材料、电子信息产业等新兴产业的可能性，但仍需要进一步深入调研。关于陶瓷新材料产业，将是个发展前景光明、应用范围广阔、技术引导性强的产业，它可和航空产业一起成为未来引领高新区腾飞的支柱产业。但和航空产业相比而言，它的比较优势不足，产业带动性也比之不如。而且陶瓷新材料的研发与运用与景德镇传统研发技术还有较大差异，且老一辈研发人员在市场经济的时代大潮中早已转行，脱离了研发领域。在目前高新区所有产业中，这是科技含量最高的产业，对于区内能否集合有效科研力量，搭建有效科研平台，我们应做深入的调研。

关于电子信息产业，江西曾经是电子产品生产大省，现在的电子信息产业也是江西能在全国有一席之地的为数不多的产业。但江西电子信息产业更多是停留在电子产品的生产、加工和组装阶段，自主品牌、自主研发产品还不多，科技含量不高，市场竞争力不强，对于电子信息技术的应用在全国还处于相对落后的位置。对高新区而言，发展电子信息产业，首先要做好定位工作，是发展电子信息产业的实体产品生产，还是做好电子信息产业的应用领域，这将决定我们的产业发展模式和路径。电子信息产业竞争十分激烈，而高新区原有基础又已基本消失，重新进入该产业的实体产品生产环节，将困难重重；当然，建立先进的电子信息服务平台，充分发挥"两化融合"的优势，应是高新区需尽快完善的生产性服务领域。

3. 加快现代服务业建设，形成园区二、三产的良性互动

根据高新区的产业规划，现代服务业有三个发展方向、生产性服务业、旅游服务业和通用航空产业。工业园区应集中有限资源专注于工业，不能服务于工业的商务型产业可暂缓；但我们要围绕工业产业发展的需要，加大生产性服务业和生活性服务业的发展，以二产带动三产，以三产促进二产，形成二、三产的良性互动；通用航空产业相对于高新区而言，应是航空产业的重要延伸产业链，而不能定位于航空产业的服务业，要以通用航空服务业的发展与完善，来夯实航空制造业的健康发展基石。高新区正在筹划的航空小镇就是一个以通用航空产业为核心的集生态、旅游、产业于一体的产业联动平台，涵括飞行学校、培训机构、旅游公司、飞机租赁、销售与维修、体育馆、航空博物馆等。

4. 制订"互联网+"行动计划，推动互联网等与现代制造业融合发展

2015年3月，李克强总理在《政府工作报告》中，首次提出"制定'互联网+'行动计划，推动移动互联网、云计算、大数据、物联网等与现代制造业结合。"高新区要抓紧机遇，大力发展移动制造、工业云、工业大数据、工业物联网，推动互联网与现代制造业融合，提升制造业数字化、网络化、智能化、服务化水平，发展基于互联网的协同制造新模式。

①发展移动制造，推动移动互联网与汽车零部件制造业、陶瓷新材料的融合。引导工业企业开发 App，开通微博和微信，开展网络营销，发展移动电子商务；激励有条件的工业企业利用 4G 开展车间、仓库等重要场所远程视频监控。②发展工业云，推动云计算与航空制造业的融合。引导工业企业在工业设计、工业仿真等方面应用云计算技术，以提高研发设计效率，降低研发设计成本。③发展工业大数据，推动大数据与电子信息产业的融合。引导工业企业建设商业智能（BI）系统，分析销售大数据有利于开展精确营销，改进产品设计；分析生产大数据有利于优化工艺流程；分析管理大数据有助于推动管理流程的优化、重组和再造。④发展工业物联网，推动物联网与汽车、家电制造业的融合，推动智慧汽车、智能家电的发展。在供应链管理、车间管理等领域推广物联网技术，通过进料设备、生产设备、包装设备等的联网，提高企业生产效率。利用物联网技术对企业能耗、污染物排放情况进行实时监测，促进企业节能减排。⑤发展制造业服

务化，推动现代制造业提档升级。实践证明，制造业服务化不仅是工业调整结构显著提升增加值的有力措施，也是大力发展生产性服务业的重要途径。一方面，引导制造业企业围绕产品功能扩展服务业务，搞好售后服务、全寿命周期服务，发展故障诊断、维护检修、检测检验、远程咨询、电子商务、在线商店等专业服务和增值服务，向下游延伸。另一方面，鼓励大中型骨干企业、"专、精、特、新"科技型优势中小企业凭借自身的技术、人才优势，向研发、设计服务上游扩展，通过科技成果推广、工业设计服务、科技管理咨询等方式推进行业优化升级。

5. 完善自主创新激励机制，提升园区企业综合竞争力

完善自主创新激励机制，落实鼓励和支持自主创新的财税政策和政府采购政策，使企业真正成为研究开发投入的主体、技术创新活动的主体和创新成果应用的主体。在财税政策方面，要完善和落实国家与地方政府关于促进技术创新、加速科技成果转化以及设备更新等各项税收优惠政策，积极鼓励和支持企业开发新产品、新工艺和新技术；加快制定扶持中小企业技术创新的税收优惠政策，加大对科技型中小企业的扶持力度。在政府采购政策方面，建立扶持自主创新的政府采购制度，优先购买当地具有自主知识产权的高新技术装备和产品。另外，加强知识产权保护也是增强企业自主创新能力的重要支撑条件。不过企业要实现自主创新，园区搭建的技术服务、科技成果交易等科技创新平台对其的推进作用最为明显，关于科技创新平台将会在第六部分详细讲述。

6. 建立企业淘汰机制，提高园区各类资源的利用效率

为了有效防止入园项目出现"空心化"现象，可以考虑建立企业淘汰机制，逐步清理占着大量土地却不生产的企业、土地利用规划明显不符要求的企业，以后甚至要考虑淘汰低附加值的劳动密集型企业，只保留具有发展前途的企业，将园区有限的土地资源、资金、人才和服务留给优质潜力型企业，从而谋求企业和园区由产业链底端向高端转移，提高各类资源的利用效率，共同实现跨越提升发展。

五、产城融合与高新区跨越提升发展

（一）高新区产城融合发展存在的问题

1. 园区规划和城市规划独立编制，缺乏有机联系的规划

由于过分强调工业的集聚和土地利用的统一，以前的工业园区规划和城市规

划是分别独立编制的,空间形态和主要功能各不相同,从规划上二者联系并不紧密。即使工业园区规划范围内零散分布少数集镇区,但其用地也会受到严格的限制。在空间规划上,工业园区以工业和仓储用地为主,辅以对外交通、道路广场和市政公用设施用地,生产性服务业、商业服务、文化娱乐用地偏少,而且分布不均。在产业布局上,尽管工业园区按照主导产业规划了若干集聚区,但在实际操作上,引进的企业往往不按照划定的区域落户,各种类型的企业混杂分布。各类规划之间缺乏有机联系的规划,导致工业园区产城难以融合发展的先天原因。

2. 公共服务配套不完善,产城协调发展问题已凸显

高新区建设多以项目带动,靠政府资金投入的基础设施建设拉动,同时受传统规划思想的惯性束缚,软环境建设重视不够,使新城缺乏凝聚活力的支点。根据调查,景德镇高新区产城不协调发展问题主要表现在:公共基础设施滞后、交通不便利,员工难以享用周边的大型服务中心等设施,工作之余没有休闲娱乐的场所;公共设施用地被产业用地挤占,生产性服务中心的建设无法实现等。尽管园区目前正积极建设高新区与新区的联通,不断提升其交通水平,在社会服务设施、生活设施、文化建设及消费空间、休闲空间塑造等方面加快建设不断加大投入,并采取了财政支持、提升工人社保水平等方式稳定企业员工等,但实施效果并不是特别理想。

3. 土地管理机制不顺,相关部门难以落实管理权限

由于景德镇高新区未设下属乡镇,所以在高新区内设国土、城建职能部门落实管理权限。但是现有土地方面管理体制不够顺畅,导致部分与招商引资、项目建设密切相关的行政管理权限,特别是高新区内土地管理、城市规划建设等方面的权力并没有真正下放到国土及规划建设部门。如果不在原有基础上进一步拓宽国土、规划部门业务权限,就难以克服区域和行政管辖不匹配、区域统计和实际统计不一致、规划和实际能延伸企业范围不相符等问题。

(二)产城融合助推高新区跨越提升发展的对策

1. 高水平高起点制定园区产业发展等规划,做好园区顶层设计

"无规划,不开发"是园区首要的开发原则,园区最好始终坚持规划设计超前于开发建设需要,借鉴苏州工业园"需求未到,基础设施先行"做法,按照"先规划后建设,先地下后地上"的开发建设原则,严格按照规划功能区域和控制指标整体推进开发,避免滚动开发的盲目性和随意性,以保证开发建设的高强度与高水准。高新区总体规划围绕"产城融合"制订空间管制方案,通过产业园区更新和布局优化,实现城市空间资源的优化再生,强化培育新的空间增长点以打破城市空间的同质低水平利用开发,增加现有城市空间资源的使用效能,提

高园区经济、生态、社会综合效益。另外,高新区政策区可用土地不多,需要在核心区土地使用方面进行少量调整,规划用地内依然以工业为主,辅以生产性服务用地,同时完善道路、交通等公共基础设施,让工业区内的员工可以便利地共享周边集镇的大型娱乐、休闲的服务中心;在国家鼓励自主创新的背景下,高新区应在产业已经定型的政策区外有一个较明确的新核心区,以落实战略性新兴产业和高新技术企业发展的目标。

2. 以产业集群作为载体,发挥园区优势产业带动作用和产业集聚效应

高新区产业发展要按照整合资源、提升功能、强化特色、增强竞争力的要求,把产业集聚区作为城市的优先开发区域,加快配套基础设施建设,优化投资环境,促进企业集聚、项目集中、土地节约集约,推动优势产业园区化、基地化、规模化发展,使其成为全市产业发展的扩散源、工业经济的"隆起带"。根据《景德镇市城市总体规划(2012~2030)》,高新区建设的发展策略是培育航空产业,积极引导合适产业入园,推进直升机上下游产品延伸配套,协调发展装备制造、机械家电、新能源、新材料等产业,建设国家新型工业化直升机产业示范基地。

3. 适度超前完善功能配套,提升园区人气和活力

在功能配套上,要按照适度超前的原则,把园区产业发展与加快城市化进程相结合,加快以生产性和生活性服务业为支撑的产城融合建设,要着眼于把高新区打造成为宜工、宜商、宜居的现代园区目标。及早谋划、及早动手为产业园区提供生活配套设施、公共服务设施,如金融保险、商贸居住、中介咨询、储运物流、文化娱乐等功能性建设,创优发展环境,提升园区市政配套工程建设。交通设施上,提倡公交为主导、多种交通方式平衡的方式,通过结构性干道与城市快速公交线路的建设,实现与周边组团的高效联系。此外,鼓励高新区采取"政府主导、市场运作"相结合的方式,统一集中建设集新市民公寓、高新技术产业发展专家楼和人才公寓(优先安排航空产业人才入住)、总部大楼等为一体的新型社区。围绕企业生产、生活服务,完善功能,启动园区商务区、生活区和功能区的建设,不断完善园区功能,集聚人气,提升活力。

4. 扩大高新区国土及规划部门业务管理权限,解除园区管理障碍

积极争取扩大园区土地管理部门有关高新区土地指标挖潜、争取园区土地利用总体规划纳入全省土地利用总体规划调整、发挥土地招商引资促进作用、增加园区建设占用耕地分配指标、扩大园区土地开发整理复垦范围、开展园区城市控制性详细规划等方面业务管理权限,并积极争取"腾笼换鸟"、联合开发、土地入股等多种土地管理试点活动,盘活、处理区内闲置土地、厂房和烂尾楼项目等。另外,由于高新国土分局没有土地执法职能,高新区的土地卫片检查纳入到

昌江区，土地执法由市国土局执法支队统一管理；由于行政区域划分，高新区的耕地保护纳入昌江区统一管理，因此建议将土地执法权及耕地保护职能等方面划归高新区，扩大部门业务管理权限。

六、平台建设与高新区跨越提升发展

因为协同创新中心等科技研发和攻坚平台，中小企业融资平台、各层次人才建设平台是园区平台建设中的重中之重，所以本书对平台建设的研究重点在于科技创新、科技金融和人才培养平台建设。

（一）高新区服务平台建设存在的问题

1. 园区企业自主创新不足，缺少科技创新服务

面对日新月异的科学技术变革、日益强化的资源环境约束以及日益激烈的以创新和技术升级为重要特征的国际竞争，增强自主创新能力，是调整产业结构、转变发展方式、增强核心竞争力的关键环节。园区作为产业发展的载体，应该为园区内企业构建完善的科技创新平台，提供科技创新服务。高新区有景德镇合盛科技企业孵化器有限公司，园区也促成了部分企业与高等院校、研究机构之间的产学研合作，但是高新区提供的科技创新指导、科技创新信息和市场信息等科技创新服务还是相对不足，导致企业尤其是中小企业的创新工作正面临着极大阻碍，甚至陷入被迫单打独斗的困境。如果企业在创新过程中缺少充足的科技信息和市场信息，缺少对技术进行价值评估、咨询、风险投资等各种中介机构支持，就可能导致企业创新信息缺乏或被误导，创新周期较长，创新成本也日益增加。此外，政策支持缺乏系统性，缺乏对共性技术研究的投入和供给，也直接影响中小企业的自主创新。

2. 园区创新创业活力不足，缺少众创空间等创业服务平台

当前，受思想观念、管理体制、保障机制等因素的影响，高新区的人才队伍不同程度地存在创新创业动力不足、活力不够的问题，而且园区创业服务体系不完善、创业孵化水平较低等问题相对突出。一是部分企业创新动力不足，急功近利意识较重，对创新型人才的需求不迫切、不强烈，忽视了研发机构的建立和研发人才的培养，缺乏用发展的眼光审视和谋划企业的发展，人才引领经济发展的观念还比较淡薄。二是创新创业公共服务工作有待加强和完善。"重资产、轻服务"的做法导致引才渠道和方式单一、不够畅通，对于如何鼓励社会力量依托传

统孵化器发展新型创业服务机构，引导创新创业服务向着市场化、专业化、网络化、开放化方向发展，满足新时期大众创新创业新需求的研究较少。三是不同政府层面、部门类别、各行各业都在出台关于创新创业的政策，导致支持大众创新创业的相关政策分散，缺乏最大限度地盘活利用这些政策的机制，完善现有创业服务机构的服务业态和运营机制，发挥创新创业资源的集聚效应和创新创业活动的规模优势，为创业者提供低成本、便利化、全要素、开放式的创业服务平台。

3. 园区资金匮乏，缺乏强有力投融资机构

融资困难是目前制约高新区发展的最重要因素之一。高新区目前处于"靠信贷融资——太难、靠财政融资——太少、靠证券融资——太远、靠自我积累——太慢、靠私募集资——太险"的资金困境。一方面，主要因为高新区建设的投资主体单一，以政府为主，基础设施建设向民间开放不够，市场化程度不高且大多数入园产业发展处于初级阶段，因此单纯依靠财政资金投入，无论在总量上还是在增量上均难以承受。另外，园区开发成本不断上升，地价倒挂现象严重，资金缺口增大。高新区实行的是降低地价低槛吸引投资的办法，而随着国家国土政策，信贷政策的紧缩，相应的土地报批费用、征地拆迁费用、财务费用以及土地平整、管网建设费用等都大大提高。银行融资日益困难，信贷资金难以及时到位，在国债项目几乎缺失的情形下，高新区园区建设资金来源除了政府投入，就只有从银行融资。除了国家开发银行的贷款为长期贷款外，其他商业银行的贷款基本上都是以短期贷款为主，所以高新区亟须建立专业性融资平台和服务机构。

4. 园区各层次人才失衡，缺乏人才竞争优势

制约高新区发展的另一个重要因素是人才资源，人才对园区是否实现可持续发展具有决定性作用。人才资源既包括普通工人，也包括高科技人才。不少园区反映，用工难的最主要原因是由于园区缺乏必要的生活配套和公共服务设施，使园区就业人员面临生活、休闲、就医、子女上学等诸多不便和困难。以"80"后、"90"后为主体的企业务工人员在园区难以享受城市繁荣发展的成果，觉得园区"不好玩""待不住"；引进的高端人才在园区无法接收外界日新月异的专业资讯和现代都市生活、休闲等方面的服务，导致高端人才引得进却留不住。

（二）健全服务平台建设助推高新区跨越提升的对策

1. 健全科技创新平台建设对策

（1）拓宽科技研发平台产业领域。景德镇高新区在直升机和陶瓷新材料方面拥有较好的研发基础，尤其是直升机设计方面拥有实力非常强劲的研究基地——中航工业直升机设计研究所，是我国唯一以直升机设计、试验和相关课题研究为使命的大型综合性科研单位。此外，高新区引入一个总投资为3.2亿元航

空企业孵化中心项目，用地259.3亩，包括直升机及配套高科技企业孵化研发、中试和产品生产、验检测服务等服务。但是在其他产业领域的科技研发平台相对较弱，建议进一步拓宽科技研发平台产业领域，重点鼓励应用高新技术和先进适用技术改造提升传统产业效果显著的企业，如汽车零部件行业企业等，支持其建立科技研发平台，进行装备更新、工艺革新和产品创新，推进关键性技术和共性技术攻关。

（2）完善科技孵化服务体系。高新区应形成创业园—孵化器—加速器全程发展模式，打造涵盖企业注册代理、创业培训、人力资源、知识产权等功能为一体的创业服务体系。创业培训方面，组织开展面向全区孵化企业的创业辅导培训会，并通过小型创业沙龙为企业提供点对点对接服务；可利用互联网技术成立科技创业网络商学院，建立高新区科技创业在线培训系统，在一定程度上可节省组织培训和参与培训的交易成本；定期邀请成功企业家、创业者为在孵企业进行义务辅导，倡导导师携资或引资辅导，为在孵企业快速成长提供有效的途径。抚育能力服务方面，可以为企业提供工商注册、财务代理和项目咨询等服务，建立孵化器基地联络员制度，定期走访企业，深入调研，及时发现在孵企业运行中存在的问题，加强对孵化器基地和联络员的考核等。

（3）培育各类科技创新中介服务组织。科技创新中介服务机构应从官方组织向半官方和民间发展，通过政府推动与市场调节相结合，培育一批发展规模化、服务专业化、运行规范化的各类科技创新中介服务组织，为中小企业提供高质量、高效率的技术咨询、成果转化等方面的服务。高新区建立健全以满足中小企业技术创新需求为目标，以中小企业技术创新服务机构为主体，各类社会中介服务机构广泛参加、协同配合的中小企业技术创新支持服务体系。

（4）推动建立创新战略联盟。通过引导和协调企业、高等院校、科研机构的创新活动，推进创新战略联盟的建立和发展，一方面可使中小企业参与大企业及其他机构的分工协作，获得大企业、高等院校和科研机构技术扩散的效果，克服中小企业在自主创新方面的劣势；另一方面鼓励中小企业与大企业和科研院所结成创新战略联盟也有助于弥补高等院校和科研院所在成果转化上的不足，从而实现资源共享和优势互补，节约创新时间，分散创新风险。美国纽约州政府设立科学技术与学术研究办公室，制定和实施旨在推动产学研一体化的科技进步与技术创新计划，为纽约州保持技术创新和发明创造的领先地位奠定了基础。高新区可以借鉴纽约州的做法，建立统筹协调机构，制订科技创新计划和法规等，鼓励和支持中小企业通过产学研结合等途径，结成创新战略联盟，以提升中小企业自主创新能力。

2. 创建新型创业服务平台建设对策

为加快实施创新驱动发展战略，顺应网络时代大众创业、万众创新的新趋势，高新区需要加快发展众创空间等新型创业服务平台，营造良好的创新创业生态环境，激发亿万群众创造活力，打造经济发展新引擎。

（1）激发全社会创新创业活力。一方面，加大政策引导和支持力度，创造条件，降低创业成本，鼓励科技人员、大学生创业者、海外创业者、白领创业者在高新区创新创业。例如，深化商事制度改革，针对众创空间等新型孵化机构集中办公等特点，鼓励各地结合实际，简化住所登记手续，采取一站式窗口、网上申报、多证联办等措施为创业企业工商注册提供便利。另一方面，要充分调动社会资源开展各种形式的创业培训，推动建设创业教育机构，系统性培育创新创业生力军。例如，实施大学生创业引领计划，鼓励高校开发开设创新创业教育课程，建立健全大学生创业指导服务专门机构，加强大学生创业培训，整合发展国家和省级高校毕业生就业创业基金，为大学生创业提供场所、公共服务和资金支持，以创业带动就业。

（2）加快构建众创空间。一是着力发挥传统孵化器在基础设施方面和新型创业服务机构在专业服务方面的互补优势，促进传统孵化器与新型创业服务机构的深层融合，联合建立创业苗圃—孵化器—加速器孵化链条，为初创企业提供全流程服务。二是鼓励企业、创业投资机构、社会组织等社会力量在高新区构建一批低成本、便利化、全要素、开放式的众创空间，为广大创新创业者提供良好的工作空间、网络空间、社交空间和资源共享空间，实现创新与创业相结合、线上与线下相结合、孵化与投资相结合。三是各部门要认真梳理国家及地方现行的支持大众创新创业的相关政策，发挥政策集聚和"互联互通"的系统有效性，切实加大政策落实力度，让所有创业者都能"用其智、得其利、创其富"。

（3）强化创业创新资源开放共享。第一，充分运用互联网和开源技术，构建开放创新创业平台，最大程度开放政府的各种资源为创新创业提供服务，促进更多创业者加入和集聚。第二，鼓励大学、科研机构的科研设备、技术平台等科技资源向众创空间开放，推动产学研协同创新，促进科技资源开放共享。第三，支持社会力量建设创新创业服务平台和服务机构，开展各类有利于大众创新创业的路演、比赛、沙龙、论坛、训练营等活动，提供投融资对接、法律、知识产权、财务、咨询、检验检测认证和技术转移等服务。

（4）营造创新创业文化氛围。一方面，积极营造"崇尚创业、创业致富、宽容失败"的创新创业氛围，加大创新创业政策宣传，烘托活跃的创业气氛，大力培育企业家精神和创新文化，把创新创意转化为实实在在的创业活动。另一方面，加强各类媒体对大众创新创业的新闻宣传和舆论引导，充分利用微博、微信等网络新媒体，加大对创业成功案例、创业先锋人物先进事迹的宣传，让创新创业成为园区内在的文化基因，让大众创业、万众创新在高新区蔚然成风。

3. 构建科技金融平台建设对策

科技金融是指促进科技开发、成果转化和高新技术产业发展的一系列金融工具、金融制度、金融政策与金融服务的系统性、创新性安排，是由向科学与技术创新活动提供融资源政府、企业、市场、社会中介机构等各种主体及其在科技创新融资过程中的行为活动共同组成的体系，是国家科技创新体系和金融体系的重要组成部分。

（1）搭建科技与金融结合服务平台，为园区内企业提供全方面帮助。积极发展多种科技金融主体的建设，形成"政府＋银行＋担保＋创投＋风投＋私募"等多方共同参与的完整体系。搭建起集聚银行、担保公司、创投公司等各类机构的综合服务信息平台，为园区内的科技型企业提供以融资为主的全方面帮助，并与多家金融机构联合推出"天使贷""纳税贷""智权贷"等业务。同时，通过信贷征信体系为金融机构的信贷决策提供技术支持，通过科技支撑服务体系的建设完善政府、金融中介、金融市场、担保公司、保险公司、中介组织等主体协调发展的网络平台。

（2）推动专利打包进行质押贷款，引导企业将技术优势转化为资金支持。科技型中小企业要迅速发展壮大，首先必须要解决的就是"有技术优势，无资金支持"的问题，特别是解决技术创新等无形资产无法及时转化为现实生产力的问题。因而这需要努力发挥政府专利行政管理部门的引导作用，制定并落实适合市场经济规律的政策措施，切实营造推动专利技术产业化的良好环境和氛围。同时，要实现专利权质押贷款，银行作为专利权质押贷款的主要实施者，是利益与风险的承担者。长期以来，许多银行是有资金却不敢轻易放贷。为此，需要通过搭建银企洽谈合作平台，着力构建新型政企银关系，积极促使专利权质押贷款主体双方朝着共同的目标迈进。

（3）探索保险资金参与支持科技发展方式，创新园区企业融资形式。探索保险资金参与国家高新区基础设施建设、战略性新兴产业培育和国家重大科技项目投资等支持科技发展的方式方法。支持开展自主创新首台（套）产品的推广应用、科技型中小企业融资以及科技人员保障类保险。

（4）支持科技型中小企业上市，拓宽园区企业融资渠道。进一步发挥资本市场对科技创新的融资支持作用，支持有条件的高科技创新企业在国内主板、中小企业板和国外上市，要集成重大科技专项和产业化专项、创业投资、金融资本等资源。加强与证券监管部门、证券交易所的工作对接，加大宣传、信息交流和培养力度。重点推荐一批竞争力强、运作规范、成长性好的高科技创新企业到深交所中小板上市。同时支持有条件的高新技术企业到境外证券市场融资。

4. 完善人才培养平台建设对策

（1）依托高校定向培养，造就"乡土人才集团军"。要根据园区发展的需要，制定各类人才系统培养和培训规划，以及建立人才培养的长效机制，制定出台对人才培养的激励机制、牵引机制和扶持政策，加大专项资金投入，规范职业技术学校的办学方向，明确人才培养的条件、方法、程序，规范各社会培训机构的培训行为。特别是针对高新区实际，面向航天制造业、汽车与零配件制造业、陶瓷新材料、电子信息等领域，大力发展新型职业教育，大批量培养实用型初、中、高级技工人才，造就既土生土长又掌握一技之长的"乡土人才集团军"。借助行业协会，积极开展与有关大学合作，通过预订招聘专门学科毕业生、委托定向培养相关专业大学生的办法，集聚急需的专业人才，为园区工业就经济发展战略提供强大的人才智力支持。

（2）完善人才引进机制，为各类人才发挥最大才能提供平台。对外来人才采取候鸟迁徙式的人才流动方式，不求所有，唯求所用，使人才有发挥才能的最佳位置。对园区建设和发展中急需的专业技术人才，可采取增加优惠条件、提高人才待遇等方式进行招考，尤其是吸引部分有职称、有经验的人才到园区相关机构工作，服务园区的建设和发展。对拥有国内外先进技术项目的高层次人才，要敢于适用超常的方式、待遇聘请。此外，有必要集聚创新创业服务人才，完善创新创业服务专业人才培训体系，引进拥有丰富经验和创业资源的企业家、天使投资人和专家学者、科技领军人才等担任园区创业导师或在创业培训机构任兼职教授等。力争通过聘用一个优秀人才，带出一批优秀人才，带起一个重点学科，完成一个重大科技项目，促进一个产品开发，带动一个产业。

（3）创新人才分配机制，充分调动各类人才的积极性。打破平均主义，论资排辈，能上不能下的僵化机制。通过按劳、按业绩、按贡献、按责任、按项目、按生产要素分配等办法，调动技术人才的积极性，对企业经营管理人才要积极探索建立年薪制、股权奖励制，技术与管理要素入股等多种分配制度，实行一流人才、一流业绩、一流报酬，形成干事创业、争先创优的工作氛围，使知识的价值、人才的价值在收入分配上得到充分体现。

（4）建立和完善人才市场体系，提高人才市场的社会化服务水平。加快园区人才供求信息网络枢纽和高级人才数据库建设，提高人才市场的信息化水平，为人才供需双方提供良好的跟踪服务，形成机制健全、运行规范、服务周到、指导监督有力的人才市场体系。提高人才市场的社会化服务水平，建立人事争议仲裁制度，促进用人单位和人才两个市场主体到位，切实保障和维护人才市场供求主体的合法权益，促进政府所属人才流动服务机构向市场竞争主体转变。

七、管理体制创新与高新区跨越提升发展

高新区管委会作为景德镇市政府的派出机构，园区实行党、政、经一体化的管理体制，行使市级管理权。委会内设"二室一部七局一队"即党政办公室、监察室、组织宣传部、财政局、科技发展局、招商局、安全生产监督局、建设环保局、社会事业局、人力资源和社会保障局和城建综合执法大队；工商局分局、国税分局、地税分局、土地分局、规划分局、公安分局、消防大队为高新区常设职能部门，对园区企业进行业务管理和日常服务。因此，景德镇高新区管理模式属于政府主导型的管委会模式。

（一）高新区管理体制存在的问题

近年来，景德镇高新区在管理体制和运行机制上进行了有益的探索，并取得了一定的成效。但是随着各园区规模的不断扩张、高新产业迅速兴起，使得园区社会事务剧增，原有的体制优势逐渐消失，许多体制机制问题逐步暴露出来。概括起来，主要表现在以下几点：

1. 园区行政授权不充分

景德镇高新区管理机构、服务机构和支撑服务体系存在交叉不清，职责不明晰现象。在日常管理协调工作中"名不正言不顺"，特别是遇到一些部门意见向左、部门设置障碍等问题的时候，如果没有上级领导出面支持，服务中心大多无力解决。有些职能部门在进驻审批事项的选择上，首先将职能部门的权力利益或个人利益放在首位，存在挑肥拣瘦、避重就轻的现象，将部分任务较重、程序烦琐的审批事项授权到园区管委会，而对一些有利可图或彰显权利的审批事项却寻找各类借口保留在自己手中，致使一些审批事项出现体外循环、站外审批现象。

2. 职能机构入驻不全面

高新区的入驻机构涉及土地、工商、税务、海关、科技、质监、安全、金融等众多管理部门，因各种原因，只有土地、规划、工商、检察院（室）、公安、质监等部门在高新区设有派驻机构，其他职能机构并未入园区内，而是将市级管理权限委托给市高新区管委会行驶，在一定程度上增加了管委会的工作压力。例如，建设审批流程，共涉及园区经济贸易发展局、园区工商、园区建设、环保局等10多个职能机构30多项审批环节，但人民银行、海关、外汇管理局等多个职能机构还未能入驻高新区的企业服务中心，企业还需要到各个职能机构单独办理银行开户、海关注册备案等审批手续，造成顾客来回奔波，办件成本提高，降低

审批效率，没有实现真正意义上的一站式审批服务。

3. 社会中介机构不健全

一个园区经济发展状况的好坏，在一定程度上可以通过园区社会中介机构的健全与否体现出来。一般来说，经济越发达的地区，社会中介机构越健全，其所提供的服务越完善到位。高新区内各中介组织的建立比较凌乱，没有形成一个完整协调的系统，彼此缺乏分工，这对企业的成长很不利。就园区的金融中介机构来说，由于园区金融中介机构不够健全，使得中小型科技企业融资贷款无门，在发展过程中经常会出现资金短缺、现金流不足等问题，更有甚者因此而倒闭破产。

（二）创新管理体制助推新区跨越提升发展的对策

1. 通过委托授权方式，进一步完善景德镇高新区管理体制

市直相关部门将行政审批事项和一般行政服务事项的管理、监督权力通过授权、委托的方式下放到高新区管委会，保证其在基本建设、项目审批、人事调配、财税、规划、土地、建设等方面享有管理权和执法权。这些直属机构实行双重管理，业务上接受主管部门的指导，工作考核、人事进出、提拔任用以管委会为主。如在征地、拆迁问题上，采用市政府主体，景德镇高新区与其他行政区一起报送国土局审核后，报送市政府审批办理相关手续。集体土地拆迁补偿安置，启用市拆迁办主体，刻制市拆迁公章交由高新区管委会拆迁办报管、使用。涉及法律、法规没有明确的权利和事务，可由新区管委会主要负责人签批意见后，由市政府办公室按有关程序审批，以市政府名义发布。此外，园区相关部门执法也应启用市级各部门主体。市工商局分局、国税分局、地税分局、土地分局、规划分局等刻制专用章供高新区相关部门保管、使用。

鼓励和支持中央、省及其他市直属单位在高新区设立海关办事处、出入境检验检疫办事处、供电分局、交警中队等派驻机构，承担相应的职能。

2. 构建投融资平台，促进园区管理体制向政企混合型管理模式转型

巨大的资金需求是园区发展的必要条件。在高科技园区中，技术创新和技术引进都是新事物，属于创业性质，具有高风险、高收益的特性，因而资金是决定技术创新和技术引进成功与否的决定性因素。而且园区完善的基础设施建设也同样需要庞大的资金投入。景德镇高新区在政府财力有限的情况下必须建立多层次、多渠道的投融资体制，广泛吸引社会资金以多种方式参与园区建设与发展。

建议建立以管委会为主体，投融资公司为载体的融资平台，促进高新区管理模式由政府主导管理体制向政企混合型管理体制转型①，大力发展"管委会+开

---

① 表11-5 详细比较了我国工业园区现有三种管理模式（政府主导型、政企混合型、企业主导型）的适用阶段、特点和优缺点。

发公司"的管理模式。管委会作为上一级政府派出的政府机构,其主要职能是经济开发规划和管理以及为区内企业提供全程的优质服务。这种模式是将工业园定位为实验经济区而不是行政区的准政府体制,由上级政府高度授权,轻装简政,主要行使政府的经济管理职能去开发建设一个外向型的经济发展区域,具有极强的自主安排特点。准政府的"管委会+开发公司"的管理模式非常适合于园区早期的开发建设。

表11-5 国内不同工业园区管理体制模式的比较表

管理体制模型		适用阶段	模式特点	模式优点	模式缺点
政府主导型的管委会模式		园区发展初期	管委会内部机构和运行模式是全新管理体制,能适应市场经济机制的要求,与区外社会各界接口,廉洁、高效、"小政府、大社会、大服务"	政府干预充分,较好地协调政府各部门间关系,极大地提高各项行政审批效率,能从政府的高度对工业园区的功能布局进行整体规划,对征地拆迁、居民安置、基础设施建设等具有一定权威性,招商引资方面也会争取到许多优惠政策	一是管委会地位缺乏合法性;二是存在管理机构膨胀的趋势
政企混合型的管理模式	政企合一型管理模式	园区发展初期	管委会与开发公司"一套人马,两块牌子",相互之间保持着一种事实上监控与被监控的关系。管委会负责决策、职能管理以及服务性工作,开发公司只负责区内基础设施建设	建立初期对开发区的建设具有一定的推动作用,有利于管委会和总公司各司其职,既发挥政府的行政职能,同时又发挥总公司的经济杠杆功能	一是管委会权力过分集中;二是开发公司形同虚设,企业功能无法发挥;三是以管委会的行政指令运作开发公司,与经济体制改革市场化的方向背道而驰
	政企并存型管理模式	园区发展到成熟阶段	开发公司作为独立的经济法人,自主经营、自我开发、自我约束、自我发展,但在人事、审批(备案)、年度考核等方面接受管委会的监控管理,并在管委会制定的发展框架内进行市场化运作	实现了管委会的行政权与企业的经营权分离,管委会作为政府派出机构,行使相应的管理权限,制定工业园区的发展规划,为区内企业提供各种服务,对区内各项经济活动进行监督、管理和协调。开发公司与管委会在职责分工上有了更多市场经济意义上的变化	开发公司仍然处于管委会的监控之下,在众多市场化运作上并没有独立的决策权

续表

管理体制模型	适用阶段	模式特点	模式优点	模式缺点
企业主导型管理模式	园区发展到高级阶段	把工业园区作为一个独立经营管理的公司，公司作为平等的市场经济主体进行工业园区建设，但同时公司还要承担一定的政府职能，进行公共事业开发和管理。该公司是政府授权的以非营利为目的的私营、国有或合营公司，负责区内基础设施建设、社会事务管理及区内企业所需要各种服务的提供，并自负盈亏	开发公司在产权清晰、权责明确的现代企业管理制度下运作，享有充分的人事权，公司经理层负责园区日常管理和经营业务，对公司的控股股东或董事会负责，董事会多由政府、大学、企业以及当地有关人士所组成。与政府治理相比较，企业主导型模式下，运营机制合理，效率更高、成本更省、效益更好	一是由于缺乏必要的行政权力，开发公司管理效力的发挥受到制约；二是承担部分社区管理职能，以及大量的公共基础设施投资，债务过重，导致地价偏高，若不能及时回收资金，容易陷入财务困境；三是园区土地出售完毕，再欲扩大工业园区的规模难度将会很大

3. 大力发展园区中介，完善相关配套服务

转变政府职能，将政府管不了或管不好的职能交还给社会和市场，使政府不再是唯一的公共服务供给者，由垄断者的角色转变为监督者、合作者和竞争者。将政府部分职能移交给社会，发展培育中介机构，进行市场化运行，如人力资源、房产交易、公司设立相关业务都可以交给社会和市场，由中介机构为公民提供相关服务。首先，要加强中介服务机构与园区企业的交流，及时地了解和指导企业，为企业发展提供咨询以及协调服务，从而形成企业和中介服务机构之间的良性互动。其次，为避免园区各中介组织功能混乱的局面，各中介组织要建立起行业协会，以便形成一个完整的服务体系，实现各中介组织之间协调统一。

4. 借鉴学习上海自贸区模式，改革高新区的审批制度

上海自贸区的成立给园区的改革和发展带来了新的挑战和压力，同时也为园区的改革创新之路提供了先进的借鉴经验。园区作为先行先试示范区，应大胆借鉴上海自贸区模式，打造开放创新综合改革试验区，进一步加速园区实现转型升级。第一，减少前置审批限制，降低工商注册门槛。实行工商注册资本认缴登记制，取消工商最低注册资本要求，放宽工商住所登记条件，简化无产权房证明材料，允许有条件的"住改商"，放宽外资投资主体和投资领域限制，简化外国投资者主体资格证明提交材料和外资登记手续，放宽名称使用限制，同时，在放宽市场主体准入的同时，加强对市场主体住所、注册资本、经营范围及经营行为进行监管、改革年度检验验照制度，将企业年度检验制度改为企业年度报告公示制度。第二，突破传统审批模式，向备案制逐步转变。借鉴上海自贸区模式，将审批制向备案制转变，将外商投资项目由核准制改为备案制，对各类审批事项进行分类，逐步推行备案制，进一步简化流程，提高办事效率，推进改革创新。

5. 建立电子化政府，加强高新区自身管理

推行电子服务，建设电子化政府，高新区要有效利用现代信息和通讯技术，通过不同的信息服务设施，向政府机关、企业、社会组织和公民，在其更方便的时间地点及方式下，提供自动化的信息及其他服务，从而建构一个有回应力，有效率，有责任，具有更高服务品质的政府。同时，大力发展电子政务。将一站式服务与电子政务建设紧密相连，促进审批业务100%网络覆盖，使顾客足不出户就能办理各类业务，节约行政成本；保障电子政务信息安全，完善电子政务安全保障体系，减少网络安全隐患，信息外泄和暴露的危险；加强对工作人员和办事人员的网络技术培训，普及网上审批和网上申报操作技能。

八、景德镇高新区跨越提升发展的政策建议

2015年是全面完成"十二五"规划的收官之年，我们必须主动适应经济发展新常态，顺应网络时代大众创业、万众创新趋势，增强加快转变经济发展方式的自觉性和主动性，坚持发展、主动作为，要更加注重夯实产业基础，提升园区平台，挖掘新的增长点，保持合理适度、平稳较快的增长速度，确保高新区经济有质量、有效益、可持续的发展。

（一）开放思想，积极对接融入各层面的发展战略

景德镇高新区要重视与国家、省级和市级层面的区域发展战略的对接和融入，首先要解决的问题就是思想认识，高新区要开发思想，改变不能融入、不愿融入、不会融入甚至不敢融入的思想状态。国家战略层面，国家推进长江经济带、长江中下游城市群、"一带一路"等重大战略，景德镇与江西沿江市、县都应该是国家沿江发展战略的组成部分，是长江经济带的组成部分，此外，景德镇直升机战略性新兴产业区域集聚发展试点方案获得国家发改委等部委批复通过，上升为国家战略，也是中央推动区域发展的重大策略。省级部署层面，构筑"龙头昂起、两翼齐飞、苏区振兴、绿色崛起"的区域发展格局，强调景德镇要加快融入长三角、海西经济区，努力打造江西对外开放合作的高地，重点建设陶瓷、航空、装备制造等优势特色产业基地。市级部署层面，景德镇市提出建设中心城

昌南拓展区和"一线五点"工业走廊（围绕206国道沿线，扩大建设高新区、陶瓷工业园区、航空科技城、乐平工业园和汽车工业城）的区域发展战略，高新区要着眼于营造能够承接产业成长的基础环境，实施错位发展。景德镇高新区要解决竞争和合作、全面和有所侧重、政府主导和市场运作等方面关系，既要重视作为国家、省市各层面发展战略，又要辩证地看待区域合作发展，强化地区平等、共同发展、差别竞争意识甚至在一些方面甘当配角，从服务区域合作战略中找准定位。

（二）树立新常态思维，引领高新区跨越发展提升

新常态是一种体现进步的发展态势，发展仍是解决所有问题的关键。对于景德镇高新区来说，在新常态下，只有以更大幅度提质增效、更快速度转型升级，来促进园区经济健康持续较快增长，进入全省重点园区十强，具体扎实推进6个方面的转型：一是加快从注重发展工业向先进装备制造业、高新技术产业和现代服务业协同发展转型，更加注重结构调整和优化升级；二是由外延扩张型向质量效益型转变，从产业价值链的低端向高端的跃升，不能再走数量扩张和价格竞争的老路，要逐步转向质量型、差异化为主的竞争；三是由单个孤立企业向产业集群转型，围绕主导产业上下游进行招商引资和综合配套，并依托龙头企业形成产业链，提高产业聚集度、集中度和关联度；四是由建设单纯工业园区向工业区与新城区联动转型，同步推进多功能、综合性产业区和现代化、生态型新城区建设；五是由传统管理型向现代管理型转变，发挥政府主导和政府牵头的作用，形成政府主导与市场运作相结合的方式来管理园区；六是由粗放型发展方式向集约型发展方式转型，大力发展低碳经济和循环经济。

（三）做好顶层设计，科学编制高新区"十三五"发展规划

高新区整合提升后，辖区面积拓展到50平方千米，园区规划面积为30.87平方千米。发展定位也不是单一工业经济单位，而是一个统筹发展、综合经济的区域。因此，把握新常态特征，厘清"十三五"发展思路，明确工作重点，提高规划水平，加强顶层设计，发挥规划引领作用，显得更加重要。目前园区管委会已开始谋划编制"十三五"时期高新区的各项发展规划，正在确定高新区在新一轮5年规划的目标定位、功能布局、产业方向、政策支持、要素保障等。鉴于国家层面正在谋划《中国制造2025》规划，而省工信委也在酝酿《江西制造2025规划纲要》，课题组建议可以尝试延长产业规划的时限，规划至2025年，其中2016~2020年是近期规划，2020~2025年是远期规划。这样有利于高新区立足于更大范围、站在更高起点、着眼于更长时限，抢占未来先机。这项工作需要充分发挥各级各部门、社会各界的力量,围绕宏观环境、产业发展趋势等方面,积极开展前瞻性研究,形成一批有深度、高质量的调研成果,为编制好长期规划打下扎实工作基础。

(四) 加快公共信息平台建设,实现信息融合互通

工业园区的核心功能之一就是为企业发展提供公共服务平台。一方面,制定"互联网+"行动计划,帮助企业建立网络平台,开展电子商务,实现企业采购、销售、研发活动、购并和资本流动的信息化,极大地降低经营成本,全面提高园区工业企业的管理水平和在产品市场中的竞争力,为园区的发展抢得先机。另一方面,创新园区信息化推进机制,建立健园区企业信息化推进服务体系,以服务能力建设为中心,实施行业信息化服务工程,为园区管理机构进行网上联合审批、通告通知发布、网上登记、报表申报、年检年审等业务提供网络服务。推动园区信息技术深度应用,不断提高园区工业信息化的层次和水平,实现多种信息资源共享,更好地发挥服务作用。

(五) 争取政策支持,解决高新区跨越提升发展的"瓶颈"问题

高新区要实现跨越提升发展,离不开政策支持。高新区在用好已有省委、省政府的各类扶持政策基础上,要在策应赣东赣西经济板块"两翼齐飞"战略、景德镇"一线五点"工业走廊发展格局中争取更多政策,在更广阔的范围内、更深的层次上有所作为。其中,行政管理体制始终是影响区域发展的主导因素。高新区一直以来实行封闭式管理、一站式服务管理模式,这是改革开放初期就创立的机制,虽然曾经创造了体制先发优势,赢得了发展先机,但是现在随着工业园区的通过整合提升实际管辖区域不断扩大,管理对象涉及区内不同的行政组织和诸多的经济实体,这种管理模式弊端凸显。虽然在空间上整合了,但更多还是形式上的凑合。实现从貌合到神合的关键在于体制机制创新,最终建立起统分结合的领导管理体制、公平共享的利益平衡机制和高效便捷的工作运行机制,努力营造高新区发展新优势。此外,高新区要尽可能地将省(市)对高新区的扶持以及园区内经济和社会事业发展方面的重大项目做好包装,更多争取国家或者省(市)财政支持。

九、航空小镇——引领高新区实现跨越提升的新引擎[①]

（一）航空小镇提出的背景

随着国家"民航强国"战略的实施，近年来我国航空事业得到了快速发展，与此同时，通用航空也得到快速发展。近年来，民航总局根据我国的国情不断地制定了有利于通航发展的相关政策，如《低空空域管理改革指导意见》，在开放的垂直高度上，各类低空空域垂直范围原则为 1000 米以下。在这千载难逢的历史时期，我们必须抓住机遇，开辟早就应该属于我们的那片蓝天，发展通用航空，开放空中资源，利用通用航空技术，为提高现代人们的生活品质服务。

为策应国家产业战略布局，加快航空集聚发展，增强区域创新能力的格局，景德镇市委十届十二次全会提出，要着力构建包括航空产业在内的"3+1"产业体系，打造一座与世界对话的城市的决策部署。景德镇直升机产业已列入国家区域发展战略布局，先后获批"国家新型工业化直升机产业示范基地（军民结合）""国家高新技术产业化基地""国家战略性新兴产业区域集聚发展试点""国家创新型产业集群试点"。从重庆中航小镇、浙江诸暨袜艺小镇、杭州云栖小镇和建德寿昌航空小镇等特色小镇的成功经验可知，建设特色小镇是新常态下统筹工业化与城镇化，实现资源整合、产城融合，加快推进产业集聚、产业创新和产业升级，形成新的经济增长点的一项重要战略举措。为此，景德镇高新区围绕航空产业特色，突出航空立区、产城融合，打造以通用航空产业为核心现代化航空小镇，努力建设国际领先、国内一流的通航运营区域，全力打造直升机产业发展高地。

（二）航空小镇的功能定位与规划

高新区的航空小镇坐落在景德镇昌江区吕蒙，发展目标为"百亿投资、千亿产业"，即实现投资超过 100 亿元，打造千亿元产值规模的产业集群。高新区的航空小镇的定位为"国内一流、世界知名的特色航空小镇"，属于一个集生态、生产、度假、娱乐为一体，可承载众多经济业态的平台。

航空小镇的发展思路主要按照"昌飞（602 所）品牌、政府平台、市场机

[①] 引用高新区提供的内部材料。

制"和"世界级企业布局、国际范围产业竞争"的发展思路,突出航空主题,集中发展航空整机研发制造、航空零部件配套制造、航空文化旅游和综合服务产业,使之成为总装与配套为一体、制造与运营相融合、航空产业集群连片、产城融合发展的航空产业高地。所以航空小镇沿昌江东西两岸布局四大产业功能分区,总用地面积约10平方千米,规划建设航空研发制造集成区、航空零部件配套区、航空文化旅游区和综合服务区(见图11-3)。

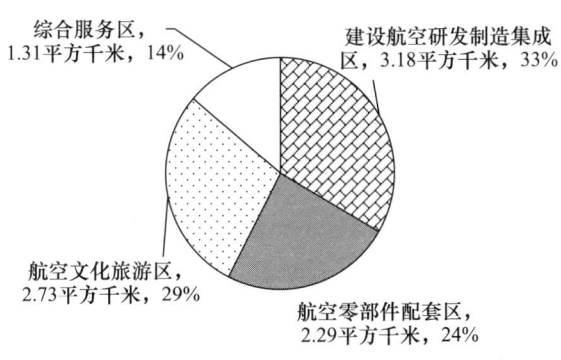

图 11-3 景德镇高新区航空小镇的四大产业功能分区

1. 航空研发制造集成区

航空研发制造集成区的规划面积为 3.18 平方千米,年产 300 架直升机、无人机的高端装备制造产业集聚区。该功能区规划建设以下四个整机项目:①中航工业昌河飞机工业(集团)有限责任公司直升机总装园一期项目(已建成生产厂房 16 万平方米,完成投资 15 亿元,计划 2016 年底全面达产);②中航工业直升机设计研究所 AW 系列无人机研制项目;③北京通用航空江西直升机公司 JH 系列轻型直升机项目(已建成总装厂房和动力中心,计划 2017 年试产);④江西德利直升机公司双座双发直升机项目(总装厂房和复合材料车间在建,计划 2017 年试产)。

2. 航空零部件配套区

航空零部件配套区的规划面积为 2.29 平方千米,主要发展航空电子、精密机械和航空新材料等航空零部件配套制造产业集聚区。该配套区规划建设 11 个零部件配套项目(包括已建和在建的),并已签约引进 20 家航电、模具、复合材料等直升机配套企业。

3. 航空文化旅游区

航空文化旅游区的规划面积为 2.73 平分千米,以航空主题文化和航空运营为特色元素,建设航空产业与自然生态相结合,产业更强、环境更美、文化更特、生态更优的航空特色文化和旅游示范区。该功能区规划建设航空旅游基地、航空服务保障中心、航空展示综合馆、航空主题公园、航空主题夏（冬）令营基地、培训学院、昌江河文化系列旅游（百里昌江文化旅游风光带重要节点滨江公园）、生态农业观光园、休闲度假综合体、太阳岛水上游乐园、月亮岛体育公园、自驾车（房车）营地。

4. 综合服务区

综合服务区规划用地面积 1.31 平方千米，主要建设生产和生活等服务功能完备、宜居宜业的航空综合配套服务区。该综合服务区规划建设航空主题城市广场、配套公共设施、小镇城市会客厅（小镇中心）、航空主题商城、旅游纪念品步行街、小镇交通枢纽中心、小镇居民社区（包括通航社区、昌飞公司员工社区、改造原住民社区）。

（三）推进航空小镇发展的措施

1. 政府主导，制定全域规划、建设公共平台

要坚持政府主导，高起点、全域性规划，调整好土地利用总体规划和城市总体规划。加快出台《景德镇高新区航空小镇控制性详细规划》，遵循土地节约集约发展和多规合一的原则，进一步明确航空小镇的功能、产业、空间、交通、开发步骤和保障机制等内容。对"航空小镇"中非经营性的路网、管网、绿化和航空馆、2025 年工业 4.0 版智能制造观光展示区、航空特殊学校及幼儿园、综合医院、公交换乘枢纽中心、大型公共停车场、市级游客集散中心等公共基础设施的建设由政府投融资公司主导进行投资建设，针对园区中不同类别的项目分别采取设立产业基金引导撬动，坚持"政策性银行＋商业银行＋企业债券＋民间资本"多种融资模式并举的方式筹措建设资金，引入直升机产业创投基金，并争取国家专项建设基金的支持，建设好公共服务平台。

2. 企业参与，融入航空元素、细化实施项目

航空小镇的核心是"直升机＋"，要通过航空企业主要是昌飞公司的参与，做好航空元素的融入，充分发挥昌飞公司的产业优势，由昌飞公司利用其空域资源开展各类通航或飞行体验服务，全方位对接和打造由航空小镇为出发地至瑶里、古县衙、古窑等景区的生态航空游项目，把政府购买航空服务的承诺落到实处。将昌飞公司已有的飞行模拟、遥控直升机、航模等直升机类资源导入公共平台，进一步细化航空类实施项目。

3. 市场运作，明确经营项目、提升运营效益

坚持市场化运作的原则，进一步明确航空小镇中昌江河文化系列旅游、水上飞机低空域观光旅游、五星级航空主题宾馆、游艇俱乐部、无人机俱乐部等有经

营收益的项目，导入实力强、经验足的投资主体，采取合资、合作或独资等方式进行运营，提升项目管理的能力和效率。合理规划飞虹大道（二期）两侧商住开发土地，建设大型商业配套、旅游纪念品风情街和具名片效应的高端住宅区、昌飞公司员工住宅区，既要提升小镇居民的生活层次，又要保障项目投资总体平衡，将航空小镇建成社会效益与经济效益并重的双优项目。

参考文献

[1] Becker W E. Business and Econmics Statistics with Computer Application [M]. Addison – Wesley Pubishing, 1987.

[2] Carlsson B. The Evolution of Manufacturing Technology an Its Impact on Industrial Structure: An International Study [J]. Small Business Economics, 1989(1).

[3] Chantc, Goodman D. The European Cities and Technology Reader: Industrial to Post – industrial City [M]. Routledge Press, 1999.

[4] Johmson A R, Wicherm W D. 实用多元统计分析 [M]. 陆璇译. 北京: 清华大学出版社, 2008 (11).

[5] Katsumoto M, Watanabe C. External Stimulation Accelerating a Structure Shift to Service – oriented Industry: A Cross Country Comparison [J]. Journal of Services Research, 2004 (4).

[6] OECD. Towards Green Growth: Monitoring Progress – OECD Indicators [EB/OL]. http://www.Oecd.org/greengrowth/48224574.pdf.

[7] Wantanabe C, Asgari B, Nagamatsu A. Virtuous Cycle between R&D, Functionality Development and Assimilation Capacity for Competitive Strategy in Japan's High – technology Industry [J]. Technovation, 2003 (23).

[8] World Bank. Inclusive Green Growth: The Pathway to Sustainable Development [EB/OL]. Word Bank website, http://siteresources.worldbank.org/EXTSDNET/Resources/Inclusive_ Green_ Growth_ May_ 2012.pdf.

[9] 安同良, 施浩, Alcorta. 中国制造业企业 R&D 行为模式的观测与实证——基于江苏省制造业企业问卷调查的实证分析 [J]. 经济研究, 2006 (2).

[10] 曹茂侠, 伍世代. 福建省农业循环经济发展的 SWOT 分析与对策[J]. 现代化农业科技, 2009 (7).

[11] 曹贤中. 经济技术开发区转型升级影响因素实证分析 [J]. 石家庄经

济学院学报，2015（1）．

［12］曹贤中．芜湖经济技术开发区转型升级的影响因素及模式选择研究［D］．安徽师范大学论文，2013．

［13］车旭．开发区转型的路径选择［D］．中国城市规划设计研究院论文，2013．

［14］陈继勇，盛杨怿．外商直接投资的知识溢出与中国区域经济增长［J］．经济研究，2008（12）．

［15］程惠芳，唐辉亮，陈超．开放条件下区域经济转型升级综合能力评价研究——中国 31 个省市转型升级评价指标体系分析［J］．管理世界，2011（8）．

［16］褚敏，靳涛．政府悖论、国有企业垄断与收入差距［J］．中国工业经济，2013（2）．

［17］崔永涛，王燕，王志强．产业结构变迁影响因素的统计考察［J］．决策统计，2017（2）．

［18］戴丹．产业转型升级的影响因素研究［D］．广东省社会科学院论文，2014．

［19］樊纲等．中国各地区市场化相对进程报告［J］．经济研究，2003（7）．

［20］樊纲等．中国市场化进程对经济增长的贡献［J］．经济研究，2011（9）．

［21］冯芳芳，蒲勇健．我国区域产业结构优化及其影响因素分析——基于分位数回归方法［J］．技术经济，2012（2）．

［22］冯芳芳．区域产业结构优化升级影响因素研究——基于面板数据分位数回归分析与应用［D］．重庆大学论文，2012．

［23］傅晓．中心城区国家经济技术开发区转型和提升研究［D］．上海科学研究院论文，2009．

［24］高雅婕．长株潭城市群工业转型升级的影响因素分析［J］．商界论坛，2015（24）．

［25］郭佳，扶涛，杨青．我国西部地区产业结构转型升级影响因素分析——以云南省为例［J］．中国社科院研究院学报，2015（2）．

［26］胡鞍钢，周绍杰．绿色发展：功能界定、机制分析与发展战略［J］．中国人口·资源与环境，2014（1）．

［27］胡鞍钢．中国创新绿色发展［M］．北京：中国人民大学出版社，2012．

［28］胡振鹏等．循环经济园区发展的技术经济分析［J］．长江流域资源与环境，2007（3）．

［29］黄昶生，张旭宇．山东省制造业评价及转型升级对策［J］．中国石油大学学报（社会科学版），2015，5（31）．

［30］黄润龙．数据统计与分析技术——SPSS 软件实用教程［M］．北京：高等教育出版社，2004（7）．

［31］孔伟杰．制造业企业转型升级影响因素研究——基于浙江省制造业企业大样本问卷调查的实证研究［J］．工商管理理论论坛，2012（9）．

［32］孔翔，杨帆．"产城融合"发展与开发区的转型升级［J］．经济问题探索，2013（5）．

［33］乐小兵．政府规模、城市化水平与产业结构升级关系研究［J］．商业时代，2013（7）．

［34］冷静．开发区再转型的突破口［J］．决策，2015（1）．

［35］李京文．北京市工业循环经济的发展思路［J］．经济界，2007（3）．

［36］李耀尧．创新产业集聚与中国开发区产业升级研究［D］．暨南大学论文，2011．

［37］林华．关于上海新城"产城融合"的研究——以青浦新城为例［J］．上海城市规划，2011（5）．

［38］林毅夫．访谈：新常态下欠发达地区有后发优势［N］．海南日报，2015-03-31．

［39］凌伟宪．开发区未来发展思路与策略的若干思考［J］．港口经济，2005（1）．

［40］刘建民．湖南省产业转型升级的水平测度及其影响因素的实证分析［J］．湖南社会科学，2015（1）．

［41］刘瑞明，石磊．国有企业的双重效率损失与经济增长［J］．经济研究，2010（1）．

［42］刘伟．工业化进程中的产业结构研究［M］．北京：中国人民大学出版社，1995．

［43］卢强，吴清华，周永章，周慧杰．广东省工业绿色转型升级评价的研究［J］．中国人口·资源与环境，2013，7（23）．

［44］迈克尔·波特．国家竞争优势［M］．北京：中信出版社，2007．

［45］孟猛．金融深化和经济增长的因素关系［J］．南开经济研究，2003（1）．

［46］宋田桂．苏南开发区面临的挑战和转型［J］．改革与战略，2010

(4).

[47] 苏金明. 统计软件 SPSS for Windows 实用指南［M］. 北京：电子工业出版社，2000（1）.

[48] 苏利阳等. 中国省际工业绿色发展评估［J］. 中国人口·资源与环境，2013（8）.

[49] 唐辉亮. 江西省各地市经济转型升级综合能力评价［J］. 宜春学院学报，2013，8（35）.

[50] 解振华. 循环经济是 21 世纪可持续发展的战略选择［N］. 中国环境报，2001－07－28.

[51] 王剑芳. 工业园区集成创新系统演化发展研究［D］. 昆明理工大学论文，2014.

[52] 王乐，武春友. 区域循环经济概念及发展模式研究综述［J］. 现代管理科学，2011（5）.

[53] 王敏，汤伟. 皖江城市带外贸转型升级的影响因素实证分析［J］. 铜陵学院学报，2012（9）.

[54] 王雄昌. 我国开发区转型的机制与动力探析［J］. 现代经济探讨，2010（10）.

[55] 王玉燕，林汉川，吕臣. 中国企业转型升级战略评价指标体系研究［J］. 科技进步与对策，2014，15（31）.

[56] 王征. 论当前开发区建设过程中的产城融合问题［J］. 东方行政论坛，2014（9）.

[57] 我国国家高新区 2016 年营业收入同比增长 11.5% 渐成区域经济发展重要引擎［EB/OL］. http：//news. xinhuanet. com/2017－02/20. htm.

[58] 吴季松. 循环经济的主要特征［N］. 人民日报，2003－04－01.

[59] 吴建立. 产业集群的工业园区发展模式及思路管窥［J］. 福建金融，2005（6）.

[60] 吴进红. 开放经济与产业结构升级［M］. 北京：社会科学文献出版社，2007（3）.

[61] 吴鹏跃. 小微企业转型升级的评价指标及影响因素研究——基于 378 家企业的调查证据［J］. 统计科学与实践，2015（12）.

[62] 吴延兵. 国有企业双重效率损失研究［J］. 经济研究，2012（3）.

[63] 武志. 金融发展与经济增长：来自中国的经验分析［J］. 金融研究，2010（5）.

[64] 夏光."绿色经济"新解［J］. 环境保护，2010（7）.

［65］徐磊．开发区转型问题的研究［J］．北京理工大学学报（社会科学版），2005，7（6）．

［66］徐现祥，王贤彬．晋升激励与经济增长［J］．世界经济，2010（2）．

［67］许健，刘璇．推动产城融合，促进城市转型发展——以浦东新区总体规划修编为例［J］．上海城市规划，2012（2）．

［68］许宁．中国经济开发区发展研究［D］．西南财经大学论文，2007．

［69］许腾．浙江产业转型升级的影响因素研究——基于湖州市长兴县耐火行业为例［D］．浙江工业大学论文，2012（12）．

［70］薛东峰．南海生态工业园区的生态规划［J］．环境科学学报，2003（23）．

［71］薛魏．集聚经济与产业园区集群化发展路径研究［J］．商业时代，2012（7）．

［72］闫来英，蔡飞．公地悲剧理论下的鄱阳湖生态安全恢复［J］．安徽农业科学，2008（34）．

［73］杨立勋，高瑜．西北五省区工业转型升级测度及评价［J］．统计与决策，2016（22）．

［74］姚宇．我国产业低碳化经济发展研究［D］．陕西师范大学论文，2010．

［75］易倚冰．基于共生思想的长沙经济技术开发区发展策略研究［D］．中南大学论文，2014．

［76］曾振，周剑峰，肖时禹．产城融合背景下传统工业园区的转型与重构［J］．规划设计，2013（12）．

［77］张道刚．"产城融合"的新理念［J］．决策，2011（1）．

［78］张其仔．社会资本论［M］．北京：社会科学文献出版社，1997．

［79］张天华，张少华．偏向性政策、资源配置与国有企业效率［J］．经济研究，2016（2）．

［80］张晓山，李周，杜志雄．新农村建设研究报告［M］．哈尔滨：黑龙江人民出版社，2007．

［81］张晓盈，钟锦文，碳税的内涵、效应与中国碳税总体框架研究［J］．复旦大学学报（社会科学版），2011（4）．

［82］张晓盈，钟锦文．环境税收体系下的中国碳税设计构想［J］．武汉大学学报（哲学社会科学版），2010（6）．

［83］张晓盈．低碳循环打造江西区域竞争力浅析［J］．价格月刊，2007（3）．

[84] 张晓盈. 基于循环经济的低碳循环发展模式研究 [M]. 北京：经济管理出版社，2015.

[85] 张欣. 国家级经济技术开发区转型发展的对策思考——以长春经济技术开发区为例 [D]. 吉林大学论文，2009.

[86] 赵波，胡振鹏. 中部地区省级生态工业园区评价指标体系研究——以江西生态工业园发展为例 [J]. 理论探讨，2007（6）.

[87] 赵文军，于津平. 贸易开放、FDI 与中国工业经济增长方式 [J]. 经济研究，2012（8）.

[88] 郑国，张延吉. 基于要素演替的国家级开发区转型研究 [J]. 经济地理，2014（12）.

[89] 中国科学院可持续发展战略研究组. 2010 中国可持续发展战略报告：绿色发展与绿色创新 [M]. 北京：科学出版社，2010.

[90] 钟锦文，张晓盈. 美国碳排放交易体系的实践与启示经济研究参考 [J]. 经济研究参考，2011（28）.

[91] 周黎安. 转型中的地方政府 [M]. 格致出版社，2008.

[92] 周泉. 安徽工业园区发展模式研究 [D]. 合肥工业大学论文，2005.

[93] 朱宏锋，孙磊. 新形势下加快国家级经济技术开发区转型发展的思考 [J]. 山东经济战略研究，2013（10）.

[94] 朱新捷. 对经济技术开发区发展转型的一些思考 [C]. 南京：转型与重构——2011 中国城市规划年会论文集，2011.

[95] 朱跃军，姜盼. 中国产业园区：使命与实务 [M]. 北京：中国经济出版社，2014.

[96] 诸大建等. 中国发展循环经济的战略选择 [J]. 中国人口. 资源与环境，2005（15）.

[97] 邹建华，韩永辉. 引资转型、FDI 质量与区域经济增长 [J]. 国际贸易问题，2013（7）.